U0519975

汉字英雄

第 1 季

徐涛　龚宇　主编

商务印书馆
The Commercial Press
2015年·北京

主　　编　　徐　涛　龚　宇

副 主 编　　马　东　郭昕晖

专家解字　　王立军

编写人员　　（按姓氏音序排列）

　　　　　　白　如　高　瑾　何沐沐
　　　　　　李　节　李　林　李青梅
　　　　　　连翎言　吕海春　马　宇
　　　　　　秦　峰　施　睿　孙建强
　　　　　　孙　可　唐　锐　王相帅
　　　　　　吴满蓉　张　琳　左　叶

责任编辑　　孙建强

装帧设计　　咸青华

目 录

序言 ·· 王少春 1
前言 ··· 徐涛　龚宇 3

第 1 集　不干净的鼠尾巴 ·· 1
戈/3　坟/4　医/5　绅/6　拽/7　毗/8　秋/9
挈/10　酩/11　鼠/12　噱/13　馥/14　谶/15
自测题1/16

第 2 集　逆水而上去追溯 ·· 17
艺/19　驭/20　母/21　度/22　袤/23　绥/24　缄/25
戡/26　溯/27　簧/28　麾/29　翰/30　嚼/31
自测题2/32

第 3 集　叉叉点点爽身粉 ·· 33
卅/35　阳/36　孝/37　秉/38　柬/39　笃/40　爽/41
揖/42　廉/43　箍/44　熠/45　飙/46　麈/47
自测题3/48

第 4 集　打破砂锅璺到底 ·· 49
囹/51　茶/52　贿/53　寇/54　橡/55　耦/56　魇/57
篆/58　瘛/59　赝/60　羁/61　彝/62　璺/63
自测题4/64

第 5 集　自下而上说弹劾 ·· 65
孔/67　灰/68　判/69　纾/70　劾/71　戍/72　昧/73
酋/74　酗/75　骜/76　猱/77　稾/78　蓁/79
自测题5/80

1

第 6 集　女娲时常被念错 ································· 81

姊/83　俞/84　券/85　荧/86　虐/87　瓴/88　臬/89
娲/90　兜/91　栽/92　寒/93　痹/94　霓/95
自测题6/96

第 7 集　急躁起来就跺脚 ································· 97

戍/99　囹/100　囟/101　疟/102　眈/103　祟/104　赦/105
畦/106　烹/107　儒/108　憎/109　躁/110　蘸/111
自测题7/112

第 8 集　床榻原本木头做 ································· 113

步/115　肴/116　挟/117　虹/118　贸/119　席/120　舂/121
衅/122　榻/123　谲/124　憔/125　䐃/126　颦/127
自测题8/128

第 9 集　蠡加立刀变成劙 ································· 129

匕/131　灭/132　共/133　茄/134　耻/135　砺/136　捧/137
莨/138　笮/139　焱/140　寰/141　邃/142　劙/143
自测题9/144

第 10 集　石头如何成玉玺 ······························· 145

咥/147　染/148　玺/149　涸/150　犀/151　馎/152　阆/153
慈/154　慎/155　赫/156　箔/157　粼/158　糒/159
自测题10/160

第 11 集　忾虽有气不读qì ······························ 161

讧/163　疗/164　忾/165　张/166　宝/167　蛊/168　琤/169
婧/170　跑/171　鹜/172　瘦/173　旗/174　骦/175
自测题11/176

第12集 孑然一身不是了 177

孑/179　圩/180　刖/181　皮/182　砀/183　单/184　眉/185
壶/186　浦/187　腰/188　膆/189　曜/190　蠼/191
自测题12/192

第13集 桓垣貌合神相离 193

帀/195　甲/196　妤/197　肺/198　桓/199　畔/200　雪/201
渔/202　犄/203　鲁/204　嫄/205　瑱/206　圜/207
自测题13/208

第14集 疍民自古水上居 209

囝/211　西/212　否/213　贲/214　耽/215　峰/216　钿/217
疍/218　尉/219　肆/220　筚/221　僻/222　蛰/223
自测题14/224

第15集 古代刑具多桎梏 225

弁/227　侃/228　衍/229　桎/230　倭/231　辇/232　屩/233
縠/234　殷/235　徼/236　馔/237　髻/238　褔/239
自测题15/240

第16集 绵绵瓜瓞怎能吃 241

叵/243　罔/244　股/245　茌/246　鸩/247　素/248　匮/249
晏/250　瓞/251　疢/252　曳/253　粮/254　辟/255
自测题16/256

3

序　言

　　2013年暑假，河南卫视的《汉字英雄》节目大受欢迎，收视率一度位居全国第三。该节目不仅引来观众一片好评，还受到媒体高度关注。《人民日报》《南方都市报》《参考消息》《三联生活周刊》，以及中央电视台、人民网等都做了报道。《人民日报》认为它是"传统文化的创新表达"，说它"既有文化内涵又不失娱乐性"，人民网把它评价为"真人秀节目'先锋'"。

　　这台节目的成功有很多因素。它契合了广大观众对汉字文化的渴求，符合我国目前弘扬中华文化的大趋势。它是传统媒体与新媒体合作的结晶，很好地发挥了电视台与网络的优势互补。它像一缕清新的风，给广大观众带来非同一般的感受。

　　但是，能让观众注目的，最直接和最重要的因素，我以为还是节目本身的精彩。首先是个性鲜明的小选手。这台节目虽然是以汉字为主题的文化节目，但它同时也是一台"真人秀"，上台的小选手个性十足但又极具代表性，观众看到他们就会想起自己或自己身边的青少年。其次是魅力四射的嘉宾。于丹、张颐武、高晓松三位"汉字先生"性格各异，极富个人魅力。在这台节目中，他们自始至终都本着向真向善向美的原则，引导选手，鼓励选手，评价选手。再次，《汉字英雄》虽然以汉字为主题，但是它所涉及的问题和它带给人们的思考早已超出了汉字文化范围。从这里，我们可以看到家庭教育问题、情感问题、教师水平问题、偏远地区教育问题，等等。而且，主持人和嘉宾对这些问题的点评大多中肯，很能给选手和观众以启发。

　　节目播完后，不仅观众，就连节目制作播出者都意犹未尽。怎样留住节目的精彩，送给观众更长久的回味？节目主创人员想到了出书。

　　我们欣喜地看到，《汉字英雄》（第1季）一书延续了电视节目的精彩，其中的"英雄榜""英雄心语""先生妙语""精彩瞬间"等栏目，都针对节目中的精彩片段而设，让观众重温节目中那些动人的情景。更为可贵的是，本书还突破了电视节目的局限，在深度和广度上都前进了一步。

深度的掘进主要体现在"专家解字"部分。电视节目不可能对每个字都有详细解说，这是观众觉得不过瘾的地方，本书的"专家解字"部分则弥补了电视节目这一不足。尤其难能可贵的是，这部分的解说专家王立军教授以讲故事的方式来讲述汉字知识，有趣的故事、优美的文笔、幽默的语言，令一向枯燥的汉字知识如此迷人。此外，本书还呈现了字形演变、笔顺、笔画等信息，这些也都是电视节目所缺而观众却十分关注的内容。

广度的拓展主要体现在"网友热议"部分。网友代表了观众，而观众是节目的服务对象，是节目不可或缺的组成部分。把观众纳入节目，使节目更加灵动、富有生命力，是节目制作人想做而未做之事。本书很好地弥补了这一缺憾。本书中有汉字，有选手，有嘉宾，有主持人，有观众，好像比电视节目还要丰富多彩。

希望像《汉字英雄》电视节目得到观众认可一样，本书也能得到读者认可。

王少春

前　言

本书是在电视节目《汉字英雄》的基础上编写而成的，但它并不是电视节目的实景再现，而是有很大的拓展。

本书共分16集。每集都从节目中精选13个容易出错或比较有讲头的汉字，特约文字学专家进行解析。每一集开头，13个字排列成十三宫，以"考官出题""裁判答案"的形式，再现节目的通关实景。具体到每一个字，又包括三大板块内容：

首先是字体、读音、笔画数和笔顺等方面的知识。其中字体部分提供甲骨文、金文、小篆、隶书、草书、楷书六种字体，甲骨文和金文只列一个与字头接近的字形，如果没有甲骨文、金文，其他合适的古文字也酌情选收。小篆依据《说文解字》，没有的字形空缺。隶书、草书、楷书依据通行印刷体字库，没有的字形空缺。考虑到实际应用需求，隶书、草书优先选用简体字形。读音部分先列在《汉字英雄》节目中出现的读音，后列其他常见读音。笔顺部分一般出示每个笔画，个别字笔画太多，则出示关键的或容易出错的笔画。

其次是"专家解字"，用简洁、幽默、风趣的语言讲解每个字的构字原理、主要意义和用法、有关的典故趣闻，有的易混字还做了辨析。这部分内容是本书的主体。

最后是"英雄榜""英雄心语""精彩瞬间""先生妙语""网友热议"等与节目关系较为密切的内容。其中"英雄榜"和"英雄心语"介绍选手故事及选手的感悟。"精彩瞬间"记录选手与选手之间或选手与嘉宾之间的精彩对话。"先生妙语"记录节目中于丹、张颐武、高晓松、马东等人的睿智话语。"网友热议"选录观众对节目的评论。这部分内容有很强的口语和网络语言的特点，我们在编写过程中适当做了加工。

每集最后特设自测题板块，1—12都是根据语文教科书出题，13—16取材自《鲁迅全集》《红楼梦》《诗经》《楚辞》。有兴趣的读者不妨在自测题中挑战一下自我。

　　本书于2013年9月初开始编写，河南电视台的同志负责整理有关资料，北京师范大学王立军教授和他的研究生负责撰写"专家解字"内容，商务印书馆的编辑负责编选其他板块内容。商务印书馆副总编辑周洪波先生参与了书稿策划，在他的大力推动下，本书得以顺利编辑出版。北京师范大学附属中学特级教师邓虹女士给本书编写提供了很好的建议，在此一并致谢。

徐涛　龚宇

第 1 集

不干净的鼠尾巴

考官出题

		请写出"gē壁"的gē		
	请写出"fén墓"的fén	请写出"yī院"的yī	请写出"shēn士"的shēn	
请写出"拉zhuài"的zhuài	请写出"pí邻"的pí	请写出"qiū 天"的qiū	请写出"提纲qiè领"的qiè	请写出"mǐng酊大醉"的mǐng
	请写出"老shǔ"的shǔ	请写出"xué头"的xué	请写出"fù郁芬芳"的fù	
		请写出"一语成chèn"的chèn		

1

汉字英雄

裁判答案

```
            戈
       坟   医   绅
   拽  毗  秋  挈  酪
       鼠  噱  馥
            谶
```

戈

gē　4画　一弋戈戈

◎ 专家解字

"戈"是古代的一种兵器，横刃，装有长柄，其早期字形就像长柄兵器的形状。

"戈"经常与"干"连用，构成"干戈"一词。"干"是指盾牌，也是一种兵器，所以"干戈"连用可以作为兵器的通称，后来比喻战争。现在常用的"化干戈为玉帛"就是比喻使战争转变为和平。从前，夏部落的首领鲧，为了保护自己，修建了很高的城墙。结果诸侯们都背弃了他，远方的部落也都对夏虎视眈眈，想来攻打夏朝。后来禹当了首领，拆毁了城墙，填平了护城河，把财物分给大家，销毁所有兵器，用道德来教导人民，于是远方的部落都来归附。禹在涂山召开诸侯盟会，前来进献玉帛珍宝的部落成千上万。这就是"化干戈为玉帛"典故的出处。

"戈"与"弋"易于混淆，要注意区别。"弋"读 yì，意思是用带绳子的箭射鸟，现在常用于"游弋"一词，意思是巡逻，无目标地兜游，监视某些可能发生的事情。

笔画达人黄首程

▶ 英雄榜

10岁的黄首程来自山东威海。他有一个惊人的才能，就是可以秒报任意四字以内词语的笔画数。在比赛中，所有人都被他这个才能深深震撼，汉字先生高晓松更是高呼"生子当如黄首程"。

📎 精彩瞬间

马　东："麒麟"多少画？
黄首程：42。
马　东：首程，我问一下，你算这个字的时候，脑子里是画画儿还是写字？
黄首程：脑子里画画儿，就是扫描一下。
马　东：我的天！
高晓松：我们除了鼓掌已经没话说了。等你比完赛之后，你跟叔叔出去跑江湖卖艺去。
马　东：写字写成这样，可以玩，爱怎么玩怎么玩！

坟

fén 7画 一十土 圹 坊 坟

增 坟 坟 坟

领导医生的医生张和浦

英雄榜

张和浦来自北京，是一个自信满满的棒小伙儿。他的梦想是当一名医生，救死扶伤以拯救更多的生命。他还想领导更多的医生去从事救死扶伤的工作，因此马东戏说张和浦不仅要当医生，还要做医生的领导。

专家解字

"坟"是指埋葬死人而筑起的土堆，所以用"土"为形旁。其繁体字为"墳"，声旁为"賁"。由于"賁"相对比较复杂，明朝时就有了以"文"为声旁的写法。

其实，"坟"字当初并不专指埋葬死人的土堆，只要是隆起的土堆，不管是否埋人，都可以叫"坟"。春秋时期，晋献公很宠幸骊姬，骊姬想让自己的儿子取代太子申生，就设计陷害太子。她骗太子去祭祀亡母，太子把祭祀用的酒肉带回来，准备献给晋献公。骊姬偷偷在酒肉中下了毒药，并故意提醒晋献公要试一试酒肉有没有毒。结果，"公祭之地，地坟；与犬，犬毙；与小臣，小臣亦毙。"太子得知骊姬陷害他的消息，连忙逃走了，后来在无奈之下上吊自尽。这就是历史上著名的"骊姬之乱"的故事。其中所用的"坟"字，就是（鼓起）小土堆的意思。

精彩瞬间

马　东：你为什么管你爸叫强哥？
张和浦：因为我跟他就像兄弟一样，很亲。
马　东：他管你叫什么？
张和浦：他管我叫小浦。
于　丹：和浦，我顺便问你一句，你是不是经常跟你的父母，还有你的爷爷奶奶说"嗯，你说得对"？
张和浦：没错，是这样的。有些地方我不赞同他们，我就会跟他们提出来，因为他们都是我的朋友，我可以帮他们，他们也可以帮我，我觉得这是一个互生互利的关系。

医

醫 医 医 医

yī　7画　一ㄱ匚エ互歹医

◉ 专家解字

"医"是指治病或治病的人。"医"的繁体字形是"醫",其中的"酉"表示与酒有关,古代酒经常用来入药,所以"醫"字以"酉"为形旁。"醫"字简化后,只保留了原来字形的一部分,写作了"医"。

上古时期医师和巫师是合而为一的,"医"的繁体字形又写作"毉",下面不是"酉"字而是"巫"字,就证明了古代医和巫的密切关系。大约春秋战国时期,巫、医开始有了分工:"巫所以交鬼神,医所以寄死生。"巫师是用来与鬼神交流的,医师是用来托付生死的。

医师可以治病救人,但偏偏有些人却讳疾忌医。扁鹊是中国古代的名医,有一天,他去见蔡桓公,发现蔡桓公病了,劝他赶快治,蔡桓公不以为然。之后扁鹊又接连去了两次,桓公的病已经发展到了肠胃,可仍不肯治病。再后来,扁鹊又去见桓公,只是远远看了一眼,转身就走。五天以后,桓公浑身疼痛,赶忙派人去请扁鹊,而扁鹊已经逃到秦国去了。没过几天,蔡桓公就病死了。后来,人们就用"讳疾忌医"比喻怕人批评而掩饰自己的缺点和错误。

随读随写

🐾 网友热议

小算术-woo:这节目不错!我有的时候看着字很熟,就是写不出。用惯了电脑,大脑的记忆明显生锈了。悲哀!在大家疯狂学鸟语的时候,母语却悄悄地就着午饭给吃了。

🌱 先生妙语

高晓松:大量的民族包括我们汉族,都是先有语言后有文字。一开始说话的时候,生啊,死啊,这些基本的东西,都已经有了。大家再用文字把已经有的语言标出来。文字是后来发明的一个符号,是用来标注语言的。

绅

绅 绅 绅 绅

shēn　8画　〡 ㄠ 纟 纟 纩 纫 纫 绅

京剧小子毕诗考

▶ 英雄榜

毕诗考来自中国戏曲学院附属中等戏剧学校。2011年，他和姥爷姥姥从大连来到北京，住在只有16平米的地下室，开始了"北漂"生活。他的梦想是在北京有一套房子，不让姥爷姥姥在地下室受罪。

◉ 专家解字

"绅"是古代士大夫束腰的大带子，因为与衣物有关，所以用"纟"做形旁；"申"是其声旁。

《论语》中有这样一句话："子张书诸绅。"子张是孔子的弟子，有一次他问孔子，如何才能使自己去各处都通行无阻。孔子教导他说："说话忠诚守信，做事踏实谨慎，即使到了蛮荒地区也会畅通；如果说话不忠信，做事不踏实，即使在本乡本土，又怎能行得通呢？"子张想把孔子的话记下来，可是当时没有带简册，情急之下，只好写在束腰的大带子上了。

"绅"一般是有地位的人才能佩带，所以"绅"字可以组成"绅士"一词，指旧时地方上有势力、有功名的人，一般是地主或退职官僚。而在近代以后，"绅士"又有了新的含义，即所谓的"绅士风度"。绅士风度是西方国家，特别是英国男性公众所崇尚的基本礼仪规范，要求在公众交往中注意自己的仪容举止，能给人留下彬彬有礼和富有教养的印象。

📖 精彩瞬间

马　东：毕诗考，请写出"绅士"的"绅"。
（毕诗考最初写了"坤"。）
高晓松：绅士他就不能土啊，他土了能叫绅士吗？
于　丹：绅士穿的，戏里头那都得是绫罗绸缎啊。
马　东：从穿的衣服上想。
毕诗考：（写"绅"）这回差不多应该对了。
马　东：终于找到了"绅士"感觉，这个字你写对了。请走进下一宫。

拽拽拽

zhuài　9画　一㇑㇐㇐扌扪扪扪拽拽

⊙ 专家解字

"拽"的意思是用手拉、牵引，所以是提手旁；"曳"是其声旁。

《红楼梦》第四回："生拖死拽，把个英莲拖去，如今也不知死活。"这里的"拽"就是拉的意思。《红楼梦》第一〇九回描写妙玉走路的样子时写道："腰下系一条淡墨画的白绫裙，手执麈尾念珠，跟着一个侍儿，飘飘拽拽的走来。"这里的"拽"字可不能读成zhuài，而要读yè，"飘飘拽拽"是形容走路时飘飘摇摇、体态轻盈的样子。

在现在有些方言中，"拽"字和"跩"字出现了混用。一些地方把骄傲张扬的样子叫作"拽"，其实正确的写法应该是"跩"。"跩"读zhuǎi，本指因身体肥胖不灵活、走路摇晃的样子，后比喻恃才傲物、目中无人的行为。因为"跩"字本来与走路有关，所以用了"足"字旁。而"拽"字是提手旁，很显然与走路无关。

········ 随读随写 ········

⊙ 先生妙语

张颐武：其实文字、语言，最后还是四个字，叫约定俗成。只要是时代潮流往这儿走，最后大家都得顺着这个。

⊡ 精彩瞬间

马　东：张和浦，请写出"犟脾气"的"犟"。
（张和浦顺利写出"犟"，十分高兴。）
马　东：你用不用这么高兴啊？
于　丹：本来牛脾气就已经很犟了，再是很强的牛，你想想这脾气！
张和浦：比牛的脾气还暴，比牛的脾气还犟。
马　东：上面一个"强"下面一个"马"是什么意思？
张和浦：这个……
马　东：没这个字，甭想了。
于　丹：就站在你面前呢！
马　东：就是那个特犟的、姓马的人——就是我。

毗 毗 毗

pí　9画　｜ 冂 日 田 田 田 毗 毗 毗

随读随写

先生妙语

于　丹：过去农村是田块，一块一块的田地。"比"是两个人面朝相同的方向。毗邻毗邻，就是两块地同一方向相接相连。

专家解字

"毗"由"田"和"比"两部分组成，"比"既是声旁，也可以表示并列的意思。田相并列，表示相互邻接的意思。"比"虽然是"毗"的声旁，但"毗"字却不能读 bǐ，而要读 pí。

在历史上，毗邻之国有的非常友好，而有的却是以邻为壑。春秋时期，晋国和秦国是邻居，流亡在外的夷吾（晋惠公）为了能够回国继承君位，就答应割让给秦国部分土地，以换取秦穆公的支持。后来，在秦穆公的帮助下，晋惠公实现了自己做国君的梦想，但他却迟迟不给秦国割让土地。这时，偏巧晋国遇上大饥荒，晋惠公想去秦国借粮，却又非常为难，心想：秦国是"毗邻"之国，况且两国有姻亲，向他们借粮本来也是应该的，只是我原来答应给人家的土地至今也没有给，又怎么好意思再向人家开口呢？秦国的大臣坚决反对借给"忘恩负义"的晋惠公粮食，但秦穆公却说："负我者，晋君也。饥者，晋民也。吾不忍以君故，迁祸于民。"于是向晋国运送了数十万斗粮食。在这件事上，秦穆公确实是好邻居的典范。

网友热议

徐　丽：看河南卫视《汉字英雄》节目，发现现在好多小孩都不会写字，笔顺全都是乱的。记得在书城看小朋友写字时我还去提醒过，小朋友回答我："我一直是这么写的啊，我们老师就是这么教的。"我当时还纳闷：是现在的教材不一样了吗？宝贝，以后妈妈得认真教你。

秋

qiū　9画　一二千千千禾禾秒秋

专家解字

"秋"是一年中的第三季。由于秋天谷物成熟，这个季节与禾苗关系密切，所以"秋"字用了偏旁"禾"。而另一个偏旁"火"，据说与古代在秋天以火烧田有关。直到现在，有些地方还有秋收后在田中焚烧秸秆的习惯。

秋天和春天是四季中最重要的两个季节，古时候的重要事务多安排在春秋两季，所以古人常常用"春秋"来代表一年的时间。据说乾隆皇帝曾举行千叟宴，有位141岁的老人，乾隆以其年龄为题出了上联："花甲重开，外加三七岁月。"纪晓岚对以下联："古稀双庆，又多一个春秋。"古稀指70岁，双庆指两个古稀，也就是140岁，一个春秋即1岁，加起来正好141岁。

秋天万物凋零，给人肃杀凄凉的感觉，所以文学作品中有不少悲秋佳作。如《红楼梦》中黛玉的诗《秋窗风雨夕》："秋花惨淡秋草黄，耿耿秋灯秋夜长。已觉秋窗秋不尽，那堪风雨助凄凉。"短短四句，竟连用了六个"秋"字。

卖萌小萝莉孙睿晨

英雄榜

7岁的孙睿晨来自大连，是本季《汉字英雄》中最小的选手。她天真率直，答题的过程中，在一个没学过的字实在写不出来，找姥爷求助还是没写出来时，当场就泪奔了……马东叔叔完全束手无策了。最后在众"先生"的指点下，马东给了小萝莉一个大大的拥抱。

先生妙语

于　丹：在我国很多地方，冬天和夏天时间都长。春天和秋天相对短，变化又多。小楼一夜听春雨，明朝深巷就可以卖杏花了。秋风你要听了以后，明天就一地落叶了。好时光，又短，所以人就会伤春，就会悲秋。所以为什么说"何处合成愁，离人心上秋，纵芭蕉不雨也飕飕"？就是秋风一起的时候，愁思就起了，这就是春秋的情怀。

挈

qiè　10画

挈 挈 挈 挈

一 二 三 丰 扌 𢭃 𢭥 挈 挈 挈

随读随写

英雄心语

张和浦：学汉字是我的一种乐趣。在这儿对我也是一种考验，而且我还能体验一下成为汉字英雄的乐趣。

专家解字

"挈"是指用手提的动作，所以用"手"为形旁；"㓞"是它的声旁。

"挈"与"提"意义相近。如"提纲挈领"，是说提着网上的大绳就可以让网眼张开，提着皮裘的衣领就可以理顺皮裘上的毛。网上的大绳和皮裘的衣领都是很关键的部位，因此"提纲挈领"常用来比喻善于抓住问题的关键与要害。

"挈"与"契"读音相近，形体也相似，上面都是"㓞"，又同为上下结构，易于混淆，应注意分辨。"挈"的意思是用手提着，所以形旁是"手"。"契"的意思是契约，一般指证明买卖、抵押、租赁等关系的文书，事关重大，所以形旁为"大"。其实，虽然"挈"与"契"二字中都有"㓞"，但其作用并不相同。"㓞"在"挈"中是一个单纯的声旁，但在"契"中却是有意义的：刀是古代刻画契约的工具；三横表示契约上所刻画的数量；一竖表示刻画的契约从中间一分为二，借贷双方各执一半。这几部分合在一起，便很好地表达了契约的意思。实际上，契约的意思原来就写作"㓞"，"大"是后来才加上去的。

先生妙语

于　丹：撒网之前要抓住的这个部分是纲，"提纲挈领"是说，撒网之前要抓住纲，纲抓住了渔网才能撒出去。叠衣服的时候，要提住领子。也就是说，把最重要的、核心的东西给拎起来。"提"和"挈"是同一个意思。

● 自测题1答案 ●
牙　片　吓　合　忙　囡
秀　念　净　春　蚂　量　像

酩

酩 **酩** 酩 酩

mǐng　13画　一 厂 丆 丙 丙 西 酉 酊 酊 酊 酩

◉ 专家解字

"酩"是大醉的样子。由于大醉肯定是喝酒的结果,所以"酩"字以"酉"为形旁,"酉"表示与酒有关;"名"是它的声旁。

"酩"字一般与"酊"字连用,组成"酩酊"一词,形容醉得很厉害,如成语"酩酊大醉"。自古文人多情,自然与酒有不解之缘,以酒入诗也就极为常见了,其中也不乏"酩酊大醉"者。如唐代杜牧的《九日齐山登高》,就发出了"但将酩酊酬佳节,不用登临送落晖"的感叹。

著名日本导演黑泽明有一部影片叫《酩酊天使》,描述的是二战后日本社会的迷惘:日日买醉的医生真田,给帮会小头目松永治病。松永以前的大哥冈田刑满释放,夺走了松永的一切。松永因绝望而去刺杀冈田,反而被刺身亡……

"酩"字与"酪"字形体相似,二字形旁相同,而且声旁"名"和"各"只有一笔之差,易于混淆,要注意加以分辨。"酪"是用动物的乳汁做成的半凝固食品,如现在常见的"奶酪"等。

◈ 先生妙语

高晓松:你就是马里第一汉学家,可以给马里总统当汉学顾问。

❀ 网友热议

主播彭嘉:河南台新节目《汉字英雄》真是个好节目,不过我看到一个错误哦:编辑把"磨叽"打成了"墨迹"。吼吼,职业习惯。

黑哥俞华

▶ 英雄榜

俞华是中非混血儿,有着一头卷卷的头发和巧克力色的皮肤,同学们都喜欢叫他小黑,《汉字英雄》的朋友们则叫他黑哥。他的爸爸妈妈都在非洲工作,他跟着姨妈生活在上海,四五年才能见妈妈一面。他的梦想就是妈妈早日回来,陪他,照顾他。

鼠

shǔ　13画

专家解字

"鼠"是象形字。"鼠"的甲骨文字形头部像锐利的鼠牙，下面像足、脊背和尾巴。

鼠俗称"耗子"，在十二生肖中排名第一，称为子鼠。清代文献记载："子何以属鼠也？曰：天开于子，不耗则其气不开。鼠，耗虫也。于是夜尚未央，正鼠得令之候，故子属鼠。"由此可见，老鼠的别名"耗子"，其实是耗子时之气的意思。老鼠天生耗损东西，所以历来受到人们的讨伐，《诗经》里早就有"硕鼠硕鼠，无食我黍"的呐喊。

"老鼠娶亲"是家喻户晓的民俗故事，相传正月初三晚上是"老鼠娶亲"的日子，人们也希望在这一天与老鼠打好交道，以求当年的鼠害少一些。以老鼠娶亲为题材的年画、剪纸、刺绣、泥塑、蜡染等，也成了代表吉祥的物件，深受人们喜爱。

马东安慰小选手

先生妙语

马　东：你要知道，在你这样的年纪，没有几个人能站到这个舞台上，所以你的经历已经比他们多了一点。

精彩瞬间

马　东：请你写出"老鼠"的"鼠"。
于　丹：这太难了。
孙睿晨：我会写。（写"鼠"。）
于　丹：小睿晨你再看看，你这个小老鼠的尾巴多点东西，它的脑袋少点东西。
马　东：于老师又动了父母之心了。
于　丹：我就看这么点儿的小孩儿……
马　东：老觉得自己闺女在台上，是不是？
于　丹：对对，就是这样的想法。
（孙睿晨改为"鼠"。）
高晓松：尾巴上……
于　丹：他家也有小闺女，我俩就跟看自己孩子似的。
马　东：（出示答案）睿晨，看，这个"鼠"的尾巴上就没别的。
于　丹：这是干干净净的尾巴，你那尾巴上多一笔。

噱

噱噱噱

xué　16画　口　口'　吖　吖　吖　哼　哼　哼　嘴　嘴　嘴　噱

🔵 专家解字

"噱"的意思是大笑。由于笑的动作与嘴有关，所以"噱"以"口"为形旁；"豦"是"噱"的声旁。

由"噱"构成的词常用的有"噱头"，指引人发笑的话或举动，也有花招、滑稽的意思。美国有一部著名影片叫《噱头大王》，片名中的"噱头"就是滑稽、令人发笑的意思。影片的主人公罗杰是一个典型的窝囊废男人，他的朋友们都称他为"没用的大妈"。罗杰很想改变自己，便参加了一所号称"懦夫救星"的秘密学校。在一群同样窝囊的同学中，罗杰慢慢地找到了自信和自尊，并成为班级中的领头人物。影片虽然充满戏谑的场面，却能给人的成长带来很多启发。

"噱"与"嚎"字形相似，易于混淆。二字都与人的口部动作有关，所以形旁相同，都是"口"；但声旁不同，"噱"的声旁是"豦"，"嚎"的声旁是"豪"。"嚎"的意思是大声叫，例如"狼嚎"。

········ 随读随写 ········

🔷 先生妙语

于　丹：孩子，外国那个学也不比中国的学好考。可不是说咱们国家的学考不上，你拿着钱就能留学去。你要真是想给你姥姥姥爷省点钱的话，最好的办法就是你好好学，你不管是在中国还是在国外，都有奖学金，能凭奖学金养活你自个儿。你真是有孝心的好孩子，为你姥姥为你姥爷，你再加把油。

📃 精彩瞬间

马　东：请听题，"噱头"，听说过这个词吗？
毕诗考：没听说过。
于　丹：太难了。
高晓松：他们找我来坐在这儿，就是一个"噱头"。
毕诗考："噱头"这词没听过，我看看能不能写出来吧。（写"血"）是这个吗？
马　东：不是，这字太惨烈了。
毕诗考：求助吧，我那老师差不多也没听说过这词。
马　东：这个字即便她听说过，可能写起来也挺复杂。

馥

馥馥馥馥

fù　18画

禾　香　香　香　香　香　香　香　馥　馥

随读随写

📢 网友热议

flowl：个人以为应该多多关注。1.节目渐入佳境，"学霸级"选手连续登场，连闯5关摧枯拉朽，牛气！2.选手背后故事充分挖掘，小小的世界藏着大大的梦想，感动！3.于丹、高晓松、张颐武学识渊博，说尽汉字风流！

◉ 专家解字

"馥"的意思是香气。由于与香气有关，所以"馥"以"香"为形旁；"复"是"馥"的声旁。

"馥"和"香"都可以形容好闻的气味，如"桂馥兰香"，就是指桂花和兰花所散发出的芳香。但"馥"和"香"适用的范围有很大不同。"香"不仅可以形容气味芬芳，也可以形容舒服、味道好等，如"睡得香""饭菜香"等；旧时也用以形容与女子有关的事物或用作女子的代称，如"香闺""香艳"等。这些地方都不能用"馥"来替代。

由于"馥"字意义很好，字面上又显得很文雅，所以很受文人们的喜爱，经常被用于诗词作品中。而"馥馥"的重叠，更加强调了香气的浓郁。如汉代苏武《别友》诗："烛烛晨明月，馥馥秋兰芳。"有时，"馥馥"前面还要再加上一个"香"字，那就显得更有神韵了。如元代李好古《张生煮海》曲："恰便似颤巍巍金菊秋风动，香馥馥丹桂秋风送，响珊珊翠竹秋风弄。"这些作品都将"馥"字运用得恰到好处。

📖 精彩瞬间

马　东：请写出"馥郁芬芳"的"馥"。
选　手：请解释一下。
马　东："馥"的意思就是香气。
于　丹：其实已经给你提示了。你静下心来想想，它是跟香气有关的。
高晓松：跟"香"有关，跟"复"也有关，因为它念fù嘛。
马　东：不带这样的！
高晓松：或者说，比香还香，俩香，双倍香。

谶

chèn　19画　讠 讠′ 讠″ 讠‴ 谨 谨 谨 谶 谶

🔵 专家解字

"谶"是指将要应验的预言、预兆。由于谶是用语言表达的，所以"谶"字以"讠"为形旁；"韱"是"谶"的声旁。

西汉末年，开始出现一种"谶书"，就是用诡秘的隐语、预言作为神的启示，向人们昭告吉凶祸福、治乱兴衰的书。这类宣扬迷信的作品，往往有图有文，所以也叫图书或图谶。

成语有"一语成谶"，意思是不幸言中不吉利的事情。中国古代有不少"一语成谶"的传说。如荒淫奢靡的隋炀帝，曾沿运河下扬州游玩，一日忽然作诗："三月三日到江头，正见鲤鱼波上游。意欲持钓往撩取，恐是蛟龙还复休。"然后交给乐工，令随行宫女合唱。炀帝闻歌甚为得意，有深谙谶纬之学的人听后却暗自惊讶，认为这首诗不祥。因为当时李渊已渐成势，"鲤、李"二字同音，所以诗中有李渊化龙之意。此外，炀帝又曾作《索酒歌》："宫木阴浓燕子飞，兴衰自古漫成悲。他日迷楼更好景，宫中吐焰奕红辉。"在迷楼饮酒作乐时，必令宫人唱此歌。后来，李渊大兵攻入京师，将迷楼付诸一炬，正应了两首诗中李渊化龙、迷楼吐焰之谶语。

咬文嚼字姐张斯语

🚩 英雄榜

张斯语来自郑州，她在初赛中拉着一个神秘的拉杆箱上场，顺利通关后才揭晓答案，原来拉杆箱中全是与语言文字有关的杂志和书籍。她从小学一年级开始，坚持读《咬文嚼字》。她的梦想是成为《咬文嚼字》杂志的主编。

🐦 先生妙语

于　丹：其实比读音更重要的，是我们追溯字音和字形的演变。不管是确定哪一个音，还是一种简化字，你都能找到它的历史脉络。其实这是《汉字英雄》最有意思的事。

自测题 ①

	请写出"yá齿"的 yá	
请写出"piàn面"的 piàn	请写出"xià一跳"的 xià	请写出"hé格"的 hé

| 请写出"máng碌"的 máng | 请写出"花yuán"的 yuán | 请写出"优xiù"的 xiù | 请写出"niàn书"的 niàn | 请写出"干jìng"的 jìng |

	请写出"chūn秋"的 chūn	请写出"mǎ蚁"的 mǎ	请写出"liàng力而行"的 liàng
		请写出"肖xiàng"的 xiàng	

小贴士：如果您十三宫没有全部写对，您可得努力了，这可是小学一年级的生字呀！（答案见第10页）

第 2 集

逆水而上去追溯

考官出题

		请写出"yì术"的 yì		
	请写出"驾yù"的 yù	请写出"mǔ亲"的 mǔ	请写出"欢dù国庆"的 dù	
请写出"炊烟niǎo niǎo"的 niǎo	请写出"suí靖"的 suí	请写出"jiān默"的 jiān	请写出"zhēn酌"的 zhēn	请写出"追sù"的 sù
	请写出"功亏一kuì"的 kuì	请写出"huī下"的 huī	请写出"hàn林"的 hàn	
		请写出"咀jué"的 jué		

17

汉字英雄

裁判答案

	艺		
驭	母	度	
袅	绥	缄	斟	溯
簧	麂	翰	
	嚼		

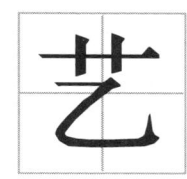

艺

yì 4画 一艹艺

专家解字

"艺"是才能、技能、技术的意思。"艺"的甲骨文字形就像一个人在用手种植草木，因为与草木有关，所以形旁为"艹"。"艺"的繁体字是"藝"，由于太过复杂，人们便将"艹"之外的部分改成了声旁"乙"。

中国古代有"六艺"之说，指古代贵族子弟的六门必修课程：礼、乐、射、御、书、数，分别指的是礼仪、音乐、射箭、驾车、文字和数学。《论语》中曾说："依于仁，游于艺。"这个"艺"便指的是六艺。与之相似，据说欧洲中世纪的骑士也要求所谓的"六艺"，分别是剑术、骑术、游泳、狩猎、棋艺和吟诗。"艺"贵在精熟，"技艺"一词就是指富于技巧性的表演艺术。

喵星人刘冠文

英雄榜

刘冠文来自辽宁葫芦岛，她特别喜欢猫，自称喵星人。在初赛中，她以一身猫装出现，"喵喵"叫个不停。她顺利通过初赛，杀入决赛，最终成为《汉字英雄》第1季的榜眼。

精彩瞬间

马　东：冠文，你在班上也这么跟老师同学说话吗？
刘冠文：对呀。我经常跟我们老师卖萌的。
马　东：太好了，我很庆幸我不是老师。如果我班上出……我会崩溃的。现在有一个词叫拒绝长大，它是存在于很多人心里的一种状态，你是吗？
刘冠文：我不是。我其实只是偶尔卖卖萌，缓解一下心里的压力嘛。你知道高中的学生压力很大的。
马　东：（做手部抓挠的动作）你知道我这个手势是什么意思吗？
张颐武：抓狂，抓狂。
于　丹：告诉你一个秘密，主要是马东老师他是属鼠的，见到猫他有天然的恐惧症。
刘冠文：原来是这样的！
于　丹：他稍微有点反应过激，我们仨还好啦。

驭

驭 驭 驭

yù　5画　乛 马 马 驭 驭

随读随写

🌐 网友热议

唐旭晖：昨晚看河南卫视《汉字英雄》节目，拿纸笔一起跟着写，50%的字都写不出来。平时自我调侃说没受过正规教育，想来是说了一句实话。

◉ 专家解字

"驭"由"马"和"又"两部分组成。"又"在汉字中常常表示手的形象，所以"驭"就是用手来驾马或驾车的意思。

"驭"的对象也可以是风。例如刘禹锡的《寻汪道士不遇》："仙子东南秀，泠然善驭风。笙歌五云里，天地一壶中。"描绘了仙子乘风而去、乐声悠扬的情景。

"驭"的对象还可以是人。中国古代的"驭臣之术"就是指君主统领臣子的手段。战国时期，有一次韩昭侯醉酒后和衣而睡，典冠侍从怕他受凉，就取了一件衣服披在他身上。韩昭侯醒后问是谁做的，左右回答说是典冠侍从。韩昭侯听了，下令将典衣和典冠的两个侍从都予以处罚。处罚典衣侍从，是因为他失职，没有及时给国君披衣服；处罚典冠侍从，是因为他超越了职守，不该由他给国君披衣服。正是有了这种高明的驭臣之术，韩昭侯才内修德政，外御强敌，使韩国成为战国七雄之一。

✒ 先生妙语

于　丹：认识"貂"的以北方人居多。你看过去的边塞诗，"赌得单于貂鼠袍"，到岭南肯定就不用这个了。

马　东：既没有这种动物，也不需要穿貂皮。

于　丹：所以你看特别有意思的是，有很多字是有时代性的，也有很多字是有地域性的。

高晓松：单独写"貂"很多人都不知道念什么，但只要跟"蝉"写一块儿……

张颐武：貂蝉名气比貂要大。

于　丹：后来的女孩子也没人用这个起名了。

母

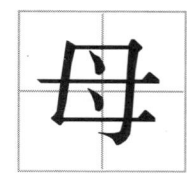

mǔ　5画　乚𠃋𠃌母母

🔵 专家解字

"母"是母亲的意思，它的甲骨文字形是一个女子哺乳孩子的形象。

从古至今，"母"这个字总是有着太多的恩情和温暖。母爱也是作家们笔下永恒的主题。在中国历史上，有无数母亲为了子女成长而费尽心思，孟子之母就是其中的一个代表。《三字经》里说："昔孟母，择邻处。子不学，断机杼。"孟子年少时，是一个模仿力很强的小孩。当他家住在坟墓附近时，他就经常和伙伴们玩表演出丧的游戏。孟母见此情景，就搬到市场附近居住。可是，孟子又去学商人做买卖，孟母又立马搬迁到书院旁。孟子受到周围环境的影响，开始与伙伴们一起模仿祭祀仪式和进退朝堂的规矩。孟母看到这情形，终于舒了口气，满意地说："这正是适合安顿我儿子的地方。"这就是著名的"孟母三迁"的故事。

📖 精彩瞬间

马　东：欣蓉，请写出"母亲"的"母"。
金欣蓉：这字忒简单了，我都想起了我妈妈慈祥的笑脸。
马　东：我觉得从字形上看，应该不见得是笑脸。
于　丹："母"其实特别反映中国人的一种观念。"母"的这两点，其实代表母亲的乳房。也就是说什么是母亲呢？母亲就是有哺乳功能的人，就是她有孩子。我就老记得汶川大地震时候的那个警察妈妈，发现小孩找不到妈妈的，她就去喂。你就觉得人到了一个原始的阶段、危难的时候，最简单的关系就是那种"有奶就是娘"的关系。

巨妞金欣蓉

🚩 英雄榜

金欣蓉来自辽宁鞍山，虽然只是个12岁的小学生，身高却已有1.75米，因此同学们叫她巨妞。她在复赛中与周霁佑终极PK，两人写以三点水为偏旁的字，共写了148个，给观众留下了深刻印象。

度 度度度

dù duó　9画　　丶一广广广庐庐庐度

随读随写

英雄心语

刘冠文：大家从我的装扮就可以看出来了，我是一只喵星人。作为一只资深的老猫呢，我今年已经有16岁高龄了。鉴于我是一只老猫，所以我平时就喜欢看看书、写写字，做些比较不太耗费体力的工作。今天来到这里呢，如果能够顺利通关的话，那自然是极好的，但是如果不幸被淘汰了的话，也没关系，能够来到这里和大家一起分享汉字中的乐趣，也不负恩泽了。

专家解字

"度"是指计算长短的器具或单位。古代计量长短通常都以人体部位作为参照，如一寸就是一指的宽度。而"又"字在汉字中常常表示与手相关的意思，所以"度"以"又"为形旁。"度"字的声旁是"庶"的省写。

"度"还可以表示从此地到彼地，如成语"暗度陈仓"中的"度"就是这个意思。在楚汉之争的关键时刻，刘邦听取韩信的计策，命士兵修复栈道，装作准备从栈道出击关中，实际上却率主力部队暗中抄小路袭击陈仓，趁守将不备，占领要地，攻入咸阳，占领关中，最终打得项羽落花流水。这就是中国古代"三十六计"之一的"暗度陈仓"，比喻表面故作姿态，暗地里另有所图。

注意要把"度"与"渡"区别开来。"渡"字形旁为"氵"，所以常常与水相关，如"渡河""渡水"。表示从某个阶段逐渐发展到另一阶段也需要用"渡"，如"过渡时期"。但"度假""度日"不能写作"渡假""渡日"。

"度"除了读dù外，还可以读duó，表示计算、推测的意思。

先生妙语

于　丹：别看了，字越看越不像……凭直觉就行了。你发现了吗，你上商场买衣服，你第一眼看这件挺好，越看它越难看，最后你不买它了。

马　东：所以初念和初心何其重要。

高晓松：想起初相见，看人也是，所以俩人别整天互相审视。

袅

袅袅袅袅

niǎo　10画　ノ 勹 勺 鸟 鸟 鸟 袅 袅 袅 袅

◎ 专家解字

"袅"是细长柔弱的意思。"衣"是其形旁，声旁则为"鸟"的省写。

"袅"字一般都与纤细柔弱、婀娜多姿的事物相联系：陆游的"江空袅袅钓丝风"用来描写随风摆动的垂柳，左思的"袅袅素女"用来刻画女子优美的姿态。就连无形无貌的歌声和音乐也可以用"袅袅"来描绘。《列子》中记录了这样一个故事：战国时期的韩国有一位能歌善舞的姑娘，名叫韩娥。她的声音柔美而洪亮，即便是她的哭声，都能让方圆一里的人们为之动容哀叹。有一次她经过齐国，盘缠用尽了，就在齐国都城临淄的雍门那里卖唱来筹集路费。她唱完三天以后，大家仿佛仍然能听到她那美妙的歌声在梁柱间萦绕不散。因此后世就有了"余音袅袅""绕梁三日"等成语，用来形容美妙的歌声和音乐的魅力久久不散。

小市长冷若萌

▶ 英雄榜

冷若萌来自广州，她曾被选为"羊城小市长"，曾当过亚运火炬手。她喜欢弹琴，喜欢洋娃娃，喜欢异想天开。她有一句豪气十足的口头禅：信萌姐，不吐血。

◎ 精彩瞬间

高晓松：情感的问题没有什么幼稚不幼稚。
冷若萌：那怎么面对它呢？
高晓松：我像你这么大的时候，也问过我老师这问题。我老师跟我说："没事，你去谈恋爱吧，你谈谈就知道没什么意思了。"
冷若萌：啊？不要。
于　丹：他代表男孩儿的观点，我代表妈妈的观点，因为我家也有女儿。喜欢你的男孩子会很多很多，但是等你长大以后，你才能遇上真正更好的男孩儿。你就记住这句话就行了。
冷若萌：嗯，好。
马　东：就是生怕闺女遇上高晓松这种人。
于　丹：对对对，长大了都比他强！

绥

sui　10画　綏 绥绥绥

笔顺：乚 乚 纟 纟 纟 纟 纟 绥 绥 绥

专家解字

"绥"的意思是安抚。因为"绥"曾经表示过拉车的绳索，而"纟"又与丝线、绳索相关，所以"绥"字以"纟"为形旁。"绥"的声旁为"妥"，两者不仅声音相近，而且意义也有紧密的关联。"妥"字的甲骨文字形就是用手抚慰女子的形象，所以常表示安慰、安抚的意思。后来因为"妥"字的词义逐渐增多，就让"绥"字分担了这个意思。

"绥"字在中国传统文化中绝对是个吉祥的字眼。早在《诗经》当中，就有"君子万年，福禄绥之"的诗句，用来表示长命百岁、福禄延年的美好祝愿。"绥"与"时"组合成"时绥"，作为书信末尾专用的祝颂语，表达四时安好的祝愿。中国的不少地名当中也含有"绥"字，如陕西的绥德县、辽宁的绥中县，都是历史上的边防重镇，含有安抚边防的用意。

但"绥靖"一词则带有太多屈辱的历史阴影。"绥"是安抚平定之义，"靖"则是局势安定的意思。历史上的一些政治家，常常为了保全眼前的安宁和利益，而对敌人委曲求全、姑息退让。

先生妙语

于　丹："绥"右半边这个"妥"是什么？"妥"的下面是个"女"，上面是一只手，这个手安抚着这个女人，让她平静下来。旁边是一个绞丝旁，就是把丝都给理顺了，就安抚了，这就是"绥"。

随读随写

网友热议

羽com_海豹：别的电视台都在忙着歌舞选秀，忙着征婚选美，而河南卫视独辟蹊径地开设了《汉字英雄》节目！的确非常赞！虽然娱乐性不高，没有那么多的搞笑热点，但还是很喜欢评委老师于丹、张颐武、高晓松带给观众的传统文化之旅！（不过参赛的儿童选手都表现出超出年龄的成熟，这一点还是不太喜欢……）

缄

篆 繁 **缄 缄 缄**

jiān　12画　｜ ｜ ｜ 纟 纟 纟 纟 纟 纟 纟 缄 缄 缄

◉ 专家解字

"缄"的意思是封闭。它最初表示捆东西的绳索，所以用"纟"做形旁。"咸"与"缄"读音相近，是其声旁。

东汉以前没有纸张，公文书信通常写在木板或竹简上，并用绳子捆起来，在打结处加一块泥，并在泥上盖章，目的是保守其中的秘密。人们解开绳子看信叫"开缄"或"开封"。现在人们在信封上常会写"某某缄"，便是从此来的。

后来，"缄"不仅可以指封书信，也可以指封口或封嘴。"缄口"就是闭嘴不说，"缄默"就是沉默寡言。孔子在参观周王祭先祖的太庙时，看到台阶右侧立着一个铜铸的人，嘴被扎了三道封条。在这个铜人的背面，刻着一行字："古之慎言人也"。意思是：这是古代一位说话极其慎重的人。看到这个铜人，孔子很受震动和启发，以后在教诲弟子时，总是十分强调"君子讷于言而敏于行"，意思就是：君子要尽力做到说话谨慎，做事敏捷。后来人们便以"三缄其口"来比喻慎言。

◉ 精彩瞬间

选　手：刻舟求剑是一种愚蠢的行为，正如同当今的应试教育一样。我们天天被作业压着，怎么有可能去干其他事情？

高晓松：每一个国家都有应试教育，而且你写作业才写到九点十点，你知道在美国，如果你从小立志上哈佛，你连暑假都得做义工去。其实应试教育并没有问题，问题是提不提供应试教育之外的其他的向上的通道。

小小男子汉张家慈

◉ 英雄榜

9岁的张家慈来自成都，他参加《汉字英雄》节目是为了让妈妈和姐姐高兴。他的梦想是和爸爸妈妈姐姐一起去澳门看海，他说："虽然爸爸去世了，但我们可以带爸爸的照片一起去，这样我就会觉得爸爸在陪着我们。"

斟

斟 斟 斟 斟

zhēn　13画

| 一 | 丆 | 廿 | 廿 | 甘 | 甘 | 其 | 其 | 甚 | 斟 |

选手冯浩然

英雄榜

来自北京的冯浩然是一名初二学生，他说本来语文老师不打算让他参加节目，因为他语文考得不好，但他还是来了，因为他想给班上的足球队挣点经费。自称语文成绩不好的他却顺利通过了初赛。他的梦想是替卡马乔当国足主帅。

专家解字

"斟"的意思是往杯盏里倒酒或茶。"斗"是我国古代常见的容器，倒酒倒茶与容器有关，所以"斟"字以"斗"为形旁。"甚"是"斟"的声旁，两字原本读音相近，现在差得较远了。

"斟"字常常与"酌"连用，最初表示倒酒而饮。陶渊明在《移居》中写道："春秋多佳日，登高赋新诗。过门更相呼，有酒斟酌之。"诗人与邻人相处融洽，常相招饮酒，怡然而乐。

"斟酌"后来经常用于表示考虑事情或文字是否妥当的意思。这是因为倒酒不满是"斟"，倒得太多则是"酌"，古人做事讲究适中，所以倒酒多少也就要反复"斟酌"了。古人作诗写文章，也往往字斟句酌，十分慎重。王安石曾经在一首诗中写了"春风又到江南岸"，写完后，觉得"到"字太死板，看不出春风一到江南是什么景象，就把"到"改为"过"，后来又改为"入"和"满"。这样改了十多次，最终确定了"绿"字。这便是名句"春风又绿江南岸"的由来。可见，只有反复推敲、再三斟酌，才能写出画龙点睛的"诗眼"啊！

精彩瞬间

高晓松：你这完全不是来挣经费来了，什么都会！
马　东：1500元能买多少足球啊？
冯浩然：十来个吧。
高晓松：足球都一百多一个了？
马　东：你成不成汉字英雄我不知道，反正你回班上，你现在已经是英雄了。
冯浩然：那是真的。

溯

sù　13画　氵 氵 氵 氵 浐 浐 浐 溯 溯 溯 溯

● 专家解字

"溯"的意思是逆着水流的方向走，所以用"氵"做形旁；"朔"是其声旁。

《诗经》中有一篇很著名的诗歌《蒹葭》，描写了主人公对心上人苦苦追求而求之不得的心境："蒹葭苍苍，白露为霜。所谓伊人，在水一方。溯洄从之，道阻且长。溯游从之，宛在水中央。"主人公为了追寻那位水中央的伊人，忽而逆流而上，忽而顺流而下，然而道路漫长，伊人总是在那可望而不可即的地方。

由于逆流而上就会找到水的源头，所以"溯"又有追求本源的意思。与追本溯源相对的，就是只看表面现象，走马观花了。古时候，有个地方有春季相亲的风俗。有一次，相亲的双方中男子是瘸子，女子是兔唇。在花开的季节，男子骑马，女子低头闻鲜花，双方一眼望去，男的英俊，女的貌美，就相互产生爱慕，结果成亲后才发现真相，懊悔不及。这个故事告诉我们，看事情要追溯根本，看到本质，不能只看表面，走马观花。

📖 精彩瞬间

马　东："追溯"的"溯"是什么意思？
于　丹：听说过一个词叫"溯源"吗，"源头"的"源"？溯源就是它的意思。
张颐武：我这个事的起源，找这个水的源头。
高晓松：就是往上游走，一直往上走，逆水而上。
马　东：所以浩然能写出这个字来，但是意思还得重新再记一遍。
冯浩然：对。
马　东：这样才叫真的会写这个字。

……随读随写……

▲ 先生妙语

马　东：你们是好朋友。好朋友之间，玩个游戏比个赛也没关系的，行不？

篑

篑篑篑

kuì　15画

随读随写

先生妙语

高晓松：而且你现在没有的其实是欲望，你没有欲望很好啊。但梦想应该每个人都有，是吧？梦想不是用来实现的，梦想是用来笑的。

◎ 专家解字

"篑"的意思是古代盛土的筐子。由于筐子一般是用竹子或柳条等编成的，所以"篑"以"竹"为形旁。"贵"与"篑"读音相近，是其声旁。

盛土的筐子虽然不大，可事情的成败，往往就从这一筐筐土而来。宋代的范仲淹曾说："夫天下祸福，如人家道，成于覆篑，败于疾雷。"大意是：国家的兴衰祸福，就像普通人家过日子一样，日子过得富裕美满，是积少成多的功劳，而家道败落，则往往是顷刻之间的事情。

古时候有个人要筑一座九仞高的山，眼看就差一筐土便可以完工时，他肚子饿得咕咕叫，天又下起雪来，于是就打算先回家去，第二天再添上一筐土。到了第二天，他又嫌路上湿滑，于是又推到了第三天。就这样明日复明日，这关键的一筐土到死都没有堆上去。后来人们就用"功亏一篑"这个成语，形容事情只差最后一点没有完成而前功尽弃。

◎ 精彩瞬间

金欣蓉：我到现在也没有确定我真正想做什么，这是我非常纠结的一件事。我是三无产品吗，无理想、无目标、无追求？

于　丹：你想想，一个已经成了家的人，他就知道他必须养活他的家。一个已经就业的人，他就知道他必须按时上班。而你不过是一个个儿很大的小学生。

金欣蓉：对，我是小学生。

于　丹：你就在随心所欲的年纪上，什么都可以想，什么都不必须去做，这就是最好的梦想。

金欣蓉：鼓掌！太好了！

麾 麾 麾

huī　15画　广 广 广 广 广 广 庐 庐 麻 麾

专家解字

"麾"是古代指挥军队的旗子，由于古代的军旗常用动物的尾巴或鸟兽的羽毛来做装饰，所以"麾"以"毛"为形旁。"麾"与"麻"古代的读音相近，所以"麻"为其声旁。

"麾"是古代两军交战时指挥军队的重要工具，也是军队士气的风向标。胜利之时要挥旗高呼，而失败后则只能偃旗息鼓了。春秋时有一次郑国进攻许国，久久难以攻下城门。大将颍考叔想爬上城墙挥舞旗帜鼓舞士气，却中箭连人带旗跌落下来。大夫瑕叔盈见状，急忙跑过去捡起郑国旗帜，奋力爬上城墙，"周麾而呼"，也就是用力挥动郑国旗帜，大声呼喊："国君已经登上城墙了！"郑国的将士们看到自己国家的旗帜在城墙上高高飘扬，士气大振，一鼓作气攻入许国。

小批判家刘孟洋顺利过关

英雄榜

12岁的刘孟洋来自上海。他是一个很有批判精神的人，也是一个很爱面子的人，他参加《汉字英雄》节目，都没跟同学说。他的梦想是大家捐"那种更有文化、更有水平的书"给希望小学。他参加节目赢得的2500块教育基金也会用来买书捐给希望小学。

精彩瞬间

高晓松："麾下"只能说是将领，因为他那麾没那么大，"麾下"就是离他最近的人。几万兵那是在他后边，那只能叫率领。

于　丹："八百里分麾下炙"，他那点儿牛肉就够他那点儿人在那儿烤的，分得太多了就不够了。

刘孟洋：知道了。

马　东：能想象出这个"毛"指的是什么吗？

刘孟洋：扇子吗？

高晓松：扇子下面的人也太少了吧？

于　丹：打仗的时候旌旗猎猎，两军对阵……

刘孟洋：帅旗？

于　丹：所以为什么一直说"麾下"？谁的麾下就是谁的旗帜下。在古代两军对阵的时候，旗帜是一件重要的事情。

翰

hàn 16画 十 古 卓 卓 軩 軩 幹 斡 斡 翰 翰

随读随写

🏆 英雄心语

刘孟洋：相比于用QQ这些社交工具而言，我更喜欢写信，它们可以表现我自己的情感，当我愤怒我兴奋我激动的时候，我的字体就会随着发生变化。

◎ 专家解字

"翰"本指长而坚硬的羽毛，后常用来代指毛笔和书信。由于字义与羽毛有关，所以"翰"以"羽"为形旁。"翰"字除"羽"之外的部分是"倝"字的变体，这个字在古代与"翰"字读音相近，所以是其声旁。

"翰"常用于"翰林"一词，用来形容文人墨客聚集之处，后来演变为一种官职的名称。"翰林学士"的职责就是为皇上起草诏书、密文等文件，有时还可以参与议政，分任宰相的大权，所以入选翰林也是古代知识分子的最高荣誉。在广东大埔县百侯镇，流传着"一腹三翰院"的故事：在清代，当地的杨缵绪与其弟杨黼时、杨演时，分别在康熙、雍正、乾隆年间先后考取进士，而且都成为翰林院大学士。这在当时可是罕见的奇闻，所以县官赐给杨家老母一块"一腹三翰院"的匾额，以表彰杨母教子有方。

"翰"需要与"瀚"相区别。"瀚"形旁为"氵"，表示广大的样子。"瀚海"一词最初表示北方的大湖，后来则常常用来形容广阔的戈壁沙漠，如唐代诗人岑参的《白雪歌送武判官归京》："瀚海阑干百丈冰，愁云惨淡万里凝。"所以，在表示广阔义的"浩瀚""瀚海"等词中，"瀚"可不能误写为"翰"。

◎ 先生妙语

高晓松：凡什么事需要拯救了就没救了。汉字挺好的，而且全世界学的人越来越多了，还没到需要拯救的地步。

嚼

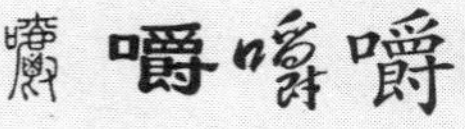

嚼嚼嚼

jué jiáo　20画

口　口⺌　嚼　嚼　嚼　嚼　嚼　嚼

● 专家解字

"嚼"的意思是用牙齿咬碎。由于嚼是人口部的动作,所以"嚼"以"口"为形旁,表示与口有关;"爵"是"嚼"的声旁。

口中所嚼的东西,一般都是美味佳肴。可也有不少人口中所嚼的东西实在非同一般。如"嚼舌头"可不是真津津有味地咀嚼舌头,而是指胡说八道、搬弄是非。"嚼蜡"是形容事情索然无味、枯燥无聊。

古时还有"嚼墨"的传说:晋代葛洪的《神仙传》中记载了一个叫孟班的文人,他学富五车、才高八斗,还有一个绝活便是"嚼墨喷纸"。他将墨块吞入口中,嚼几下后,便喷在展开的纸上,纸上便呈现出一行行字,而且文通字顺,灿然成章。后来,"嚼墨喷纸"就用来形容文人才思敏捷、笔下生花。

牙齿是很坚固的,可也有"嚼齿穿龈"的说法。张巡是唐玄宗的一员大将,他英勇善战、忠心卫国,在安史之乱时,因为听到叛军屠杀无辜的消息,恨得竟然将牙龈都咬破了。"嚼齿穿龈"就形容对敌人恨之入骨的情绪。这些看似不合常理的表达,原来背后都有精彩的故事。

汉字先生张颐武

● 网友热议

沫沁涵:看了一期《汉字英雄》,感觉好惭愧哦,很多字都是认识的,一写就写不出了,以后还是多动笔,少敲键盘。

● 先生妙语

马　东:"爵"在甲骨文里一定有什么意味。
于　丹:是个喝酒用的酒器。
马　东:以前也不是人人能喝这个酒,能够给你这么一个酒器,说明你有相当的身份和地位。
张颐武:规格高。
高晓松:而且不同的地位,酒爵不一样。

●自测题2答案●
冈　丛　串　辛　茂　怦
宜　注　浇　候　锋　谢　操

自测题 2

	请写出"山gāng"的gāng	
请写出"cóng林"的cóng	请写出"客chuàn"的chuàn	请写出"xìng运"的xìng

| 请写出"mào密"的mào | 请写出"pēng然心动"的pēng | 请写出"老少皆yí"的yí | 请写出"水wā"的wā | 请写出"jiāo铸"的jiāo |

	请写出"hòu鸟"的hòu	请写出"fēng利"的fēng	请写出"xiè罪"的xiè	
		请写出"同室cāo戈"的cāo		

小贴士：这十三宫都是小学二年级的生字，如果您十三宫没有全部写对，那就加油吧！（答案见第31页）

第 3 集

叉叉点点爽身粉

考官出题

		请写出 "五sà运动" 的sà		
	请写出 "yáng光"的 yáng	请写出 "xiào顺"的 xiào	请写出 "bǐng公执法" 的bǐng	
请写出 "请jiǎn"的 jiǎn	请写出 "dǔ信"的 dǔ	请写出 "清shuǎng" 的shuǎng	请写出 "作yī"的 yī	请写出 "lián洁"的 lián
	请写出 "金gū棒"的 gū	请写出 "yìyì生辉" 的yì	请写出 "狂biāo"的 biāo	
		请写出 "áo战"的 áo		

汉字英雄

裁判答案

		卅		
	阳	孝	秉	
柬	笃	爽	揖	廉
	箍	熠	飙	
		鏖		

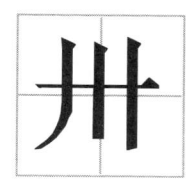

卅

sà　4画　一十卄卅

专家解字

"卅"的意思是三十，字形是连起来的三个"十"字。这个字早在甲骨文中就出现了。相似的字还有"廿"（二十）、"卌"（四十）。

"卅"常用于记年或记日。清代周寿昌有一首《晒旧衣》诗："卅载绨袍检尚存，领襟虽破却余温。重逢不忍轻移拆，上有慈母旧线痕。"已经穿了三十年的衣袍却不忍心轻易拆毁，只因为上面还有老母亲针线的旧痕。

现代历史上著名的"五卅运动"，就是发生在1925年5月30日。当天，上海工人、学生两千多人，分组在公共租界各马路散发反帝传单，进行讲演，揭露帝国主义枪杀爱国勇士、抓捕学生的罪行。而租界当局大肆拘捕爱国学生，公然开枪屠杀手无寸铁的群众，打死十三人，重伤数十人，逮捕一百五十余人。由于惨案发生在5月30日，所以被称为"五卅惨案"。当天深夜，中共中央召开紧急会议，组织全上海民众罢工、罢市、罢课，抗议帝国主义屠杀中国人民，发动了著名的"五卅运动"。

汉服女孩商好墨

英雄榜

商好墨来自河南开封，她热爱汉文化，喜欢穿汉服。她在日常生活中就穿汉服，所以经常会看到周边人诧异的眼光，但她立志推广汉文化，用她自己的话说，就是"只要一息尚存，就要将汉文化推广到底"。她的梦想是收藏四季正规版的汉服各一套。

网友热议

有心插柳：天太热闷燥，心情也郁结。昨晚看了河南卫视《汉字英雄》。纠结……汉字笔画有这样写的？老师都……

人在哪儿：自己写字的时候不觉得笔顺错了有啥不妥，看别人写错，真别扭。以前用笔写字的时候还会考虑笔顺的问题，现在用键盘写，压根儿碰不到这问题。看来以后要注意啊。

阳

𨛖 𨛖 阳 阳 阳

yáng　6画　㇇ 阝 阳 阳 阳 阳

小主持人王梓旭

英雄榜

9岁的王梓旭来自深圳，他在学校经常当小主持人。他一上场就发挥主持人的特长，把汉字先生和马东都夸了一遍。他相信把时间攒在哪里，哪里就会有收获。他在复赛环节与好朋友PK时体现出的"骑士风度"给观众留下了深刻印象。

专家解字

"阳"指太阳，因为太阳发光发热，所以"阳"也有明亮、温暖的意思。古人把山的南面叫作"阳"，因为山南是向阳的地方。"阳"的形旁"阝"本写作"阜"，是土山的意思，表示"阳"的意义与土山有关。"阳"的繁体字为"陽"，右部分"昜"为声旁。由于"陽"字过于复杂，人们很早就用"日"替换了"昜"，造出了"阳"，其中的"日"表示与太阳有关。

在中国传统文化中，"阳"与"阴"是一组相互对立并且适用面极广的概念：天为阳，地为阴；昼为阳，夜为阴；男为阳，女为阴；上为阳，下为阴。

太阳普照万物，给人们带来光明和希望，所以在古代的许多国家都有太阳崇拜的传统，也有不少关于太阳的美丽传说。《山海经》等古籍记载，传说古代有十个太阳，他们都是帝俊与羲和的儿子，既有人与神的特征，又是金乌的化身，是会飞翔的太阳神鸟。每天早晨轮流从东方扶桑神树上升起，在宇宙中由东向西飞翔。到了晚上便落在西方若木神树上，他们的母亲羲和则会在甘渊水中为他们洗涤身体，这样太阳在第二天升起时才能皎洁如初。这个传说代表了先人对于日升日落这一自然现象的美好想象。

先生妙语

于　丹："阴"和"阳"其实都跟植物生长有关系。"阳"字这边的耳刀，其实过去是一个"阜"字，这一侧上头是一个太阳，下面的部分最早是形容繁茂生长的树枝，也就是说在山的阳面，它才能够长得起来。

孝

xiào　7画

专家解字

"孝"的意思是子女对老人尽心奉养并顺从，所以"孝"字由"子"和"老"两部分组成，其中"老"字出于结构布局的考虑，省去了下面的"匕"。

孝是中华民族的传统美德，也是儒家伦理思想的核心。东汉时的黄香就曾以孝闻名。黄香曾官至尚书令，小时候母亲离世很早，父亲一人独自抚养他。黄香对父亲格外孝敬，为了让父亲休息好，他夏天为父亲扇凉床枕，冬天用身体温热被褥。这便是著名的"黄香温席"的故事。

"孝"可以构成"教育"的"教"，这说明，在古时候，孝道也是教育的重要内容。如果一个人被告发不孝，其惩罚措施也是相当严厉的。汉朝时，一位老妇状告自己的儿子不为自己养老，这个逆子就被吊在树上，让骑吏五人乱箭射死。虽然这种处置方式有些残酷，但古人倡导孝道的思想还是值得我们学习的。

精彩瞬间

（小选手王梓旭一开始把"孝"写成了"考"。）
于　丹：孩子你看这个字头，知道这是什么头吗？
王梓旭：老字头。
于　丹：那么下面是个什么字呢？
王梓旭：子。那就应该表示子女要孝顺老人。
于　丹：它其实就是个动作，就是小孩子用手搀着老人。就是子在下老在上，孩子侍奉扶持着老人。中国人说"百善孝为先，论心不论绩"。孝顺是一个从心到手要做到的事。子在下老在上，从态度上到行动上，都能做到这一点，那就叫孝了。

随读随写

先生妙语

高晓松：咱还是该天真的时候就天真，以后跟你讲成熟的日子很长，会烦死你的。

●自测题3答案●
戒　坊　坪　具　绒　梭
脯　蜓　稚　滨　燕　蹈　辫

秉

bǐng　8画

𠂉 二 三 丰 丰 丰 秉 秉

火车票达人程一鸣

🏆 英雄榜

程一鸣来自郑州，他喜欢收集火车票，通过火车票学到了很多地理知识。他还经常上网了解世界各地的风土人情。他虽然是一名小学生，却一条直线走通了汉字十三宫，顺利进入复赛。

◉ 专家解字

"秉"的意思是拿着、握持。它的甲骨文字形就是一个人手握禾苗的形象。即使在现在的字形中，也仍然保留着这一信息。楷书的"秉"字，就是在一个长长的"禾"字中间，插入一个"手"的变形。

《三国演义》中曾记述了关羽"秉烛立户"的故事。关羽不仅骁勇善战，而且为人正直，被后人奉为忠义的化身。当年刘关张兄弟战败失散，关羽为了保护刘备的两位夫人，答应暂时留在曹操帐下。在回许昌的路上，关羽和两位嫂嫂在馆驿休息，曹操想要借机滋生事端，来挑拨刘备和关羽的兄弟之情，就让关羽和他的两位嫂嫂共处一室。关羽自有分寸，他想，与嫂嫂共处一室肯定违背君臣之礼，而为了她们的安危又不宜相距较远。于是他秉烛立于门外，一直从夜晚到太阳升起，毫无倦色。其忠义之心，令人赞叹。

古代诗词中也有"秉烛"一词，如《古诗十九首》："生年不满百，常怀千岁忧。昼短苦夜长，何不秉烛游？"意思是劝人及时行乐，不必为那些毫无益处的事而日夜烦忧。

◉ 先生妙语

高晓松：有真才实学，有辽阔胸怀，有正确的世界观，这些对男人来说是最重要的。

◉ 网友热议

珊123：看《汉字英雄》，觉得那些选手真棒啊，不仅会写字，还每人都有绝活。

柬

jiǎn　9画　一丆丆丙丙丙車東柬

● 专家解字

"柬"最初是分拣、选择的意思。"柬"字是"束"字里面一个"八","八"可以表示分开,所以"柬"就是把一部分东西从一束中挑选、分别出来的意思。后来"柬"被借去表示请柬、信件等意思,为了便于区分,就在"柬"的基础上加上了"扌",专门表示挑选的意思,写作"揀",后来简化为"拣"。

在通讯手段不发达的古代,写信是人与人之间交际的重要方式。古人写信往往言简意赅,文辞凝练,文化程度不高的人还真看不太懂,甚至会闹出笑话。从前有个地主不识字,一天,他在客厅里陪客人吃茶闲聊,忽然有人送来一封信,原来是邻村的一个财主向他借牛。地主接过信,只见上面写着"走柬借牛"四个字,他看了半天,也看不明白到底是什么意思,可又怕客人笑话,心想这肯定是一张请柬,就装模作样地对送信人说:"既是你家主人请我,到时候我去就是了。"送信的人听了,忙说:"不是请您,是要借拉车的牛……"地主脸上红一阵白一阵,好不尴尬。

选手野口佳耶与马东

● 英雄榜

野口佳耶是一个中日混血儿。她喜欢街舞,喜欢架子鼓,曾经拿过星光大道的周冠军,目前已有五首原创歌曲。她非常喜欢中国文化,她把参加《汉字英雄》当成一个学习中国文化的好机会。她的梦想是世界统一语言。

● 网友热议

零度生存:正在收看河南台的《汉字英雄》,参赛选手是初中生,比赛过程是让每位选手正确书写出主持人所给出的汉字,有些孩子的笔画完全是不按书写顺序来的,让人哭笑不得。记得我上小学的时候,老师首先告诉我们写字要按先上后下、先左后右、先进入后关门的顺序来书写,看到电视上这些孩子如此写……

39

笃

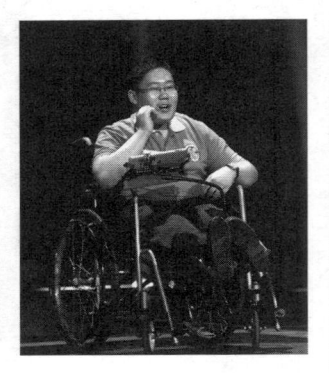

dǔ 9画 ノ 丿 ⺃ ⺮ ⺮ ⺮ 笂 笃 笃

篆 笃 笃 笃

励志少年严宇桥

英雄榜

严宇桥来自郑州，他是《汉字英雄》所有参赛选手中唯一的残疾人。但他身残志坚，阳光自信。他热爱文学，热爱写作，热爱中国古诗词。他的梦想是让爸爸妈妈单独出去旅游。他在本季《汉字英雄》中获得第四名。

专家解字

"笃"本指马走得慢，所以其形旁为"马"。"竹"与"笃"读音相近，是其声旁。走得慢不一定都是坏事，俗话说"慢工出细活"，所以"笃"后来又由马走得慢，发展出做事认真踏实、一心一意的意思。

《中庸》有一句关于为学之道的名言："博学之，审问之，慎思之，明辨之，笃行之。"其中"笃行"是最关键的环节，没有了"笃行"的坚持和勇气，再多的知识也不过是纸上谈兵。正因为"笃行"的重要性，现在很多大学都将它纳入校训之中。

"笃"与"骂"形体相近，有人分不清两字的差别。古时候有个秀才，将"骂"字写成了"笃"字，有人好心提醒他说："'骂'是用口来骂，所以上面两个'口'，而你写的'马'上一个'竹'字，这是'笑'的上半部分，你到底是要笑呢，还是要骂呀？"秀才不好意思认错，厚着脸皮说："你知道什么？我就是笑着骂人的。"这可真是个固执的酸秀才呀。

先生妙语

马　东："胥"在中国古代是什么意思？
高晓松：小官。
于　丹：随着时代过去以后，很多东西就不清晰了。比如说"胥吏"这个概念，今天就变得很模糊。
高晓松：今天的社会，官和吏都不分了，在古代那是分得清清楚楚。
于　丹：胥吏不会是大官高官。
高晓松：考过科举的叫官，没考过科举的、在底下的那叫吏。

爽

shuǎng　11画

专家解字

　　"爽"的意思是明亮、爽朗。"爽"由"大"和"㸚"两部分组成。"㸚"就像用木条编制的篱笆墙，因为呈交错的网格状，可以通气透明，所以这个字也就有了明亮、爽朗的意思。

　　关于"爽"的字形，民间还有一个趣解。传说有一年的元宵节，有个老人带着孙子去街上买灯。他们来到桥头，看到卖灯笼的小贩收拾摊子，正准备挑起剩下的几个灯笼回家。小贩高兴地说："今天生意很好，开张没多久，灯笼就剩这两串了，打算回家自己挂上。"说完，挑起担子就走。看着小贩远去的身影，爷爷拿起树枝在地上写了个"爽"字，对小孙子说："你看这个字，像不像刚才那个小贩？一个人肩上挑着两串灯笼，浑身上下都透着高兴劲儿，真是人逢喜事精神爽啊！"

　　"爽"字还可以表示差错、过失的意思。比如错过约会、失约可以叫作"爽约"，多次试验都没有差错叫作"屡试不爽"。

……随读随写……

先生妙语

　　马　东：兄弟，听我说，清华北大那些人也不是天生的，没有谁天生比谁笨多少。

　　于　丹：这里在考一个孩子的综合素质，不仅仅是认字，还有他的取舍。

精彩瞬间

（选手野口佳耶写出"爽"。）

马　东：这些叉叉点点特别像好多符号。
于　丹：这叉，说法也不一样，但都说是一个人，他腋下的这个有人解为火，有人解为风。
马　东：那我觉得当代对这个字的理解是最准确的。你听说过爽身粉吗？直接就往这腋下扑一点。
于　丹：你是说这也不是火也不是风，是爽身粉？
马　东：是爽身粉。
野口佳耶：这样好记多了。

揖 揖揖揖

yī　12画　一十扌扌扩扩护护挏挏挏揖

小选手姜骄桐

英雄心语

姜骄桐：这是我八年以来第一次穿裙子，我今天破例穿裙子，是因为我想让大家看看，胖女孩也同样可以自信地站在这个舞台上。

专家解字

"揖"是指古代的拱手礼，即作揖。由于作揖时手部动作很关键，所以"揖"字以"扌"为形旁；"咠"是"揖"的声旁。

古代作揖的姿势男女有别。男子作揖时一般是拱手弯腰，而女子作揖则如唐宋民间白话小说的记载：口称"万福"，两手松松抱拳，重叠在胸前右下侧，上下移动，同时略作鞠躬的姿势。

作揖的对象往往是我们所敬重的师长，然而古代也有"开门揖盗"的说法。三国时代，江东的孙策遭了暗算，重伤而死。他的弟弟孙权这时才18岁，天天啼哭，无法处理朝政。大臣们劝说没用，都很着急。谋士张昭对孙权说："现在天下大乱，豺狼满道，如果你只顾悲啼，不理国事，这好比开门揖盗，必将自取其祸。"孙权觉得说的对，马上换了朝服，登朝理事，视察军队，安定民心，吴国这才得以转危为安，成为可以与魏国、蜀国相抗衡的大国。后用"开门揖盗"来比喻引狼入室，招来祸患。

网友热议

浪漫之都：刚才看河南卫视《汉字英雄》，很多选手的笔序存在错误。主持人问选手语文老师指出过你们的笔序错误或写字不规范的错误吗，基本上都回答没有。这充分说明了中国现在的教育现象：只注重结果，不注重过程。这就是应试教育的悲哀！

流水潺潺：小学一二年级最关键，是孩子学写汉字的基础阶段，从握笔到书写，需要老师严格训练。

廉

廉 廉 廉 廉

lián　13画　广 广 广 产 庐 庐 庐 庐 庐 廉 廉

◎ 专家解字

"廉"有便宜和不贪污的意思。"廉"最早的意思是堂屋的侧边，由于与房屋有关，所以用"广"为形旁，"广"就是依山而建的房屋（古代读yǎn，不同于我们今天所讲的"广场"的"广"）。"兼"是"廉"的声旁。

由于厅堂侧边的"廉"有着平整不歪斜的特点，所以人们便用"廉"来比喻人的品性正直、为官清白。从古至今，"廉洁"都是考核官员的重要标准。汉代的时候，"孝廉"是任用官员的科目之一。

"开封府有位包青天，铁面无私辨忠奸。"这句耳熟能详的歌词就是歌颂一代清官包拯的。包拯不仅断案如神，他为官清正廉洁也是妇孺皆知的，所以老百姓称之为"包青天"。包拯一生，身居高位，大公无私，痛恨贪官污吏，到了晚年，担心后人中会出不肖之徒，就在家中立了一块石碑，镌刻《诫廉家训》以警戒后人："后世子孙仕宦，有犯赃滥者，不得放归本家；亡殁之后，不得葬于大茔之中。不从吾志，非吾子孙。"其意大致是：凡是包氏后代子孙中有贪污受贿者，不能称为包氏后代，甚至死后也不能葬入家族的墓地中。不遵从此训令者，一概不是包氏子孙。

◎ 先生妙语

于　丹：宇桥应该是我们这个台上真正的汉字英雄，因为汉字不是说大概知道了字是什么样就可以。汉字造字有自己内在的逻辑，宇桥都是一边说一边写，是有逻辑地记汉字的人，这样的人才是汉字英雄。

······ 随读随写 ······

◎ 英雄心语

严宇桥：是汉字把我带进了知识的海洋，是汉字让我体会到了文化的乐趣。这次参加《汉字英雄》节目给了我一个挑战自己的机会，也是我迈向新的目标的一个前进的动力。

箍

箍箍箍

gū　14画　丿　⺊　⺊　竹　竹　竹　竹　竹　竹　箍　箍　箍

随读随写

🎯 专家解字

"箍"是指用竹篾或金属条束紧、用带子之类勒住的动作。束紧和勒住以后会形成一个圈状，所以"箍"也可以表示紧紧套在东西外面的圈。由于古代箍的材料一般为竹篾，所以"箍"以"竹"为形旁。"竹"字下面由"手"和"匝"两部分组成，"匝"是环绕一周的意思。用手把竹篾绕一圈，就是"箍"的意思。

看到"箍"字，我们很容易联想到《西游记》中唐僧用以控制孙悟空的"紧箍咒"。在"三打白骨精"之后，唐僧嫌孙悟空不听话，念了一番紧箍咒后，赶走了孙悟空，后被白骨精掠去，差点丧了性命。这个情节对后世影响很大，后人也常用"紧箍咒"比喻束缚人或使人难受的事物。《红楼梦》中的贾宝玉听说自己的父亲第二天要检查自己的功课时，"便如孙大圣听见了紧箍咒一般，登时四肢五内，一齐皆不自在起来"。可见，在这位公子哥儿看来，检查功课就如同念紧箍咒一样难受啊。

✏️ 英雄心语

野口佳耶：我不会写很多汉字，我参加这个节目就是想跟爸爸证明一下我还是可以的。这个节目对我来说还是有很大帮助的，最起码能让我意识到汉字很重要。我发现在这儿真的能学到好多字，很多以前没有印象或者是记不住的字，这次都能记住了。

🎯 先生妙语

于　丹：*所有的父母爱孩子，都是一种本能。但咱们也经常看媒体上说，孩子孝敬父母叫"美德"。父母对孩子的爱都是不假思索的，但孩子对父母，有时候会想着我要"努力"，我要去"尽义务"。所以这就是严宇桥的意义，他在这儿能够说出来，有那么大的心愿想对父母好。在这个舞台上，我觉得他是特别值得提倡的。如果有越来越多的孩子能够把对父母的爱当成一种本能的话，这个社会就更好了。*

熠

熠 熠 熠 熠

yì　15画　丶丶丷火 灯 灯 灯 灯 焢 焢 焢 熠

🔵 专家解字

"熠"的意思是光耀、鲜明。光耀与火有关，所以"熠"以"火"为形旁。"習"是"习"的繁体写法，是"熠"的声旁，两字原本读音相近。需要注意的是，"習"字下方是"白"，不可误写作"日"。

"熠"字经常叠用，如成语"光彩熠熠""熠熠生辉"等。"熠熠"也常出现在古诗词中，如明代袁宏道《刘都谏致酒一瓮》："斜日射阶雪，熠熠金沙动。"描写了雪后初晴，斜斜的日光照射在阶前的雪地上，融化的雪花闪耀着金色光芒的情景。

"熠"与"耀"意义相近，在古诗文中常常连用，表示光耀、鲜亮的意思。由于萤火虫在夜里闪闪发光，非常鲜亮，所以"熠耀"一词还可用作萤火虫的别名呢。《诗经》有句"熠耀宵行"，说的就是萤火虫晚间飞行之状。萤火虫在古代还有"耀夜""宵行""宵烛""夜光""景天"等名称，都是由它们夜间发光的特征而来的。唐代虞世南有一首很有名的《咏萤》诗："的历流光小，飘摇弱翅轻。恐畏无人识，独自暗中明。"诗中把小小的萤火虫拟人化了，它们似乎是微不足道的个体，却仍然顽强地于暗夜中发出些微光亮，以证明自己的价值与存在。

于丹与选手交流

🔵 英雄心语

程一鸣：我要用知识武装我的头脑，用智慧作为我的装备，在《汉字英雄》挑战赛中大获全胜。我觉得这个过程特有意思，我回去会跟我同学说，让他们下回也来参加。

🔵 先生妙语

于　丹：像你这种主流的孩子，一定能比我们变得更好。
马　东：我怎么这么喜欢这些有正大气象的孩子，站在这里干干净净、稳稳重重、温暖纯良。

飊 飊 飊

biāo　16画　一 十 大 犬 猋 猋 猋飞 飊 飊

◉ 专家解字

"飊"是指暴风,所以其形旁为"风"。"猋"是"飊"的声旁,也与"飊"的字义有一定的联系。"猋"由三个"犬"构成,表示群犬奔跑的意思,这与疾风狂扫给人的感觉相近,所以古人造字时,便依托群犬奔跑这种有形的情景来摹状无形的狂风了。

"飊"前常加一个"狂"字,指称更为猛烈的强风。《红楼梦》中的贾宝玉在悼念早逝的晴雯时,作了一篇著名的《芙蓉女儿诔》,其中有两句:"花原自怯,岂奈狂飊;柳本多愁,何禁骤雨?"表面上写的是狂风骤雨后垂败枝头的花朵和柳枝,实则是在感慨晴雯被无情的命运捉弄,命丧黄泉。

现在我们把有些头脑发热的年轻人在路上驾车狂奔叫"飊车",其实"飊车"一词古已有之,但所指的可不是超速驾驶,而是传说中驭风而行的神车。传说西王母所住的地方在遥远的仙境,需要乘坐神车才能到达:"其山之下,弱水九重,洪涛万丈,非飊车羽轮不可到也。"李白在其《古风》当中也描写了"飊车"的非凡:"羽驾灭去影,飊车绝回轮。"以鸾鹤为驾的车很快消失了踪影,驭风而行的神车迅速绝尘而去。

◉ 先生妙语

高晓松:即使穿日本和服,也不能脱了衣服鞭打人家。

于　丹:因为一个泱泱礼仪之国,有话是好好说的,我们不采取那么粗暴武断、直接否定的方式。这才是汉文化里真正的神。

随读随写

◎ 英雄心语

商好墨:当你对一件事的兴趣大到一定程度的时候,别人的误解和异样的眼光就会显得微不足道。汉文化源远流长,这不仅仅体现在服饰上。我想通过穿汉服这个行动来呼吁大家,希望大家能更好地认识我们的汉文化,不要让它消失。

鏖鏖鏖

áo　19画　广广庐庐庐庐廘廘鹿鹿麀麀鏖

专家解字

"鏖"本指一种煎熬食品的炊具，使用金属制成，所以其形旁为"金"。由于用这种炊具煎熬食品所需的时间较长，后来就将持续时间很久的激烈战斗称为"鏖战"。

中国的古代历史满是战争的硝烟，著名的"赤壁之战"绝对可以称得上一场鏖战了。汉献帝建安十三年，曹操率十万大军大举伐吴，孙权联合刘备共同抗曹，虽然兵力远远比不上曹军，但有了诸葛亮的运筹帷幄，赤壁之战成为历史上以少胜多的著名战役。《三国演义》用了八回的篇幅来描写这场战争：从"诸葛亮舌战群儒"到"孔明用智激周瑜"；从"用奇谋孔明借箭"到"锁战船北军用武"，足见这场战争时间之持久、程度之激烈，赤壁之战也因此又被称为"赤壁鏖兵"。

精彩瞬间

马　东：姑娘你是因为参加节目才穿成这样，还是……
商妤墨：我在日常生活中就穿成这样。
马　东：学校不允许的时候你怎么办呢？
商妤墨：我穿有汉元素的衣服。
于　丹：你梳头、插簪子，得花多少时间呢？
商妤墨：平常的话会比较简单，不会这么复杂。
马　东：妤墨，你骑自行车吗？不方便吧？
商妤墨：方便，有风的时候方便。
高晓松：当帆使了——驭风而行。
商妤墨：在汉服里面有适合运动的衣服，平常的话可以穿短打。
于　丹：我觉得这么小的一个小姑娘，能够对汉文化有这么深的感情，这一点是挺值得鼓励的。

马东与选手交流

先生妙语

马　东：要是有更多的多元化，才说明我们这个社会开放。说明我这种拧巴的人少了，总是好事。

自测题 ③

		请写出 "清规jiè律" 的jiè		
	请写出 "磨fáng"的 fáng	请写出 "停机píng" 的píng	请写出 "jù备"的 jù	
请写出 "丝róng"的 róng	请写出 "suō子蟹" 的suō	请写出 "胸pú"的 pú	请写出 "蜻tíng"的 tíng	请写出 "幼zhì"的 zhì
	请写出 "bīn海"的 bīn	请写出 "yàn尾服" 的yàn	请写出 "赴汤dǎo火" 的dǎo	
		请写出 "梳biàn子" 的biàn		

小贴士：如果您十三宫全部写对，小学三年级学生会很羡慕地说："我们的生字您都会，您太棒了！"（答案见第37页）

第 4 集

打破砂锅璺到底

考官出题

		请写出 现在很流行的 一个字： jiǒng		
	请写出 "tú毒"的 tú	请写出 "huì赂"的 huì	请写出 "敌kòu"的 kòu	
请写出 "出头的chuán 子先烂"的 chuán	请写出 "ǒu俱无猜" 的ǒu	请写出 "梦yǎn"的 yǎn	请写出 "小zhuàn"的 zhuàn	请写出 "干biě"的 biě
	请写出 "yàn品"的 yàn	请写出 "jī押"的 jī	请写出 "yí族"的 yí	
		请写出 "打破砂锅 wèn到底"的 wèn		

汉字英雄

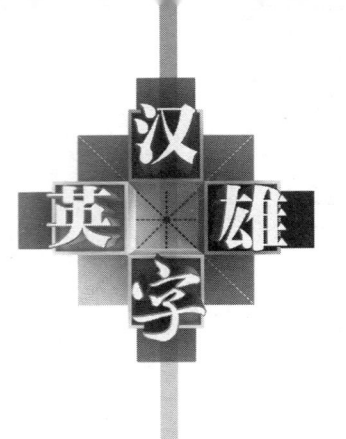

裁判答案

		囧		
	荼	赇	寇	
橡	耦	魇	篆	瘪
	赝	羁	彝	
		璺		

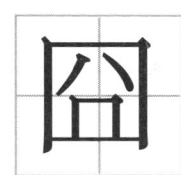

囧

jiǒng　7画　丨冂冂冂冈冏囧

专家解字

现在的网络用语"囧"在古代其实是明亮的意思，它在甲骨文当中的字形就像窗户上的方格。现在因为字形和人郁闷、悲伤的表情相仿而被借用，成为流行的网络用语，表示悲伤、郁闷、无奈的意思。

有人在王羲之的《远宦帖》上发现了一个"囧"字印章，其实这是一个误会。《远宦帖》本是宫廷收藏的珍品，后流传到民间时，每个经手的收藏家都在作品上加盖了自己的印章。《远宦帖》到清代时由一位叫耿信公的收藏家珍藏，他的印章是一个"公"字，"公"字的四周还刻了方形的边框，这样加盖出来的印章自然就酷似"囧"字了。

在"囧"字没有广泛使用前，"窘"才是表示穷困、为难、尴尬等意义的字。然而，"囧"因为其形象有趣逼真而为网民广泛接受，在网络用语中取代了"窘"。

墨字哥段智程

精彩瞬间

（段智程顺利写出"囧"。）
马　东：你怎么看"囧"这个字？
段智程：我觉得这个字平时也挺实用的，而且确实能表现出我们的一些情绪，或者是性格特点。

先生妙语

马　东：我相信他现场那些嬉皮笑脸，是他迎合这个现场、吸引大家的一种手段。17岁的人，总得有一点独特的风格。男孩总有50岁的时候，干吗17岁就像50岁？

英雄榜

段智程来自西安，在学校中是风云人物，被老师评价为"学生领袖"。在《汉字英雄》初赛中，他在最后一关遇到了初赛题库中难度最高的"墨"字。一字惜败的他获得了无数网友的惋惜和支持，最终，他以超过60万票的成绩成功复活。

荼

荼 荼 荼 荼

tú　10画　一 十 十 艹 廾 苂 荅 荼 荼 荼

随读随写

先生妙语

张颐武：笔顺非常重要，有两个方面：一是使你对字形有一个充分的理解；二是写出来的字也会美观，同时也会让我们按照汉字的习惯看到一个汉字。

专家解字

"荼"本指一种苦菜或茅草的白花。因为与草相关，所以形旁为"艹"。"余"与"荼"读音相近，是其声旁。《诗经·郑风》中有句"美女如荼"，就是说美女的容貌像白色的茅草花一样柔美。

成语"如火如荼"的意思是像火那样红，像荼那样白，形容大规模的行动气势盛大，气氛热烈。其实，"如火如荼"原本是用来形容军容整齐盛大的。吴王和晋国争霸时，挑选了三万精兵，并命令军队在黄昏时分整装待发。他将这三万将士分为三个方阵，中间的方阵为中军，将士们都戴白色头盔，身着白色衣服和铠甲，手持白色旗帜和弓箭，远远看去就像繁茂的白茅花。左边的方阵则全部是红色的装束，像燃烧的烈火。右边的方阵则是黑色的装束，像黑暗的海水。吴王半夜带领军容整齐的吴国将士向晋国出发，天明时早已等在晋国边境伺机行动。晋国士兵睁开眼睛看到方阵整齐、颜色耀眼的吴国军队，顿时阵脚大乱，没过多久就被打得落花流水。吴王凭借精心筹谋的方阵一举打败了晋国，成为春秋霸主。

"荼"和"茶"是易混字。在唐代之前，"茶"字还没有出现，茶叶的意思由"茗""荼"等字来表示。后来"茶圣"陆羽专门为茶叶这个意思造字，将"荼"减去一横变为"茶"。

网友热议

杨　阳：看河南卫视正播的《汉字英雄》，找来纸笔跟着节目一起写字。自从有了电脑、手机，如今一提笔写字就有股淡淡的忧伤涌上心头，右手执笔左手握着亲爱的手机找字……

贿

關 贿 贿 贿

huì　　10画　　丨 冂 卩 贝 贝 贝⁻ 贝² 贝ᵗ 贿 贿 贿

◉ 专家解字

"贿"的意思是财物,也表示贿赂的意思。"贿"的形旁为"贝",古代曾有段时间以贝壳作为货币,所以"贝"字常在汉字中表示钱财;"有"是"贿"的声旁。

《诗经·卫风·氓》有"以尔车来,以我贿迁"一句,说的是新郎派车子来迎接新娘,新娘将自己的财物、嫁妆移送到新郎家里,这里的"贿"就是财物的意思。

"贿"常和"赂"连用,表示用财物买通关系。战国时期卫国的商人吕不韦就靠贿赂来拥立一国之君,从而使自己位及丞相。吕不韦在赵国经商时遇到了在赵国做人质的秦国王孙嬴异人,他以商人的眼光认为这个落魄的王孙将来必成大器,就主动找到嬴异人,劝说他认最受宠爱的华阳夫人为母亲,并答应用重金来帮助他结交华阳夫人。征得嬴异人的同意后,吕不韦一面巧舌如簧,一面重金送礼,以色衰爱弛、母凭子贵的道理来说服华阳收嬴异人为儿子。后来,在华阳夫人的帮助下,嬴异人如愿当上了国君,成为秦庄襄王,也就是秦始皇的父亲。吕不韦得到了丰厚的赏赐,富甲天下,权倾朝野,当上了他梦寐以求的丞相。

犀历妹章馨月

▶ 英雄榜

小选手章馨月来自深圳,她非常喜欢历史,所以朋友们叫她犀历妹。她曾经和妈妈一起,坐18个小时的大巴车去贵州,发现那里有的学校很贫困。她参加《汉字英雄》有个愿望:用获得的奖金给这些地方的贫困儿童购买字典和其他一些书籍。

✈ 先生妙语

高晓松:在古代,钱是用贝壳来充当的。肉月,就是说"月"和"肉"是同样的东西,"肉"变了个形就是"月"了。所以"贿"的右边像有人拿着肉。用手拿着肉去行贿,"贿"就是这么来的。

寇

kòu 11画 丶丶宀宀宀宀宇完完寇寇

选手蒋倩仪与马东

英雄榜

蒋倩仪来自广州，是一名象棋运动员。她每天都流连于各种不同的棋局之中，她说棋场如战场。在象棋里面，她希望自己是一个将或者帅的角色，统领全局，指挥千军万马夺得最后的胜利。

专家解字

"寇"指强盗或外来的侵略者。"寇"由"宀""元""攴"组成，"宀"的意思是房屋，"元"表示人头，"攴"则是人持大棒袭击。从字形上分析，"寇"的意思是盗贼闯入他人家里用大棒袭击主人的脑袋。

对于"寇"这种侵略者，作为武将，自然应当将他们全部剿灭。然而在中国古代，却也出现过"养寇自重"的奇怪现象。在五代时期，东魏和西魏之间战火不断。彭乐是东魏大将，奉命追击西魏宇文泰。宇文泰被追得狼狈不堪，边跑边在马上向彭乐大喊："彭将军你怎么这么傻呀！今天你杀掉我，明天你们的国君就会除掉你们这些臣子。"彭乐一听，觉得有理，于是就放走了敌人。著名的史学家胡三省在读到这段历史时感叹道："人臣苟有才，必养寇以自资。"

先生妙语

马　东：你看在象棋这么多角色里面，你愿意选哪个角色？我觉得我当一个马就足矣，只要不被别着马腿，我觉得都挺好。

高晓松：我当一士挺好，反正我要死了，老家伙也活不了了。

张颐武：我当个卒算了，能够往前拱拱就得了。一会儿消灭了就完了，就不用操心整个大局了。

于　丹：我选的比你们都猛。我从小学棋的时候，特别喜欢当炮，但凡人给我支个炮架子，"嘣"就出去了。

马　东：张老师这样比较好，尤其是您在我前头，叫"革命军中马前卒"。

椽

椽 椽 椽 椽

chuán　13画　一 十 才 村 材 杯 栘 栘 椽 椽

◎ 专家解字

"椽"是放在檩上架着屋面板和瓦的木条。因为其材质是木头，所以用"木"为形旁。"彖"与"椽"读音相近，是其声旁。

"椽"是古代建屋架房必备的材料。杜牧《阿房宫赋》写道："架梁之椽，多于机上之工女。"说的是秦始皇建造阿房宫所用的椽子，要比织布机上面做工的女子还要多，其实是讽刺秦始皇大兴土木、劳民伤财。

相传东晋的著名文士王珣有一天晚上做了个梦，梦到有人送给了他一支跟椽子一样大的笔。醒来后，他将这个梦告诉家人，并说："我将在写文章方面大有作为。"不久，王珣的预言成为事实，皇帝突然驾崩，朝廷推举王珣起草哀策和讣告，并定夺皇帝的谥号。这对于文人来说是至高的荣耀，王珣也因此得以在青史留名。后来，称誉他人文笔出众的时候，常用"椽笔"一词。夸赞别人文笔雄健有力或文章气势宏大则用"大笔如椽"这个成语。

◎ 先生妙语

马　东："出头的椽子先烂"是一句俗话。有好多人把"椽"读 yuán，不对，这个字念 chuán。

于　丹：中国人写字有一个说法，叫书为心画，所以你看繁体字的"書"和"畫"，上面都有个"聿"。这是什么呢？这就是人手拿笔。一个性格特别开朗的人，他往往写字写得很奔放，一个性格特别安静沉稳的人，他写的字可能就很工整。所以中国的书和画是同源的，都是从心里流出来的东西。

……随读随写……

◎ 网友热议

gzyang43：《汉字英雄》好！适合大人小孩一起看，共度一段欢乐时光。节目中，时下小孩各种各样的缺点、优点，展露无遗，观者定各有启发、收获。

耦

耦 **耦** 耦 耦

ǒu　15画　一 二 丰 耂 耒 耒 耒 耒 耒 耒 耦 耦 耦

选手刘鸿志与马东

英雄榜

来自海南的刘鸿志是目前世界上年纪最小的记忆大师。他能在一分钟之内记住一副扑克牌，在一小时之内记住十副以上扑克牌，记住1000个以上数字。但他的梦想却是不做记忆大师，而做一个普通人。

专家解字

"耦"与"偶"同音。"耒"是其形旁，指古代的一种翻土农具。"禺"是其声旁，在意义上也有相关之处，用"禺"字做声旁的字，大多有成对的意思。所以由"耒"和"禺"组成的"耦"，表示的是古代的一种耕作方式，即两人相互配合使用农具来耕地。

《论语》中就提到过耦耕：孔子和弟子周游列国，有一天迷了路，孔子看到两个高大的男子在并排耕地，也就是耦耕，于是派子路上前问路。其中一个男子听说问路的是孔子，用嘲讽的语气说："既然是孔子，那他肯定知道渡口在哪里啊。"另一个男子也不客气地说："你与其跟着孔子到处求告那些君主们，还不如跟着我们隐居呢！"说完就继续平整土地了。子路碰壁回来后将这些话告诉孔子，孔子听后怅然若失，但仍怀济世之心，百折不挠。

精彩瞬间

刘鸿志：当记忆大师其实压力蛮大的，记忆大师应该是什么都能记住。要是记不住一些东西的话，就会感觉很有压力。

马　东：怕丢人是吗？

刘鸿志：对。

高晓松："记忆大师"这称号只能给小孩，没法终身，因为我们现在也都是大师——我们都是忘记大师，每天出门都忘了锁没锁门。所以千万不要当什么压力，一点都不是压力。我上小学时就是北京市智力竞赛第一名，我也没觉得怎么样，那慢慢都会失去的，我觉得一点都不用拿这个当包袱。

魇

yǎn 15画 厂厂厂厂厂厌厌厌厌魇魇魇

专家解字

"魇"字按照迷信的说法,是指人睡觉时被鬼压住不能动弹,俗称"鬼压床",所以用了"鬼"字旁。其繁体字是"魘",与"压"的繁体字"壓"的声旁相同,而且意义也正好和"压"有关。

其实"魇"并不是被什么鬼压着了,而是一种梦境,所以叫"梦魇"。梦魇通常在人压力比较大、过度疲累或焦虑的情形下比较容易发生。由于这种感觉是非常难受、令人惊惧的,所以后来多用"梦魇"来形容令人恐惧的不幸的事情。

在古代西方,人们也相信噩梦是由魔鬼造成的,并把这种魔鬼想象成"梦魇兽"。梦魇兽外形像黑色的马,长有火焰般飘动的赤红色马鬃和马尾,心中充满复仇怒火。梦魇兽拥有恐惧光环,一旦被它攻击,就会被恐惧所笼罩。这个例子说明,不管是东方还是西方,人类在发展的历程中,很多情形都是极其相似的。

"魇"和"餍"(yàn)、"靥"(yè)等字易混,它们的声旁都是"厌",区别在于形旁。"餍"的形旁为"食",表示吃饱满足的意思。"靥"形旁为"面",表示人微笑时面部出现的小酒窝。

周霁佑顺利过关

英雄榜

周霁佑是中国和委内瑞拉的混血儿。她喜欢弹钢琴,喜欢大自然,还特别喜爱小动物。她虽然有一副西方人的面孔,但骨子里却是一个"小北京",热爱中国文化。所有人都不看好她,她自己也不是很有信心,但她却一路过关斩将,挺进决赛。

先生妙语

张颐武:"魇"好像讨厌鬼。这个记法很好,"厌"和"鬼",我就这么记的,一下就把这个字记住了。

于 丹:按照老百姓的说法,有时候你睡觉时手压着胸口,就突然做噩梦了,就说"魇着了"。"魇着"就叫"鬼压床"。中国"鬼"字旁的字,如"魑魅魍魉",全是跟鬼有关的。

篆

zhuàn　15画

笔顺：⺮ 竹 笻 笻 笻 笃 笃 笋 笃 篆 篆

甲骨文少年徐詹棋

英雄榜

徐詹棋来自南京，他受爷爷影响，从小对甲骨文感兴趣。他在比赛现场讲起甲骨文的起源、发展、演化等问题，头头是道，他还当场写了"滑""梦"的甲骨文。他的梦想是"帮更多人实现梦想"。

专家解字

"篆"的意思是用笔在竹简上写字。因为书写的材料是竹简，所以其形旁是竹字头。"彖"表示"篆"的读音，是其声旁。

"篆"也指一种字体，虽然在西汉末年的时候就逐渐被隶书所取代，但由于这种字体笔画圆融，挺拔秀丽，始终被书法家所青睐，不仅有篆体书法，还有用小篆雕刻印章的篆刻艺术。

篆刻需要在小小的刻石上面布局结构、摹画线条，可谓"方寸之间，气象万千"，要想刻出点门道也不是容易的事情。著名的绘画篆刻大师齐白石最初是一位木匠，50多岁以后才开始以诗画篆刻闻名于世，他学习篆刻可以说是半路出家，但是用力极勤。一次他看到著名篆刻家黎微刻的印章精巧而富有神韵，就向他的弟弟铁安说："我总是刻不好印，怎么办呢？"铁安对他戏说："你呀，把南泉冲的楚石挑一担回去，随磨随刻，刻它三四大盒，都化成石浆，印就能刻好了。"齐白石一听，就发奋努力，常常弄得东屋石浆满地，又搬到西屋去刻。正是这样的刻苦努力，才最终使他走上篆刻艺术的巅峰。

先生妙语

马　东：你们发现他的语言节奏了，就是"应该有但我不记得""恐怕有但我不确定"。

高晓松：这就是以后做领导的素质。

于　丹：我觉得这个跟他的家教门风有关，因为他爷爷是做研究的，这个孩子身上，你看，他有一种儒雅的书卷气。

瘪瘪瘪

biě biē 15画 广广疒疒疒疒疒瘪瘪瘪

● 专家解字

"瘪"（biě）在现代汉语中的意思是皱缩的、不饱满的。它最初表示谷粒由于病害等原因颗粒不饱满，因此偏旁是病字框。"瘪"的"疒"之外的部分原本是写作"扁"的，"扁"标示"瘪"的声音，后来由于误写才变成现在的字形。

上海话中有"瘪（biē）三"一词，指城市中无正当职业而以乞讨或偷窃为生的游民。相传，一个从安徽逃难到上海英租界的小孩，因饥饿难耐而潜入一家住户的厨房偷了一块儿面包，被租界的一个侍卫发现了。他拼命追赶这个小孩，边跑边喊"nasty beggar"（意为可恶的乞丐）。路旁的人们都听成了"捺死你，瘪三"。小孩最终因为体力不支被抓住而遭到毒打，一位鱼贩目睹了这一切，设法救下了小孩。侍卫呼喊声中的"瘪三"后来引起人们的注意，因为"瘪三"中的"瘪"容易让人联想到瘦弱、落魄、生活无着落的乞丐的形象，很是生动，所以这个词得以流传。

● 精彩瞬间

马　东：馨月，请写出"干瘪"的"瘪"。
章馨月：（写"疒"下一个"曰"一个"仓"）我写完了。
高晓松：是不是应该再想想你是不是写完了。
马　东：这样，馨月，你把这个字重新写一遍。
章馨月：能让我想想吗？
马　东：当然，给你时间。最后提示你一句：生病了谁先知道？
章馨月：谢谢，我知道了。（成功写出病字头和"仓"之间的部件——"自"。）

………… 随读随写 …………

● 网友热议

我们1班：作为一个小学语文老师，真不该乱按遥控器，刚看了会儿《汉字英雄》，看到那几个中学生颠三倒四的写字笔顺，郁闷，想跑到电视里头去把他们一个个都纠正过来。小学基础怎么学的嘛！哎，职业病又发作了。

赝

赝 赝 赝

yàn　16画　厂 厈 厈 厈 雁 雁 雁 雁 赝 赝 赝

随读随写

🅞 专家解字

"赝"的意思是假的、伪造的、仿冒的。由于仿冒的对象往往是值钱的东西,所以"赝"以"贝"为形旁,表示与财物有关;"雁"是它的声旁。

"赝"经常和"真"相对使用。宋代欧阳修有一首《寄生槐诗》:"方其荣盛时,曾莫见真赝;欲知穷悴节,宜试以霜霰。"大意是说,只有在穷困的时候,才能试出一个人节操的真假。

"赝"经常用于文物和书法领域,伪造的文物或仿冒别人的书法作品称为赝品。宋代有个大书法家米芾,喜欢从别人那里借来书画作品临摹,他模仿得一丝不苟,结果连他自己都分不清哪件是真品,哪件是赝品了。没有办法,最后他干脆把真品赝品一起还给了人家。米芾不夺人之美的高贵品德,于此可见一斑。

"赝"与"膺"形体相似,易于混淆。其实"赝""膺"二字的形旁、声旁都不同。"膺"的声旁是"鹰"的省略,所以读yīng。"膺"的形旁为"月",是"肉"的变形,所以"膺"的意思与肉体有关,表示人的胸膛。成语"义愤填膺"就是指胸中充满义愤。

🅞 先生妙语

马　东:这么一个中学生,有长远的理想,有近处的措施,有眼下要学习和努力的方向,他符合我们现在对汉字英雄的真正期待。

🅞 网友热议

秦时月:喜欢章馨月,她很有爱心。要把自己得的奖金给偏远地区的孩子,可见是人家父母教育得好。城市里的孩子该经常到农村看看。希望《汉字英雄》里也能有农村的孩子。

天　香:要是自己的孩子能比得上这些孩子的一半儿,我就偷着乐了。

羁

羁 羁 羁

jī　17画

专家解字

"羁"由"罒""革""马"三部分组成。"罒"是"网"的变形,"革"表示皮毛,整个字的意思是用皮制作的网状的束马工具,也就是现在所说的马笼头。后来又由束缚马的工具发展出束缚、约束等意思。

追求自由是人和动物的共同心愿。陶渊明有一首著名的《归园田居》写道:"羁鸟恋旧林,池鱼思故渊。"写的便是笼中的鸟儿思念旧日翱翔的树林,池中的鱼儿留恋昔日宽阔的水渊。

不愿受人约束的人叫"不羁之士"。魏晋时期就有不少名士,他们厌恶礼教的虚伪和丑恶,任性放达,洒脱不羁。著名的书法家王羲之就是典型的不羁之士。当时,太尉郗鉴想和王家结亲,就派门客去王家挑选女婿。王家的年轻人听说太尉的人到了,纷纷正襟危坐,诚惶诚恐地回答客人的问话。而王羲之却依然坐在东床上,敞着怀吃东西,泰然自若。门客回去后,向郗鉴报告说:"王家的年轻人个个都不错。不过只有一个人好像独独没听说您要挑女婿似的,竟然坐在东床上无所顾忌地吃东西。"郗鉴也是一位性情中人,听了以后高兴地说:"这个小伙子正是我要选的好女婿啊!"一打听,原来这位东床袒腹的不羁之士就是王羲之。郗鉴十分高兴,于是把女儿嫁给了他。

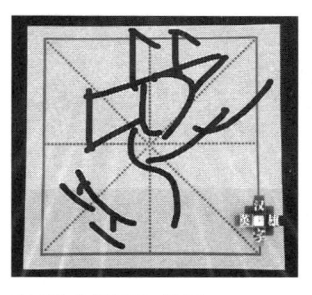

选手徐詹棋写的"梦"

英雄心语

徐詹棋:这个字是"梦"。这半部分是个人,上面是他的头发、眼睛、手。刚刚马东老师说像雪橇的那个实际上是一张床。这是一张床,人躺在床上做梦。说不定毕加索就是偷看了甲骨文之后才有了他的那个画派的。

先生妙语

马　东:让孩子身上少一点包袱,能放下什么就放下什么,享受他们自己的童年和生活。

彝

yí　18画

专家解字

"彝"的意思是古代祭祀时盛酒的器具。从字形来看，"彝"由"彑""米""糸""廾"组成，其中"彑"是"彝"的声旁。"廾"字本像双手捧持的形象，在这里表示捧持的意思。"彝"字各个部分组合在一起，就是双手捧丝、米敬献给神灵的动作。

"彝"字现在多指彝族。彝族拥有悠久的历史和古老的文化，最富魅力的传统节日就是火把节。这个节日背后有着一段英雄的传奇故事。很久以前，彝族出了一个著名的民族英雄——黑体拉巴，他有勇有谋且力大无穷，很有正义感，常常为各个部落排忧解难。那时，天上的恶魔肆意破坏人间。一天，一个恶魔化作凡人来到人间和黑体拉巴比赛摔跤，结果被勇敢的黑体拉巴摔死了。这件事惹怒了恶魔首领，打算要毁灭彝族，放出铺天盖地的蝗虫吃掉即将成熟的庄稼。黑体拉巴翻山越岭找到了最智慧的祭司，祭司传授他用火把消灭蝗虫的办法。于是，黑体拉巴带领民众点燃火把三天三夜，终于消灭了蝗虫，解救了百姓，而黑体拉巴却因极度劳累而去世了。后来，人们将黑体拉巴去世的日子定为火把节，以纪念英雄、祈求安康。

随读随写

网友热议

冷酒煮水：今天第一次看这个节目，挺好的。那个小女孩确实很厉害。

先生妙语

于　丹："钟鼎彝器"这个词中的"彝"字，也是容器的意思，它是一种敬献祭品的容器。这个字在甲骨文里就有。你看一下这个字，就知道容器里会盛些什么东西，有粮食，有丝绸，下面用两只手捧着，就是捧着米捧着丝绸去敬献。

第4集 打破砂锅璺到底

璺 璺 璺 璺
wèn 20画

专家解字

"璺"指玉器、陶瓷等器具上的裂纹，原本多指玉器裂纹，所以字形中有个"玉"。"璺"的这个用法还保留在某些方言中，如北方方言中就有"锅裂了璺"的说法。

被称为"诗鬼"的李贺写诗往往字斟句酌，其《感讽五首》写道："凄凉栀子落，山璺泣清漏。"在严霜的摧残下，栀子花凋落了；泉水从岩石的缝隙里滴滴流出，发出幽咽的声响，仿佛伤心人的啜泣。用"璺"字来写岩石的缝隙，真是精妙！

"打破砂锅璺到底"是一个常用的口头语，因为"璺"和"问"谐音，这个口头语常被写为"打破砂锅问到底"，表示对一件事情追根究底。其实，之所以说"打破砂锅璺到底"，是因为砂锅是用泥制作的，因此极容易破裂，破裂后常常裂到锅底。

汉字先生高晓松

先生妙语

高晓松：这个字不仅你那个年纪不会写，我在我这个年纪也不会写，所以你一点都不用觉得自己有什么问题。

精彩瞬间

段智程：我的梦想是带我的姥姥去台湾和西藏旅游。
马　东：为什么是姥姥而不是爸爸妈妈？
段智程：姥姥从3岁把我带到现在，我一直是跟在姥姥身边。
马　东：你是隔代人带大的。
段智程：是，隔代人带大的。我的姥姥可以说亲过我的父母了。所以咱们这个活动，也是一个我回报姥姥的机会。
马　东：智程，我特别想跟你说，我是真心地希望你还能继续往前走，因为你在复赛甚至在决赛中，你未必表现得比别人差，所以别认为现在就是最后的结果。你还能走得更远，你也能带你姥姥去很远的地方。

• 自测题4答案 •
穴　茎　沸　洽　脉　剧
陵　堤　联　惩　腊　燥　覆

自测题 ④

	请写出"xué居野处"的xué	
请写出"数jīng白发"的jīng	请写出"fèi腾"的fèi	请写出"融qià"的qià

| 请写出"矿mài"的mài | 请写出"jù痛"的jù | 请写出"丘líng"的líng | 请写出"河dī"的dī | 请写出"挽lián"的lián |

	请写出"chéng前毖后"的chéng	请写出"là月"的là	请写出"zào热"的zào	
		请写出"颠fù"的fù		

小贴士：如果您十三宫全部写对，恭喜您，小学四年级的生字测验您大概会得满分！（答案见第63页）

第 5 集

自下而上说弹劾

考官出题

		请写出"针kǒng"的 kǒng		
	请写出"huī色"的 huī	请写出"批pàn"的 pàn	请写出"毁家shū难"的 shū	
请写出"弹hé"的 hé	请写出"qiāng害"的 qiāng	请写出"愚mèi"的 mèi	请写出"qiú长"的 qiú	请写出"xù酒"的 xù
	请写出"好高wù远"的 wù	请写出"貌xiū"的 xiū	请写出"bǐng告"的 bǐng	
		请写出"huàn养"的 huàn		

裁判答案

		孔		
	灰	判	纡	
劾	戕	昧	酉	酗
	鹜	貅	禀	
		豢		

孔

甲骨文 金文 孔 孔 孔

kǒng　4画　`乛 了 孑 孔`

🔵 专家解字

"孔"由"子"和"乚"组成，其中"乚"本在"子"的右上侧，表示婴儿头顶尚未合严，所以"孔"有洞穴、通达的意思。

孔雀在古代是一种吉祥的鸟类，因为尾巴上有像"孔"一样的眼状圆形斑，所以叫"孔雀"。《孔雀东南飞》就是用孔雀来比喻的："孔雀东南飞，五里一徘徊。"在汉代文学作品中，孔雀的徘徊常常喻指夫妻的分离。这首诗讲述了勤劳美丽的少妇刘兰芝和丈夫焦仲卿感情非常和睦，无奈婆婆不喜欢刘兰芝，逼迫儿子休妻再娶。迫于母亲的淫威，焦仲卿只得休掉刘兰芝，但二人约定等待团聚。刘兰芝回到娘家后，登门求亲的媒人络绎不绝。爱慕富贵的哥哥逼迫刘兰芝嫁给太守的儿子。伤心欲绝的刘兰芝在新婚之夜跳进池塘自杀。听到这个消息，焦仲卿也自挂东南枝，结束了自己的生命。在这个故事里，徘徊的孔雀变成分离的二人的化身，平添了悲凉意味。

全能小辩手朱远航

🔵 英雄榜

朱远航来自郑州，她喜欢看书，小学时就看完了四大名著。她也喜欢音乐，尤其是民谣。她的梦想是追寻诗人海子栖息的地方。她顺利通过初赛、复赛，最终获得本季《汉字英雄》第三名。

🔵 先生妙语

马　东：一直有一种传说，说孔孟无二家，姓孔的和姓孟的都是孔子和孟子的后人。张老师，这事靠谱吗？

张颐武：一般的都说孔家孟家是保持家族传承最完整、家族谱系最全面的大家族。

于　丹：最有意思的是，你看一个姓氏到底是不是一家，也反映出时代变迁。某个姓氏，有的时代很热闹，有的时代不仅被遗忘，还会被践踏。

高晓松：中国大部分的姓都是春秋以后产生的。

灰灰灰

huī　6画　一ナナナ友灰

随读随写

英雄心语

朱远航：来参加这节目最大的收获，不是这几天漫长的等待，也不是天天看字典的那种知识的收获，而是面前评委们还有主持人的谈笑风生。真的，这就叫作谈笑有鸿儒，往来无白丁。让我这样一个小辈在下面，只有高山仰止的那种仰望的感觉。我希望自己以后也能够成为像你们这样的人。

专家解字

"灰"是物体燃烧后剩下的粉末状的东西。左上角的部分是"手"的变形，意思是火已经熄灭，可以用手拿。李商隐《无题》中的名句"春蚕到死丝方尽，蜡炬成灰泪始干"，赞美春蚕直到死去时才会停止吐丝，蜡烛燃尽变成灰烬后才停止滴落蜡泪，现在常用来赞颂人无怨无悔地付出、到死方休的精神。

刚刚熄灭的灰烬还有余热，有重新燃烧的机会。那么已经变冷的"死灰"呢？《史记》记载，汉代的韩安国是梁孝王的亲信，因为犯罪而被抓进监狱，梁孝王通过各种途径还是无法使他获释。韩安国在狱中遭到了狱吏田甲的百般羞辱，他气愤地说："你把我当成死灰了吧，你不知道死灰也有重新燃烧的时候吗？"田甲恶狠狠地回答："那我就用水浇灭它。"后来，梁王府急缺内史，韩安国重新得到重用，田甲听说后立马仓皇出逃了。这就是韩安国"死灰复燃"的故事。"死灰复燃"后来比喻失势的人重新得势，现在常比喻已经消失了的恶势力又重新活动起来。

先生妙语

于　丹：灰其实是燃烧之后留下来的那些个痕迹。李商隐说"春心莫共花争发，一寸相思一寸灰"，指的也是这个灰烬。因为灰烬的那个颜色，所以人说天空灰蒙蒙的，穿着灰色的衣裳，这个人的脸色灰扑扑的，这个人的心也变灰了，所以灰心灰心，就从这个形容词上越走越远。

马　东：灰心丧气就是烧得差不多了。

判

𠦝 **判** *判* 判

pàn　7画　丶丷丷丷半半判判

🔵 专家解字

"判"最初是分开、分辨的意思。其形旁"刂"是"刀"的变形；声旁为"半"，意义上也有相关之处。"半"的古文字形就是由"八"和"牛"两部分组成的，表示用刀把牛分成两半。在"半"上再加"刂"，就更加强调了"分开"的意思。"判"后来又由剖开、剖析发展出分辨、断定的意思，如"判案"的"判"。

判案就要剖开假象、辨清事实。宋代的包拯就是一位判案高手。据说他在集市上偶遇一个哭得很伤心的少年，便询问其原因。少年说卖完油条枕着石头睡觉，结果钱被偷了。包拯想了想说："那是石头偷了你的钱，我要审石头。"包拯审石头的事传遍了集市，引来了层层围观的人。审问石头当然是没有结果的。包拯对人群说："石头不肯承认。大家帮帮这个少年，一个人捐给他一个铜板吧。"他要求大家把铜板放到一盆清水里。围观群众纷纷解囊，扔下铜板后离开。有一个人刚扔下铜板就被包拯认定为小偷抓住。原来，卖油条的小贩收的铜钱肯定会沾着油，遇到清水必定就会浮出油花。包拯利用生活常识巧妙判案，真是神机妙算啊。

文艺女青年丁雨婷

🏁 英雄榜

丁雨婷来自郑州，她喜欢理科，同时也喜欢语文、历史，用她自己的话说，她是一个"遨游在理科海洋里的文艺女青年"。她的梦想是得到一套中国古典诗词全集。

🐾 先生妙语

高晓松：每一样东西都是双面的。做文艺青年有快乐的地方，当然也会有很多纠结烦恼。"大文艺女青年"就在我身边坐着呢。

于　丹：我作为一个文艺女中年，热烈鼓励一下文艺女青年。我觉得一个喜欢文艺的人，她起码能够让生活不那么枯燥乏味。

纾

纾纾纾

shū 7画 ㄥ ㄠ 纟 纠 纠 红 纾

选手曾正好与马东

先生妙语

马　东：每个教育时代可能有它的不一样的地方。我们是不是更多地关注了结果，对过程就没那么多关注了？

专家解字

"纾"的意思是解除、延缓。其形旁是"纟"；"予"是其声旁，"予"与"纾"在古代读音相近。

成语"毁家纾难"的"纾"就是缓解的意思，整个成语的意思是捐献所有家产，帮助国家缓解困难。春秋时，楚国的令尹子元率兵攻打郑国，回国后，竟张狂地住在王宫，想要霸占已死楚王的妻子。楚国大臣用计杀死了子元，推举子文做了令尹。令尹子文上任后，看到千疮百孔的楚国，捐献了自己的全部家产来缓解楚国灾难，辅佐楚成王成就了霸业。

精彩瞬间

（爱好电子竞技的选手曾正好没有发挥好，未能通过初赛。）

马　东：来，宝贝，你到前面来。你知道你对整个电子竞技界的打击有多大吗？
张颐武：太大了。影响了家长对电子竞技的看法。
马　东：说说你的梦想。
曾正好：我想参加奥运会的电子竞技项目，夺得冠军。
马　东：我们很多家长会说，因为你要读好书，所以你不要去玩游戏。但是有很多孩子书读得很好，玩游戏也玩得很好。
高晓松：我就玩游戏。我觉得游戏其实挺好，非常锻炼人。而且游戏里不管怎么编，真善美都是基本的。
于　丹：要是我说的话，你到这儿来写汉字，本身就是一个大游戏，所以，把游戏玩得更好，明年祝你闯关成功。那个时候你再为玩电竞游戏的伙伴们证明一次，好不好？
曾正好：好的。

劾

劾 劾 劾 劾

hé　8画　丶 亠 亍 歹 亥 亥 刻 劾

◎ 专家解字

"劾"的意思是揭发他人罪状。"力"是其形旁,表示揭发他人罪状是用力的。"亥"是其声旁,但两字读音已不完全相同,所以不能将"劾"读成 hài,也不能读成 gāi。

弹劾一般是用在朝廷或政府的官员身上的,用于向皇帝或上级机关揭发官员的罪行。包拯是宋代名臣,清正廉洁,敢于弹劾高官。张尧佐是宋仁宗最宠爱的张贵妃的伯父,才能平庸,却在一年内四次升迁,官位显赫。包拯多次坚持不懈地上疏弹劾张尧佐,皇帝无奈,只好同意进行廷辩。在这次廷辩中,包拯言辞激烈,由于过于激动,他步步靠近宋仁宗,以致将唾沫溅到仁宗脸上。仁宗很生气,但最后还是认为包拯是为社稷着想,也就没有追究他,而将张尧佐降了职。

◎ 精彩瞬间

马　东:"劾"的千人知晓率只有百分之四十七点多,一半以上的人不知道。

朱远航:我上小学的时候看《汉武大帝》,里边就老有"弹劾"的"劾"字,当时怎么着都记不住,所以就印象特别深刻。

马　东:这应该不是一个常用字。

于　丹:但是随着民主进程,现在中国人开始知道了。

高晓松:我们以前都是自上而下,所以我们只有"问责","弹劾"是下边弄上头。

于　丹:所以它为什么从力呢,就是它一定要有力量,靠着法律把这个罪名加在这个人的身上。

高晓松:你是高高在上,是宰相,我是御史我就要弹劾你。

随读随写

◆ 先生妙语

马　东:应该说,甭管什么样的社会,"劾"这个字多出现不是坏事,它证明既有从上到下的问责,也有从下到上的制约。

戕

qiāng 8画

专家解字

"戕"由"戈"和"爿"两部分组成。"戈"是古代用以横击、钩杀的重要武器。"爿"是劈开的竹木片。"戕"字面意思是用武器劈开竹片,实际是残害、杀害的意思。《左传》记载,齐国田氏家族的首领陈无宇,在觉察到有兵变迹象时,为了断敌人的后路,就"济水而戕舟发梁",就是在自己渡水之后砍坏船只,摧毁桥梁。

"戕害"一词是常见的搭配,意思是严重损害、伤害。秦桧因戕害忠臣岳飞而遗臭万年。岳飞是宋代名将,主张抗金,率领岳家军同金军进行了数次战争。1140年,岳飞挥师北伐,大败金军,并要乘胜追击。这时,他受到一味求和、投降的宋高宗、秦桧的阻挠,一天之内,收到十二道退兵的金牌。岳飞回朝后就遭到秦桧的陷害,被投入监狱。秦桧想铲除岳飞,但实在找不出岳飞的过错,就以"莫须有"的罪名杀害了岳飞。

精彩瞬间

于　丹:你写一个"你我"的"我"。
丁雨婷:我写"我",语文老师从来都认不出那是个"我"。
于　丹:那你看看我们能不能认出来。
(丁雨婷写"我"。)
于　丹:哦,她太奇怪了。
马　东:雨婷,我发现你的语文老师跟你有仇,就是你把一个"我"都写成这样,他居然不纠正你。
张颐武:她所有的笔顺都是不对的,这是一件很奇怪的事。
马　东:我们从现在开始严格要求你,如果你笔顺再错,我们不能放你过了。

随读随写

英雄心语

丁雨婷:可能说从一开始我就没有养成一个好习惯,就没有关注过自己的倒插笔问题。我应该首先把字写得更规范也更加美观,然后充实我自己,做一个真正的有思想、有内涵的人。

昧

mèi　9画

专家解字

"昧"表示糊涂、不明白,也可以表示隐藏、昏暗的意思。"昧"的形旁为"日",这是因为"昧"最初表示从黎明到日出前天色昏暗的情景。"未"是其声旁,"未"与"昧"读音相近。后来因天色的昏暗引申出心里糊涂或者隐藏东西的意思。成语"拾金不昧"中的"昧"就是隐瞒、掩藏的意思。

唐朝宰相裴度还因拾金不昧而妙结姻缘呢。裴度从小父母双亡,只能寄居在破旧的山庙里。虽然生活清寒,裴度依然刻苦读书。一天他看到供桌上有人落下了一大包东西,就走过去想把东西收好,等待失主回来认领。他刚拿起包裹,里面的东西就露了出来,原来是三条珍贵的玉带。裴度想到失主肯定万分着急,于是就守在庙前等候。一会儿,一对母女匆忙跑过来,看到空无一物的供桌顿时号啕大哭。裴度急忙走上前去归还包裹。这对母女千恩万谢,并告诉裴度她们是韩太守的亲眷,韩太守被陷害入狱,幸有贵人借玉带解救。韩太守最终获得解救,对拾金不昧的裴度赞赏有加。后来裴度考中状元,便和韩太守的女儿——庙中相遇的女子喜结良缘。

李炜森举起过关牌

英雄榜

李炜森来自北京,他很幽默,一上场就给在场的所有嘉宾来了个飞吻。他喜欢模仿,模仿演员黄渤,模仿乔布斯,模仿迈克尔·杰克逊……他因此被大家誉为表情帝。他的愿望是考入理想高中。

先生妙语

高晓松:你早晚会被生活驯服的,所以,能坚持多久坚持多久。

于　丹:其实叛逆是每个人自己的权利。也许我们到现在,心里的那点儿叛逆和拧巴,也还没有完全放下。

马　东:时间也许会改变你,也许会让你成就另外一种人生。

酋

酋 酋 酋 酋

qiú　9画　｀　丷　䒑　䒑　丷　丷　丷　酋

随读随写

先生妙语

高晓松：我老说要做全副武装的文艺青年。文艺青年不能光听音乐，跟人聊唱片，看电影，读小说。文艺青年要有摄影机有吉他有笔，这才叫全副武装的文艺青年。

专家解字

"酋"表示酋长或者强盗、侵略者的首领。"酋"中的"酉"在甲骨文中是酒坛的形象，汉字当中带有"酉"的字大部分都与酒相关。"酉"上面的两个点表示水，因为是陈酒，所以酒与酒糟都下沉到酒坛底部，上面浮出的是水，所以"酋"最初的意思是久酿的酒。

后来，"酋"由陈酒发展出酒官的意思。我国古时管理饮酒活动的酒官有酒监、祭酒等。西汉初，吕后专权，迫害刘氏诸王。皇室刘章对此愤愤不平，一直想找机会打压吕氏气焰。一次，吕后在宫中设宴，刘章请求担任酒监，并请求用军法的方式行酒令，吕后不知是计便答应了。刘章向吕氏家族的大臣频频劝酒，诸吕很快酒兴发作，忘了礼仪，其中一个摇摇晃晃想出门，被刘章用剑刺死。

精彩瞬间

马　东：你是你们班最潮的吗？
李炜森：不，我没钱，所以……潮，但其实并不是有钱就等于潮，当然潮也要有钱。
高晓松：你们班有钱的同学占多少？
李炜森：60%吧。
高晓松：真的吗？
李炜森：因为你想，天天接送，宝马……是吧？
高晓松：那你们剩下这40%同学心里怎么想？
李炜森：贫富差距对于我们小孩影响很小，因为我们也并不都是靠父母嘛，因为你自己根本就没有任何收入，你也不懂得挣钱的艰辛，所以你就觉得……
于　丹：所以挺好，也没挡住你向上天飞吻，也没挡住你潮。

酗

酗 酗 酗

xù　11画　一丆丌丙西酉酉'酌酗酗

🔵 专家解字

"酗"表示没有节制地喝酒，或喝酒以后爱耍酒疯的意思。"酉"是其形旁，表明它与酒相关。其声旁为"凶"，而且意义也有相关之处，表示喝酒喝得很凶。

喝酒时小酌可以怡情，但过度饮酒只会麻痹神经，使人神情恍惚，做出许多荒唐的事。历史上酗酒最为严重的帝王要数北齐的建国皇帝高洋了。他在执政后期暴虐无道，常常在酗酒后杀人，不计其数的宫女、宦官、大臣被醉酒的高洋残害，就连宰相杨愔也被醉酒后的高洋用小刀划破腹部。高洋对妃子也不放过，有一次醉酒后，他来到歌伎出身的薛贵妃的宫里，突然想到薛贵妃在做歌伎时和别人好过，就发狠把薛贵妃的脑袋割下来，揣在怀里继续参加酒宴。他的两个弟弟觉得他这样折腾下去，肯定会将江山社稷化为乌有，就几次三番地劝他，没想到这位丧心病狂的皇帝竟然在喝醉酒后，将自己的兄弟关进笼子里面，最后用长矛将他们捅死了。当然，这样暴虐的人最终也不会有什么好下场。不分昼夜地酗酒严重损害了他的身体，不到30岁，他就无法饮食，最终被活活饿死了。

小赵本山张佳琳

🏆 英雄榜

张佳琳来自山东滕州，他表演能力很强，喜欢模仿赵本山。主持人对他说："一般上场的选手都是真紧张，你上来是演紧张。"他的梦想就是见赵本山。

🌸 先生妙语

马　东：好像一有了这个"酉"字边，基本上大家都奔了酒去了。

于　丹：有意思的是，"酗"这个字很多人会写但是会读错，就是很多人都读xiōng，就是因为"酗"表示喝酒喝得很凶，这么一会意，就认为它是一个标音的。

骛

骛 骛 骛 骛

wù 12画 一 フ マ 孑 孑 矛 矛' 矛' 矛攵 矛攵 骛 骛

随读随写

先生妙语

马　东：我还是尊重这个年纪的一些聪明的男生，愿意保持他们自己愿意坚持下去的表现方式。看看你能坚持到几时？

专家解字

"骛"的形旁为"马"，表示它与马相关。其声旁"敄"其实是"務"字的省略，"務"就是"务"的繁体字。"骛"最初的意思是马纵横奔驰。

后来，"骛"又由马向前奔驰发展出人有所追求的意思。成语"心无旁骛"的"骛"就是追求的意思，整个成语的意思是心里没有另外的追求，形容心思集中、专心致志。西汉董仲舒少年时读书非常刻苦，心思全部用来钻研书籍，对娱乐、享受等事情没有丝毫追求。他的书房紧邻花园，园内姹紫嫣红，花香扑鼻，但董仲舒一次也没有进去过。正是这种专心致志的态度让董仲舒成就非凡，后来他被征召为博士，学生遍布四海。

"骛"容易和"鹜"混淆，但从形旁是可以将二者区分开的。"鹜"的形旁是"鸟"，意思是鸭子，例如王勃《滕王阁序》中的名句"落霞与孤鹜齐飞，秋水共长天一色"。

精彩瞬间

张颐武：你其实水平可以。
李炜森：您过奖。
张颐武：但是你显得好像很不靠谱的样子。
高晓松：我觉得你不要因为别人宝马接呀，自己家境不好……老觉得自己……其实你满腹经纶，男人最后比的是真才实学。
李炜森：是吧？我也是这么觉得的。
张颐武：你不用老晃，我觉得站着没事。
李炜森：因为脚下没根所以站得不稳。
高晓松：男人的学识就是根！爸爸有没有钱，一点都不是男人的根。

貅 貅 貅

xiū　13画　｜ ｜ ｜ ｊ 乎 乎 豸 豸 豸 貅

◎ 专家解字

"貅"的形旁是"豸"（zhì），意思是没脚的虫子，表示和动物有关。"貅"很少单用，而是和"貔"连用。

貔貅是古代传说中的瑞兽，它龙头、马身、麟脚，形似狮子，吞八方财宝而不向外排泄，被人们奉为招财、辟邪、开运、镇宅、促姻缘的神兽。

那么貔貅为什么只吞不泄呢？传说貔貅是龙王最小的儿子，活泼可爱，又机智幽默，深得龙王宠爱。为了表示对小儿子的格外恩宠，龙王让他以金银珠宝为食物。奇妙的是，貔貅吞下的财宝在它身体内会长大，一块手掌大的金子瞬间会变成婴儿一样大小。龙王为儿子的特殊才能兴奋不已，就让它日日夜夜吞吃珍宝来排泄。有一天，玉皇大帝俯视龙宫，惊讶地看到龙宫满是金银珠宝，以为龙王贪赃枉法，要治龙王的罪。龙王苦苦解释，并把貔貅叫过来现场表演，玉帝这才释放了龙王，但为了防止貔貅排泄更多的珠宝来充实龙宫，就下令堵住貔貅的排泄口。从此貔貅仍然以财宝为食，但只吞不泄。

选手王金洋与马东

◎ 先生妙语

于　丹：认识几个繁体字，对中国孩子来讲，可以明白造字规律，怀念一个时代，好像也还是有用的。

◎ 精彩瞬间

马　东：你知不知道貔貅是什么东西？
王金洋：貔貅好像是龙的儿子。龙有九个儿子，它是其中的一个。
马　东：龙生九子。
高晓松：貔貅有一个特性，叫"吞万物而不泄"。
于　丹：能守得住。
高晓松：所以让它来吸别人的钱。
马　东：纯属传说，比《三国演义》传说得还厉害。

禀

秉 稟 稟 稟 稟

bǐng　13画

丶 亠 广 亣 亩 亩 亩 亩 亩 亶 亶 禀

随读随写

网友热议

林哥很拉风：《汉字英雄》收视率节节攀高，接下来的比赛难度升级、选手升级、竞争升级！既能学到汉语知识，还能欣赏到妙趣横生的解答，以及小选手们精彩的表演，何乐而不为呢？

◎ 专家解字

"禀"原来也可写作"稟"，本指盛谷物的粮仓，上面的"亩"像粮仓之形，下面的"禾"代表谷物。"禀"后指官府以谷物赐人，对于受赐人来说，就是接受、承受，所以"禀"又可以表示承受。

在"禀性""禀赋"中，"禀"就是承受的意思。禀性就是一个人所承受的自然之性，禀赋就是一个人所承受的先天素质。王安石在《伤仲永》中，曾记述了一个禀赋超凡的人，名叫仲永。仲永5岁前没上过学，忽然有一天哭着要笔墨，父亲借来笔墨后，他挥笔写了一首诗，从此便能指物作诗，被人视为神童。然而，仲永的父亲见识短浅，整日带着儿子表演作诗，忽略了学习，仲永慢慢才华泯灭，最终江郎才尽，沦为凡人。

天赋聪颖的人，只有重视后天学习，才能获得成功。如著名诗人岑参9岁就写得一手好文章，谢启7岁能够将九经倒背如流，著名书法家李东阳4岁就能写一手好书法。这些人在成年后依旧才华横溢，关键在于他们后天坚持不懈的努力。

◎ 精彩瞬间

马　东：请写出"禀告"的"禀"。
（选手写"啬"。）
马　东：我觉得她可能记住了一个"回"。
张颐武：但是"回"在哪儿不知道。
马　东：于老师曾经说过，下面有"示"的字一般都跟鬼神相关，是吗？
于　丹："禀"还真不是，这是个大谷仓的象形，是个粮垛。其实"禀"有给予的意思，就是天赋给你每个人不同的这种禀性，后来就引申，又到了"禀明""禀告"。

豢

huàn　13画

专家解字

"豢"表示设围栏豢养牲畜，也比喻收买利用。"豢"的形旁为"豕"（shǐ），是猪的意思。其声旁为"类"，也就是现在的"卷"字头。古人的姓常和其所从事的官职有密切的联系。舜时有一个叫董父的人，擅长养龙，许多龙都飞到他的身边，舜听说此事后，非常高兴，当即赐董父姓"豢龙"。

豢养牲畜往往是为了杀掉食用，所以"豢"又发展出用利益为诱饵来诱惑别人从而将之宰割的意思。春秋时期的越国就采用"豢养"的方式灭了吴国。为了麻痹吴王，越王对吴王俯首称臣，还经常进献宝物和美女讨好吴王。吴国大臣伍子胥指出："越国这么做是用利益来麻痹吴国啊，就像人把牲畜养肥是为了宰割一样。越国是我们的隐患啊。"后来，越国趁吴国兵力空虚时一举占领了吴国。

"豢"容易和"拳"混淆，二者声旁都是"类"。不同的是，前者表示意义的部分是"豕"，义为豢养牲畜；后者表示意义的部分是"手"，义为紧握的手。

选手吴岱蔚与马东

网友热议

蝴蝶泉：很喜欢听于丹老师讲汉字的故事，听了之后会觉得汉字也这么有意思啊。怎么学校老师讲的汉字那么无趣呢？

先生妙语

马　东：我们今天说"癖好"这个词的时候，好像也不知道是好事坏事，反正它是个中性词，但是"癖"为什么是病字旁？

于　丹：癖好到了一定的程度。"如痴如醉"的"痴"也是病字旁。

高晓松："瘾"。

于　丹："瘾"也是病字旁。本来是人的爱好习惯，但是到了一定的程度，你就会觉得他已经迷恋得近乎病态。

张颐武：过度地沉迷，就造成这样的后果，变成癖好了。

自测题5答案

矶　拂　歧　钮　窃　砾
恙　销　缕　霓　鳃　翼　瞻

自测题 5

	请写出"采石jī"的 jī	
请写出"fú逆"的 fú	请写出"qí路"的 qí	请写出"按niǔ"的 niǔ

请写出"qiè喜"的 qiè	请写出"瓦lì"的 lì	请写出"安然无yàng"的 yàng	请写出"xiāo蚀"的 xiāo	请写出"lǚ述"的 lǚ

	请写出"冰báo"的 báo	请写出"鱼sāi"的 sāi	请写出"羽yì"的 yì	
		请写出"zhān顾"的 zhān		

小贴士：如果您十三宫全部写对，太好了，小学五年级的生字您掌握了！（答案见第79页）

第 6 集

女娲时常被念错

考官出题

		请写出"zǐ妹"的 zǐ		
	请写出"天mìng"的 mìng	请写出"稳操胜quàn"的 quàn	请写出"yíng屏"的 yíng	
请写出"nüè待"的 nüè	请写出"高屋建líng"的 líng	请写出"圭niè"的 niè	请写出"女wā"的 wā	请写出"dōu售"的 dōu
	请写出"cái判"的 cái	请写出"hán冷"的 hán	请写出"麻bì"的 bì	
		请写出"ní虹"的 ní		

81

汉字英雄

裁判答案

		姊		
	命	券	荧	
虐	瓴	枭	娲	兜
	裁	寒	痹	
		霓		

姊

姊 姊 **姊** 姊 姊

zǐ　7画　ㄑ 乂 女 女 女 姊 姊 姊

🔵 专家解字

"姊"指姐姐。形旁为"女",表示与女性相关。声旁为"朿",读音与"姊"相近。《木兰诗》里写道:"阿姊闻妹来,当户理红妆;小弟闻姊来,磨刀霍霍向猪羊。"这里的"阿姊"就是姐姐的意思。

在现代汉语中,"姊"和"姐"常用来称呼同辈年长的女性。"姊"和"姐"组成的词语可以互换,如"姊妹"和"姐妹"、"家姊"和"家姐"意义相同。在台湾地区,"姊"相比于"姐"来讲更为常用些。

姊妹之间不仅感情深厚,而且在长相气质、脾气性格等方面也相差不多,所以我们现在常称那种主题内容、中心思想、艺术特点等方面较为相似的作品为"姊妹篇"。

✈ 先生妙语

张颐武:在上古,表示姐的意思,只有这个"姊"。那时候"姐"这个字是指妈妈,到中古的时候,才逐渐变成了姐姐。

马　东:现在在广东话里边,把姑姑叫姑姐,可见广东话里保留了原来古汉语里的一些用法。

于　丹:这个"姊"你要是想不清怎么写,你就想屈原故里"秭归"的"秭",右半部分也是"朿"。

😊 网友热议

路路通:汉字文化真是博大精深啊。一个字就能带出一段历史、一个故事、一篇诗词、一种民俗……我们真该好好继承发扬。为《汉字英雄》鼓掌!

左手才女帅又荣

🚩 英雄榜

帅又荣来自南京,在同学们眼里,她是一个特别的人,因为她用左手写字。她参加《汉字英雄》节目,就是要向大家证明:用左手写字一样可以写得快写得漂亮,一样可以成为汉字英雄。

命

設 命 命 命 命

mìng　8画　丿 𠆢 𠆢 亼 合 合 命 命

隨讀隨寫

📝 专家解字

"命"由"口"和"令"组成，最初的意义是用口发出命令，也就是发号、指派的意思，后来也用来表示生命、性命。

天命观是中国传统文化的重要组成部分，古人认为人的贫富、寿命、遭遇都是上天注定的，上天的意志不可违背。孔子说："三十而立，四十而不惑，五十而知天命。"他所说的"天命"就是指上天的意志，五十岁年过半百，也就能对上天对自己命运的安排有所顿悟了。

其实，"天命"这种玄而又玄的东西总是被不少政治家和野心家利用，为新生的王朝争取舆论上的合法性。古人认为王朝更替是天的旨意，如果统治者腐败，则违逆天意，就将由新的明君来取代。明朝的开国皇帝朱元璋本来是三代平民出身，甚至需要出家做和尚才能混口饭吃。但在他做了皇帝之后，也为自己的出身做起了文章，称自己的母亲是吃了一位道士的仙丹才怀上了他。而且在出生的时候飘来一股白气，奇特的香味弥漫在整间屋子里，历经一夜都没有散去。这恐怕是受了《春秋公羊传》中"圣人皆无父，感天而应"的影响吧。

🔥 网友热议

提笔忘字：其实现在很多人还是很热爱汉字的，社会上书法培训班那么多不就是明证吗？

🔥 先生妙语

于　丹："命"人人都会写，但不见得人人都会讲是什么意思。过去这个"命"的样子就是人躬身伏地，接受一道指令。"命"是跟"令"连在一起的，是外在的一个指令，后来就引申开了，说人的命天注定。每一个人去看他的"命"，都是一个最简单的字，但是，也是一辈子最难解的题。

●自测题6答案●
伊 恍 挚 哼 域 萎
庸 谥 誉 喧 橱 霎 藤

券

quàn 8画 丶 丶 丶 丷 䒑 半 关 券 券

● 专家解字

"券"在现代汉语中指票据或做凭证的纸片。"券"的形旁为"刀",声旁为"关"。"券"的本义是用刀将木片或竹片一分为二。古人将契约写在竹木片上,用刀分为两半,呈现出参差不齐的边缘,双方各执一半,作为凭证,需要兑现契约时必须将两半木牍相合。

战国时的冯谖是孟尝君的门客,足智多谋。一次孟尝君派冯谖去薛地收税。冯谖询问:"收完税要买些什么回来呢?"孟尝君回答:"先生看我家缺什么就买什么吧。"到了薛地,冯谖召集所有负债人,告诉他们孟尝君免除了他们的债务,并当众烧毁了债券。返回后他对孟尝君说:"我看您家不缺任何金银财宝,就买了'义'回来。我假托您的名义,放火烧了那些积压已久的债券。"当时孟尝君还感到不解甚至不快,后来他遭到贬谪回到薛地后,受到当地百姓的热烈欢迎,才明白了冯谖的良苦用心。

花式篮球达人汪子琦

▶ 英雄榜

来自北京的汪子琦才11岁,却是玩花式篮球的一把好手。他觉得花式篮球玩起来特别酷特别帅,所以平时训练时他特别刻苦。胖胖的他要证明:他不仅花式篮球玩得好,而且在《汉字英雄》的舞台上,也会玩得漂亮。

● 先生妙语

马　东:请写出"稳操胜券"的"券"。
(汪子琦先写出"卷"。)
于　丹:你拿着"入场卷"进去吗?这入场券你应该
　　　　知道啊,打球的时候你总得进去。
马　东:运动员从来不用入场券,他们从后门进。
(汪子琦又写出"圈"。)
于　丹:这是"猪圈"的"圈"。
马　东:你这是"入场圈"。
高晓松:入了一个叫"场圈"的地方。
马　东:回过头来看看"入场券"的"券"怎么写——
　　　　下面是个"刀"。

荧

yíng　9画

燄 荧 荧 荧

一十艹艹艹艹荧荧荧

随读随写

先生妙语

马　东：你不是写字，你是画画儿，就是你是画完一个大结构，再看哪儿不对，再往上去填去。

专家解字

"荧"的繁体字写作"熒"，由三个"火"和"冖"组成，象征屋下的灯光。单独一个"荧"字义为微弱的光亮，"荧荧"叠用则表示明亮的光芒。《阿房宫赋》："明星荧荧，开妆镜也。"将宫女们用的镜子所反射的光亮比为璀璨的星光，反映了阿房宫中的奢靡豪华。

"荧荧"还可以用来表示女子的容貌光彩照人。《史记》记载，赵武灵王游览大山时，梦到一个窈窕淑女边弹琴边唱："美人荧荧兮，颜若苕之荣。命乎命乎，曾无我嬴！"赵武灵王清晰地记下了梦中女子的容貌和名字，还饶有兴趣地对大臣讲述了这个梦。言者无意，听者有心，大臣吴广想到自己的女儿娃嬴的名字中含有"嬴"字，于是想方设法将女儿送进宫中。赵武灵王见到娃嬴后甚是喜爱，后来还将她立为皇后。

"荧"字要与"莹""萤"等字区分开来。"莹"字下方是"玉"，所以常用来表示玉石光洁透明。"萤"字下方是"虫"，专门用来表示萤火虫。

精彩瞬间

马　东：子琦你是个大小伙子，上场有点紧张，这就跟运动员上场打球有点紧张容易产生失误是一样的。说说你的梦想好吗？

汪子琦：我希望自己能长到两米二七。

高晓松：比姚明高一厘米。

马　东：我不确定你的梦想能否实现，但人要是没有了梦想，岂不更可悲？所以，坚持自己的梦想，使劲蹿，看看能不能蹿到比姚明高一厘米。

虐

nüè　9画　｜ ｜ ｜ ｜ 卢 卢 卢 虍 虐 虐

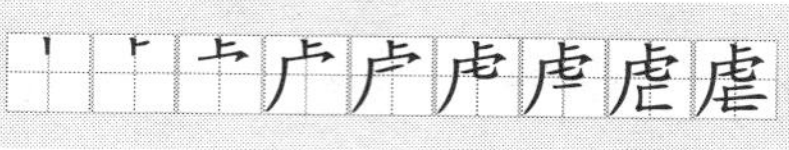

🔵 专家解字

"虐"表示残暴狠毒的意思。"虍"表示老虎，剩下的部分表示老虎的爪子。其实，"虐"字的古字形除了这两部分还有"人"，三部分合在一起表示老虎反爪伤人的意思。

周厉王是以暴虐、凶残著称的君王，这从他死后被封的谥号"厉"便可以看出。周厉王为了防止百姓议论他，就派大量的士兵在街上巡逻，只要听到议论君王，马上抓来处死。百姓人人自危，为避免杀身之祸，在街上见面只能用交换眼神的办法来打招呼。大臣召穆公劝谏说："堵住百姓的嘴就像堵住洪水一样，迟早要溃堤的。不如像疏导河流一样疏散百姓的怨恨。"但周厉王不听，继续暴虐，最后导致国人暴动，周厉王只得仓皇出逃。这就是《国语》中所记载的"厉王虐，国人谤王"的历史故事。

以"虐"为声旁的字有不少，要注意区别。如"谑"（xuè），表示开玩笑；"瘧"（nüè），是"疟"的繁体字，表示疟疾。

选手王泽宇

🚩 英雄榜

王泽宇来自西安，是一位热爱汉文化的少年。他认为汉字是汉文化的有形载体，汉服是汉文化的一面旗帜，它们是相辅相成的，证实了汉民族、汉文化的价值与存在，所以他身穿汉服参加比赛，网友称他为"古装文言帝"。

✈ 先生妙语

于　丹：为什么我们今天老说"承重"，为什么一个人去担当一种使命叫作"继承"？看一看"承"的最早的字形，就是以两只手托起一个人，这不就是承受吗？要用你的双手去完成对一个人的承担。不管是文化还是传统，任何一个美好的使命，需要担当的东西，都要用双手接住托起来。你要承得了这个重量，要能够承载，这才是"承"的本义。

瓴

瓴瓴瓴瓴

líng 9画 ノ 𠆢 𠆢 今 令 令 瓴 瓴 瓴

随读随写

🌐 网友热议

张周星辰：昨天看了一档节目叫《汉字英雄》，真是受益匪浅。今天一早推荐给儿子看，极力推荐中小学生及家长看，现在各相亲、唱歌选秀的节目让人们浮躁不堪。真心希望中国汉字文化发扬光大，让这类好的节目红火起来。

🔵 专家解字

"瓴"是一种盛水的陶器，俗称"瓮"，只不过形状像瓶子。从字形上分析，形旁"瓦"表示其材质是陶器。"令"是其声旁，两字读音相近。

成语"高屋建瓴"就是在高高的屋顶上把水瓶里的水往下倒，常用来比喻居高临下，势不可挡。"高屋建瓴"最早出自《史记》：刘邦当上皇帝后怀疑韩信有叛逆之心，于是将他抓了起来。大夫田肯为韩信求情说："恭贺陛下啊。首先，韩信束手就擒了；其次，您牢牢掌控三秦，驾驭诸侯，这种威势就像是从高高的屋顶上往下倾泻瓶子里的水一样势不可挡啊。"刘邦听出了田肯的弦外之音，因为三秦的平定主要是韩信的功劳，这是让他顾念韩信的功劳放他一马呢。于是刘邦只好放了韩信。

书写的时候要注意区分"瓴"和"领"，二者形旁不同。"领"的形旁为"页"，在汉字当中常常表示与头部相关的意思，"领"就是人的脖子。

📖 精彩瞬间

马　东：泽宇，请写出"高屋建瓴"的"瓴"。

王泽宇：请主持人解释解释。

高晓松：这是个太常用的词儿了。

王泽宇：对，是太常用，但是这个字儿……

（王泽宇写了"翾"，又写了"翎"。）

于　丹：他就非得跟这屋子犯上了。

马　东：他得上房顶上。

……

马　东：（出示正确答案"瓴"）你刚才跟屋子较了半天劲，其实它是屋子上那块"瓦"。

于　丹：你看，你都上了房了，你为什么不上房揭"瓦"呢？

第6集 女娲时常被念错

臬　𣎴 𣎴 𣎴 𣎴 𣎴

niè　10画　丿 丶 冂 白 白 自 自 皁 臬 臬

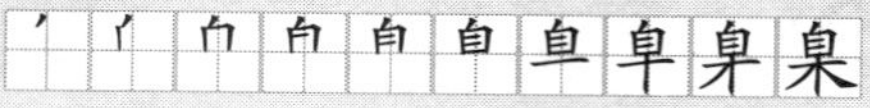

◎ 专家解字

"臬"最早的意思是箭靶子。箭靶子是射箭时瞄准的目标，所以"臬"后来又可表示测量日影的标杆，以及标准、法规等意思。"臬"字由"自"和"木"两部分组成。"自"在甲骨文中是人的鼻子的形象，射箭时射箭者的鼻子是瞄准的重要参照，所以"臬"字中有"自"。

"圭""臬"常常连用，"圭"是古代测日影的器具圭表，利用圭臬能精确测出日影的方位和长短。后来圭臬也就逐渐成了准则、法度的代名词。汉代丞相萧何死后，曹参接了他的班。曹参将萧何生前所做的规定奉为圭臬，丝毫不更改，全部按照老规矩执行，自己则整日饮酒，似乎不理政事，引起人们的议论。其实曹参这么做是审时度势，认为他当丞相时的国情和萧何的是一样的，因此沿袭旧规，让百姓休养生息、发展经济。历史证明，曹参是正确的，他执政时期西汉经济稳步发展。曹参将萧何所制定的政策奉为圭臬的事情被称为"萧规曹随"。

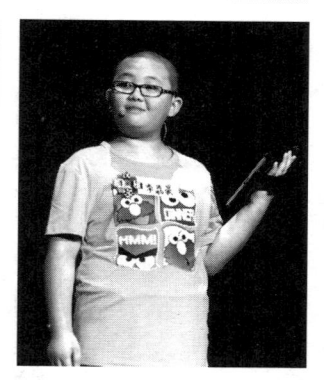

小胖娃李嘉豪

▶ 英雄榜

胖乎乎的李嘉豪来自郑州，虽然只有11岁，童心未泯，却顺利拿到《汉字英雄》过关牌。他说特别喜欢吃山楂，但是他过关后的梦想却是"吃一个冰镇西瓜"。汉字先生们对他的评价是"既好玩又自信"，"悟性好，脑子灵"。

🎬 精彩瞬间

李嘉豪：我特别喜欢吃山楂，因为山楂能够开胃，结束完了以后，我一定要再去吃一顿大餐。
马　东：宝贝，你来参加《汉字英雄》，跟你吃山楂这事有什么关系？
李嘉豪：当然有关系了！只有吃饱了才能干活嘛。
马　东：那你现在处于干活状态了，是吗？
李嘉豪：是。
马　东：你为什么会来报名参加《汉字英雄》？
李嘉豪：我特别喜欢写字。
马　东：你能站到这个舞台上，我很为你骄傲。

娲

wā　10画　乁 女 女 女 女 女 女 女 娲 娲

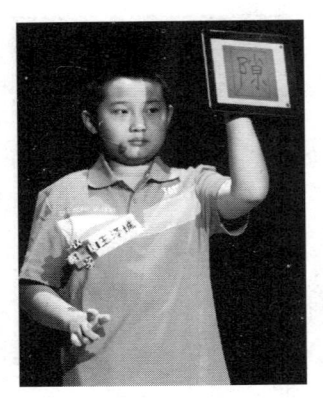

小神童王泽城

英雄榜

来自西安的王泽城学习成绩优异，虽然只有13岁，但已经是一名高二学生了，所以大家都叫他小神童。他参加《汉字英雄》节目是为了培养对汉字的兴趣，加深对汉字的理解。他的梦想是做一名法官。

专家解字

"娲"特指女娲，是中国古代神话传说中人类的创造者。

女娲的第一件功劳是创造了人类。女娲诞生后，看到百草丰茂，飞禽走兽自由生活，却独独见不到同类。于是，她模仿自己的模样用泥土造出了成千上万的人，又创立了婚姻制度让男女婚配，繁衍后代，人类逐渐遍布地球。

女娲不但创造人类还拯救人类。传说女娲创造人类后不久，天柱倾塌，天火滚滚降落人间；大地开裂，洪水泛滥；猛兽横行，攻击人类。女娲炼了五色石修补了苍穹的窟窿，折断鳌的四足来做四方的支柱，杀死了残害北方人民的黑龙，用芦灰堵住了洪水，解救了处于水深火热中的百姓。

女娲的传说常引起后代人丰富的想象。《红楼梦》开头就提到通灵宝玉的由来，说是女娲炼石补天时炼就的一块顽石。后代人解释人类面貌美丑不一时也会联想到女娲，说是女娲造人时本来每一个泥人都捏得很漂亮，但在晾晒时遇到暴风雨，有些来不及收拾的就被吹打得面貌丑陋了。

"娲"的形旁是"女"，这是母系社会对女首领崇拜的表现。书写时，不要将"娲"和"娃"混淆。

先生妙语

高晓松：小时候经常把"女娲"念错，念成"女guō"。
马　东：可见其实我们对很多字的记忆，是连接在词里边的。
于　丹：右半边这个"呙"是它的声旁，左半边说它是一个女神。

兜

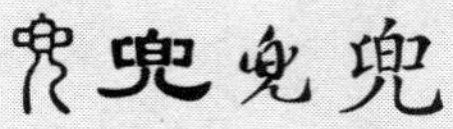

dōu 11画

专家解字

"兜"现在的意思是口袋一类的东西。从字形来看,"兜"中的"儿"表示人头,其外面的部分将"儿"全部包围,像环形的保护壳,所以"兜"最初的意思是作战时所用的头盔。后来的"肚兜""裤兜""网兜"等物品,也都与头盔有相似之处。

有一个俗语叫"吃不了兜着走",这里的"兜"是动词,意思是用兜兜着。关于这个俗语还有个故事呢。黄河边上有一个老汉,做包子的手艺远近闻名,有些客人吃完了还想带些给家人尝尝,于是老汉买来白布做成口袋,方便客人打包。老汉死后,儿子不用心做包子,却用心做口袋,准备让客人买更多的包子。有的客人推说吃不完,他就拿出布袋喊:"吃不了兜着走啊。"以后每逢提到包子铺,人们便不约而同地说"吃不了兜着走"以示厌恶。现在"吃不了兜着走"的深层含义是担当不起、承受不住。

精彩瞬间

马　东:嘉豪,请你写出"兜售"的"兜"。
李嘉豪:能解释一下吗?
于　丹:你看过那个小猪麦兜吗?"麦兜"的"兜"。
(李嘉豪写"袋"。)
马　东:你写的这个字念什么?
李嘉豪:dài。
马　东:你这就叫会意,就是我既然不会写"兜",我告诉你我会写"口袋"的"袋"。
高晓松:你知道为什么"兜"长得跟"袋"不一样吗?因为这原来不是缝在衣服上的,这是戴脑袋上的,就是头上戴的那头盔,后来才引申到衣服上去。

先生妙语

于　丹:有人有局限性,就是这个人生活得太拘泥太局促了。格局大,人才不被自己所限,这就叫没有局限了。你看你才11岁,就站在这个舞台上,你现在的格局就已经挺大了。

裁

裁 裁 裁 裁

cái　12画

一 十 土 ナ キ 半 表 表 裁 裁 裁 裁

🔵 专家解字

"裁"的意思是裁剪衣服。"衣"是其形旁，表示与衣服相关。"戈"与"裁"读音相近，是其声旁。贺知章《咏柳》中有描写柳叶的名句："不知细叶谁裁出，二月春风似剪刀。"将春风比为剪刀，说它裁剪出了精美的柳叶。

明朝有一个量体裁衣的故事。嘉靖年间，北京城中有一位家喻户晓的裁缝，他制作出的衣服非常合身、美观。一次，一个小官吏模样的人请他做衣服。裁缝耐心地量完了尺寸后，又问官吏做官的年龄，官吏回答初入官场。等拿到衣服后，官吏看到衣服前短后长，很是纳闷。裁缝不紧不慢地解释："初入官场，对上司要点头弯腰，衣服要裁剪得前短后长；久居要职自然志得意满，走路时挺胸凸肚，裁衣要后短前长；将要退休时，心态平和，走路也不卑不亢，衣服要裁得前后一般长。"小官吏听了，连连称是。现在，成语"量体裁衣"用以比喻办事要实事求是。

以"戈"为声旁的字还有不少，如"载""栽""哉"。区别这些字要从它们的形旁入手，形旁为"车"的意思是运载，为"木"的表示栽树，为"口"的表示感叹。

✏️ 随读随写

💬 网友热议

笑笑摇：河南卫视出了一档《汉字英雄》节目，感觉不错，集知识性、趣味性和娱乐性于一体，既欣赏了小选手们的文字竞技，又检验了自己对汉字的掌握程度，听专家解析汉字的发展渊源，领略汉字文化的魅力，一举多得。朋友们，值得一看！

✈️ 先生妙语

马　东："裁"是从"裁缝"那儿来的，所以它一定就跟衣服相关。

于　丹：对呀。"栽树"嘛，那肯定跟木头相关。"车载斗量"，那肯定跟车相关。这几个字它多讲理呀！

寒

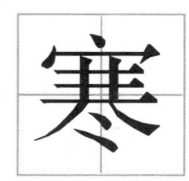

hán　12画　`丶丶宀宀宀宀宙宙宲寒寒寒`

◉ 专家解字

"寒"即寒冷，其中的"宀"表示房屋，下面的两点是古"冰"字，中间部分原本为表示草莽的"茻"和躺在草莽之中的"人"，表示冰天雪地时人在屋里用草垫取暖的意思。

《论语》："岁寒，然后知松柏之后凋也。"是说只有到天气严寒时才能看出松柏不畏严寒的铮铮傲骨。我们常说的"岁寒三友"指的便是松、竹、梅，这三种植物在寒冬时节仍然保持顽强生命力，后来常用来比喻高尚的人格。

白居易《卖炭翁》："可怜身上衣正单，心忧炭贱愿天寒。"讲的是一个贫苦的老翁砍柴烧炭来养家糊口。在一个刚下完大雪的早晨，他早早赶着牛车踏着积雪出来卖炭了。刺骨的寒风吹着他单薄的外衣，他不禁怨恨天气怎么如此寒冷，但转念一想，又担心天不冷炭卖不了好价钱。卖炭翁的矛盾心理折射出当时劳苦大众窘困的生活处境。

"寒"还表示贫困、地位卑微的意思。如"寒门子弟"指的是出身于贫困家庭的读书人，"寒官"则是下级官吏。但如果向别人介绍自己时用到"寒"则多是表示谦虚的意思，如"寒舍"。

快嘴姐黄一容

◉ 英雄榜

黄一容来自郑州，她的标签是"语速快"，被网友们称为快嘴姐。她参加《汉字英雄》是因为想得到一次经历，她觉得人活着就是为了一个不同于别人的记忆。她的梦想是"为爸爸妈妈写一本书，在文学的路上越走越远"。

◉ 先生妙语

高晓松：黄一容你以后当领导，大家就特高兴，因为你一会儿就把报告做完了。
于　丹：我觉得她要是当领导下属就哭了，因为脑子跟不上，她信息量大呀。
高晓松：下属记笔记记不下来。
马　东：她是速记员的天敌。

痹

痹 **痹** 痹 痹

bì　13画　`丶 亠 广 疒 疒 疒 疒 疷 痄 疳 痹 痹 痹`

◎ 专家解字

"痹"指痹症，就是中医所说的由风、寒、湿等引起的肢体疼痛或麻木的病。因为与疾病相关，所以由"疒"做其形旁；"畀"是其声旁。

魏晋名士嵇康生性放达，不愿受礼法的拘束，在《与山巨源绝交书》中说自己"危坐一时，痹不得摇"，是说他端正地坐一会儿就会腿脚麻木，动弹不得。

麻痹除了指身体上的麻木还指精神上的粗心、疏忽，缺乏警惕性。《三国志》中记载：刘备让关羽镇守荆州。东吴抓住了关羽目中无人的弱点，故意派没有名气的陆逊来接替都督一职，旨在让关羽放松警惕。关羽果真中计，将大量兵力调走去攻打曹操。这时东吴抓住时机夺得了荆州。关羽的麻痹大意导致荆州沦陷敌手，埋葬了自己的一世英名和蜀国的江山。

在现代汉语中，"痹"多为医学用语，如"酸痹""痛痹""风痹""小儿麻痹症"等。

📖 精彩瞬间

黄一容：（写完"痹"后）评委能不能说一下你确定不确定？

马　东：那还叫评委吗？

黄一容：场外求助比较麻烦，如果您不说这句话，那就说明我对了；如果说了，那我再打个电话求助一下。

高晓松：你不用求助了，给国家省点电话费。

马　东：你不光会写这个字，你还成熟地运用了比赛规则。

于　丹：但是算你对也是比较宽容的了，那确实应该是一撇。

✍ 英雄心语

黄一容：爸爸妈妈年轻的时候受过很多苦，他们有点像拼了命似的在供我。我一定要抽出半年或者一年的时间陪着他们俩，我要给他们俩写一本书。我还要告诉天下所有的人，你们可能有的人比我幸运，比我陪伴爸爸妈妈的时间多，所以你们一定要珍惜，因为所有的东西都是经历过、后悔过后才知道原来有多好。

霓

霓霓霓霓

ní　16画　一丁于币币雨雨雫雫雪雪雪雪霓霓霓

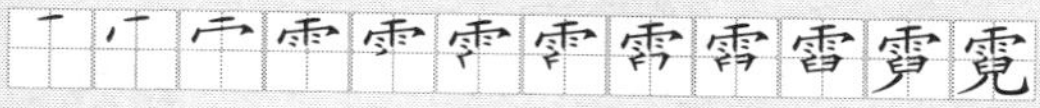

◉ 专家解字

"霓"字是虹的一种，也称"副虹"，形成的原因和虹相同，只是光线在水珠中的反射多了一次，红色在内，紫色在外，所以颜色比彩虹稍淡一点。它的形旁为"雨"，表示霓是在雨后形成的，与雨水相关。声旁为"兒"，与"霓"读音相同。

霓裳是神仙的衣裳，相传神仙以云为衣裳，轻柔而色彩美丽。唐玄宗非常喜爱歌舞，亲自作曲，创作了《霓裳羽衣舞》，演奏时杨贵妃领舞，宫女们纷纷穿上华美轻柔的霓裳翩翩起舞。白居易曾写诗赞美道："千歌万舞不可数，就中最爱霓裳舞。"安史之乱后，《霓裳羽衣舞》流失。南唐时期的李煜补了部分内容，后来南唐灭亡时，李煜意识到它是不吉利的靡靡之音，下令将它烧毁。

霓和虹在人们心中具有同等重要的位置，因为无法科学解释其形成原因，古人把它们当成神物来对待。"霓虹汲井"说的就是霓虹在水边出现，弯弯的样子像是一条长龙要将井水吸干似的。

选手马泽茜与马东

◉ 网友热议

爱猫人：这些选手真让人佩服，我一大学中文系毕业生还老多字写不出呢。又想起了"活到老学到老"。

◉ 先生妙语

于　丹：其实霓是副虹，就是彩虹外头还有个环。它就是那个光又多折射了一回，它的赤橙黄绿青蓝紫的排列跟虹是反着的。李白的《梦游天姥吟留别》里就有"霓为衣兮风为马，云之君兮纷纷而来下"，就是说天上的霓彩漂漂亮亮的，像神仙能穿的衣裳一样。

高晓松：于丹老师的理工科师弟我要稍微纠正一下，这个英文叫neon，翻译的时候大家一想，这个东西长得很像彩虹外面那个东西，而且音又正好一样，所以就翻译成了"霓虹"。

自测题

6

	请写出"yī甸园"的 yī	
请写出"huǎng如隔世"的 huǎng	请写出"zhì友"的 zhì	请写出"hēng唧"的 hēng
请写出"领yù"的 yù	请写出"wěi靡"的 wěi	请写出"yōng碌"的 yōng	请写出"恬mì"的 mì	请写出"毁yù"的 yù
请写出"因yē废食"的 yē	请写出"chú窗"的 chú	请写出"shà时"的 shà
	请写出"téng萝"的 téng	

小贴士：如果您十三宫全部写对，恭喜您，您可以小学毕业了！（答案见第84页）

第7集

急躁起来就跺脚

考官出题

		请写出"shù边"的shù		
	请写出"tún积居奇"的tún	请写出"烟cōng"的cōng	请写出"nüè疾"的nüè	
请写出"虎视dāndān"的dān	请写出"鬼鬼suìsuì"的suì	请写出"shè免"的shè	请写出"菜qí"的qí	请写出"pēng饪"的pēng
	请写出"rú雅"的rú	请写出"měng懂"的měng	请写出"急zào"的zào	
		请写出"zhàn墨水"的zhàn		

汉字英雄

裁判答案

		戌		
	囲	卤	疟	
眈	崇	赦	畦	烹
	儒	懵	躁	
		蘸		

戍

shù　6画　一厂厂戊戍戍

🔵 专家解字

"戍"是防守的意思。它的字形本来是一个人拿着"戈"这种兵器的形象，后来在字形演变过程中发生了粘连，变成了现在的字形。

戍守边疆关系着一个国家的存亡安危，对于守边将士，一定要言而有信才能获得他们的信任。春秋时期的齐襄公，命令齐国大夫连称戍守葵丘这个地方。连称在瓜成熟的七月奔赴葵丘，齐襄公许诺说："等到来年瓜成熟的时候，我就派其他部队去代替你们戍边。"可是到了第二年的七月，襄公那边没有任何动静。戍边的战士们因为粮草不足，条件艰苦，生活十分艰难。连称就派人给齐襄公送了两大筐的瓜，用以提醒国君履行自己的诺言。可襄公非但没有派兵，反而勃然大怒，斥责连称不懂军规。戍边的战士们忍无可忍，于是揭竿而起，发兵起义。

"戍"字容易和表示地支的"戌"字相混。"戌"字最初也表示一种像斧头形状的兵器，后来专门用来表示地支，如"戊戌变法""戌时"。而"戍"字中的点与其旁边的撇组成一个近似人体的形状，表示人拿着武器守卫边疆的意思。

选手高枫与马东

🚩 英雄榜

高枫来自郑州，因为小时候遭遇的一次车祸，他的记忆力受到影响。他发现翻字典可以帮助恢复记忆，就经常查字典，久而久之就养成了翻字典的习惯。七年时间里，他已经翻烂了两本字典，字典不仅是他的老师，也成了他最好的朋友。

🗨 先生妙语

于　丹："戍"最早其实是这样的——左边是一个人形，背对着右手的这个戈。后来演绎成了现在这个"戍"字。这个字特别容易写错，是因为有的时候人会加点儿，有的时候人会加撇，有的时候还会落点儿什么。"戎马"的"戎"跟它确实也很像，这几个相似的字都跟戈、跟打仗有关。高枫刚才写的"伐"同样跟打仗有关。

囤囤囤

tún　7画　｜冂冂冃冋囬囤

个性男孩吕宝源

🚩 英雄榜

吕宝源来自北京，他很幽默，也很有个性。他的心愿就是以后做一名非常专业的IT工程师，创造出更加属于自己的、更个性化、更色彩化的软件来方便大家。

◎ 专家解字

"囤"表示储存的意思。"屯"是"囤"的声旁，也与其意义相关，表示聚集、储蓄的意思。"囗"（wéi）是它的形旁，表示围绕，因为"囤"最初就是用竹篾、荆条等物围成的盛粮食的容器。

在我国河北农村一带，至今还保留着农历正月二十五"打囤"的习俗。相传北方大旱三年，连年饥荒使得农民颗粒无收。可皇家还是不管农民的死活，照样征收皇粮。看守粮仓大囤的一名官员眼看父老乡亲被逼上绝路，毅然决定开仓放粮。这样自然会获杀头之罪，于是他就在正月二十五日这天放火烧囤，自己也葬身火海。后来，百姓为了纪念这位好心的仓官，就在每年正月二十五这天，用细炭灰在院内撒成一个囤型粮仓的形状，并在囤中撒以五谷，象征五谷丰登。

✈ 先生妙语

马　东：这个"囤"字千人知晓率只有51%，所以只有一半的人会写，你要是写不出来也正常，但你不能认输。

（吕宝源写了宝盖头下面一个"屯"。）

于　丹：其实宝源的思路还是对的——宝盖是一个房顶，你是想把囤积的东西放在房顶下面。其实"囤"意思是一样的，只不过它外面是一个方框，这个方框其实表示一种封闭的、包裹的东西。你看"囚"不就是人在一个方框中吗？"包围"的"围"不也在一个方框之中吗？方框是封闭的、包裹的，人要藏点好东西，一定要有一个比宝盖更安全的地方，就是这个大方框。

囱

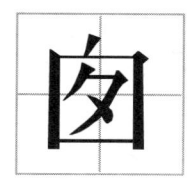

cōng　7画　丿 丿 冂 冋 囟 囟 囱

🔵 专家解字

"囱"是烟囱的意思。它原来的字形就像一个镂空的窗户之形。烟囱有着上下通透的特点,而一个人耳目通彻才能够心思灵敏。所以"聪"字的繁体字"聰"就是由"囱"加上"心"和"耳"构成的。

我们现在所见的家用烟囱一般都是弯曲状的。这是因为直立的烟囱有可能会使一些容易燃烧的废屑掉落下来,引起火灾。从前,有一个人去友人家做客,看到朋友家的烟囱直立在灶台前,而且周围还堆了不少柴火,就建议朋友把烟囱改成弯的,把柴火搬到屋外。可是朋友并没有听从劝告,结果,不久后这位朋友家果然发生了火灾,幸亏抢救及时,才没有发生危险。这便是成语"徙薪曲突"的故事,用来说明凡事要提前谋划,才能避免危险、防患于未然。

从字形上看,"囱"字与"窗"字有着密切关系。"窗"就是在"囱"的基础上加了形旁"穴"构成的,这是因为烟囱和窗户一样,都有通风的功能。

········ 随读随写 ········

🔵 英雄心语

高　枫:恢复记忆的过程的确痛苦,可是我的宝贝字典给了我额外的本领。我的梦想是快点把我的病治好,然后早点回到学校里头,像别人一样上学。

📖 精彩瞬间

高　枫:这个"尉迟敬德"我在电视上看,好像应该叫"尉迟敬děi"。
马　东:那个字到底是念dé,还是口音上把人家念成了děi 呢?
高　枫:这个是在京剧里的读音。
马　东:要上口了以后才念děi 的。
于　丹:你看这孩子,其实应该给他加分。你这里没有加分,只有给人扣分!

疟

nüè 8画 丶一广广疒疒疟疟

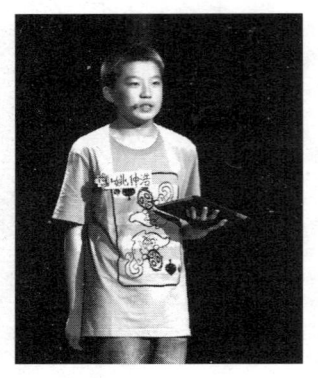

小讲解员姚仲浩

英雄榜

姚仲浩来自"一片甲骨惊天下"的河南安阳。他从小喜欢魔术，爱探寻它们的秘密。汉字对他来说是一样的，每当他看到一个字，他就想知道它背后的故事。他在中国文字博物馆当小讲解员，学到了很多知识。

专家解字

"疟"是一种时而发冷时而发热的急性传染病。"疟"字的形旁为病字旁，表示它属于一种疾病；声旁是"虐"字的省略。"虐"的字形本来就像一只老虎用爪子抓人的形象，似乎也与让人备受折磨的疾病有一定联系。

在医疗条件低下的古代，人们对疟疾非常惧怕，所以常常将它与鬼神侵扰联系起来。相传五帝之一的颛顼有三个变为疫鬼的儿子，其中有一个因为还未长大就死去，所以还保留着小儿的形象。他变为"疟鬼"，专门侵扰小孩，也称"小儿鬼"。其实是因为小孩的抵抗力比较差，所以疟疾患者常为小孩。当汉代的大将军景丹身患疟疾时，皇上笑话他："听说壮士是不会被疟鬼缠身的，你怎么还得疟疾呢？"

既然疟疾是由疟鬼带来的，那么消除病灾也自然需要"打鬼"。魏晋时期的桓石虔勇猛过人，大家都叫他镇恶郎。凡是患了疟疾的小儿，他们的父母就在床头挂上桓石虔的画像，并且不断地呼喊他的名字，用来震慑疟鬼。

精彩瞬间

马　东：姚仲浩，请写出"疟疾"的"疟"。
姚仲浩：老师能不能把这个nüè再组另外一个词？
马　东：它是一种病，它跟"虐待"的"虐"同音。
（姚仲浩最终写出了"疟"。）
于　丹：仲浩，我相信你是蒙对的，但你真的是一个非常厉害的孩子，你把病字头和"虐待"的"虐"下面这个部分组合到了一起。你是一个真正的汉字英雄，因为你了解汉字的组字规律，了不起。

眈

眈 眈 眈 眈

dān　9画　丿 冂 冂 月 月 目 目 眇 眈

专家解字

"眈"字表示眼睛注视的样子，因为与眼睛相关，所以形旁为"目"。

"眈"字一般用于凶狠的猛兽或心怀不善的人。"虎视眈眈"表示的就是像老虎那样贪婪地盯着，形容伺机攫取的样子。《聊斋志异》当中记载了一则故事：一名屠夫在回家的路上遇到两只狼，屠夫后来靠在草垛上握刀与狼对峙。两只狼一开始"眈眈相向"，狠狠地盯着屠夫。后来，一只狼闭上眼睛假装睡觉，另一只狼跑到草垛后面打算偷袭。幸亏屠夫没有被狼的诡计所迷惑，才得以活命。可见，虎视眈眈的敌人固然可怕，而对于那种道貌岸然的对手也不能掉以轻心呀。

要注意"眈"与"耽"的区别。"耽"的本义是耳朵大而下垂的样子，所以形旁为"耳"。后来发展出沉溺义，也可以表示停留、延误。

先生妙语

于 丹：　"目"是象形字，它原来就是横着的一只眼睛，后来横着画不太方便了，就这样竖着了，那个瞳仁就变成了两横。为什么《诗经》上说"巧笑倩兮，美目盼兮"？什么叫"顾盼生辉"呢？你看"盼"左边是目，右边是分，这个分是指人的眼睛黑白分明。一双明澈的眼睛，一定是黑白分明的，只有这样的眼睛，才会顾盼生辉。还有一个词是"相面"，我们要看懂一件事、看懂一个人，其实不用说太多的话，人的眼神最能暴露内心的秘密。我们今天会不会用好自己的眼睛，会不会看懂世事，从此刻看见未来？目字旁的字虽然很多，但用好很不容易。

随读随写

英雄心语

姚仲浩：以前我记字基本上都是死记硬背的，以后我一定要把这个字记透彻，把它为什么是这样，它有什么意义，都弄清楚。

祟

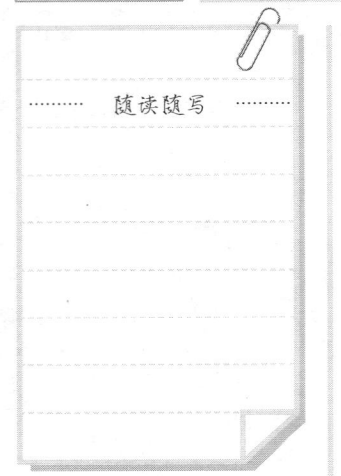

sui 10画

专家解字

"祟"字原指鬼神或鬼怪害人,后来则泛指行动不光明正大,如"鬼鬼祟祟"。

传说当年嘉兴府有一对夫妇老年得子,对小儿百般疼爱。到了大年三十夜晚,孩子拿着八枚铜钱玩耍。玩累了睡着后,夫妇俩就顺手把铜钱用红纸包着放在孩子的枕头下边。因为害怕传说中的"祟鬼"来找自己麻烦,夫妇仍然彻夜不敢合眼,守在孩子床边。半夜里"祟鬼"悄悄溜进屋里,刚伸手去摸孩子的头,枕头下就迸发道道金光,吓得"祟"逃跑了。夫妇俩这才发现,原来是枕头下面的铜钱吓退了"祟"。第二天,他们把这件事告诉了左邻右舍,大家也都学着这样做,以求自己的孩子平安长大。"压祟"和"守祟"的说法便由此得来,后来因为"岁"与"祟"谐音,才逐渐演变成"压岁"和"守岁"。

"祟"与"崇"极易相混。"祟"字的本义是鬼神出来作怪,所以上方为"出"字。下方的"示"表示与鬼神、祭祀等内容相关。"崇"字的意思是山大而高,所以它的形旁为"山"。

先生妙语

于丹:"神""社"等带有示字旁的字都跟鬼神有关。"祟"字上有一个"出"字,那就是跟神怪有关的事情出现了,也就是有了很多解释不清的作祟的事情。

精彩瞬间

高晓松:为什么有一个词叫"城池",你知道吗?

吕宝源:水是万物之源,可以养育人类,所以把一座城叫"城池"吧。当然这只是我的见解,并不一定是对的。

高晓松:古人还没有你这么……这种根源性的想法,诸如水是万物之源等等。因为古代的城外边有一道护城河围着,这个护城河就叫"池",所以也就把一座城叫"城池"。

赦

shè　11画

赫 赫 **赦** 赦 赦

一 十 土 尹 方 亦 赤 赤 赤 赦 赦

专家解字

"赦"表示免除或减免刑罚的意思。它最初和"舍"字意义相同,都表示放置或舍弃的意思,后专门用来表示宽免人的罪过。它的形旁为"攵",表示与手相关的动作。它的声旁为"赤",在古代二者读音相近,现在已相差较远。

中国古代封建帝王掌握着子民的生杀大权,往往会在皇帝登基、生子、立后或打了胜仗的时候大赦天下。唐朝和宋朝的时候,大概平均18个月,皇帝就要来一次大赦。但也有的朝代对赦免的罪行加以限制,隋朝初年颁布的《开皇律》中就罗列了"谋反、不敬、不孝、不睦、不义"等十项罪行,并申明凡是涉及这十项罪行的罪犯,不得赦免。这就是我们现在常说的"十恶不赦"。

"赦"字要与"敕"字区别开来。"敕"字读chì,因为它的读音与"赦"字的声旁一致,所以容易混淆。"敕"表示皇帝的诏书、诏命。《红楼梦》中描写黛玉初进贾府时,就见大门上方挂着一块"敕造荣国府"的牌子,表示荣国府是皇帝下令建造的。贾府家势雄厚,于此可见一斑。

天文发烧友金心

英雄榜

金心来自北京,他是一名追星族,但他追的既不是影视明星也不是歌星,而是天上的星星,他的偶像是天文馆馆长。他从小学四年级开始就是天文社的一员了。他的梦想是得到一台天文望远镜。

先生妙语

(选手误把"敕"当成了"赦"。)

高晓松:"敕"跟"赦"没有一点关系,先得拿着"敕"这东西去赦免人。

张颐武:对,得有这东西才能赦免,这是个很重要的文件。

马　东:对,拿着敕令去赦免别人。

张颐武:这个"赦"字左边是一个"赤",它的本义就是赦免罪过,就是宽恕。

畦

畦畦畦畦

qí　11画　丿 冂 日 田 田 田丨 田十 田丨 畦 畦 畦

小舞蹈家王泊珏

🐄 英雄榜

王泊珏来自天津，她热爱舞蹈，把汉字看成笔尖上的舞蹈，认为每一个笔画都是指尖的跳跃。她参加过很多文艺类的节目，《汉字英雄》这类文化节目还是第一次参加。

专家解字

"畦"的意思是土埂围着的一块块排列整齐的田地，一般是长方形的。因为与田地有关，所以其形旁为"田"。它的声旁是"圭"，在古代二者读音相近。

"畦"在古代也指土地的面积单位，表示大约五十亩的面积。《红楼梦》中的黛玉为大观园中的稻香村赋诗："一畦春韭绿，十里稻花香。"描写的就是青苗齐齐、稻花飘香的农家景象。

治畦需要将田地周围的土隆起，我们通常所见的田间阡陌便是这样形成的。杜甫有一首《种莴苣》写道："堂下可以畦，呼童对经始。"讲的就是在雨后天晴，小院里的土地湿度正好适合种莴苣，于是将田畦整治好，准备播种。

孔子曾经周游列国，在最困难的时候都不曾媚于权势，曾子称之为"胁肩谄笑，病于夏畦"。大意是说，做出那种耸起肩头、逢迎谄媚的样子，比顶着烈烈夏日在田间耕作还要难受。孔子不屈于权贵、不流于世俗的精神，正是每一位正人君子所应有的品质。

精彩瞬间

马　东：说说你的梦想。

王泊珏：我希望长大后可以编一套汉字舞蹈，然后把汉字文化传承下去。

于　丹：泊珏的想法是一个特别靠谱的想法。台湾林怀民先生的云门舞集，泊珏可以去看看，看他们是怎样用舞蹈去表现汉字的，看汉字的笔墨意韵，跟人身体之间的那种韵律、节奏的配合。它们是迄今为止最好的表达之一。

烹

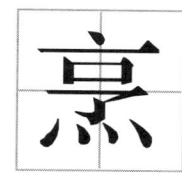

pēng　11画

丶　亠　䒑　亨　亨　亨　亨　亨　烹　烹　烹

◎ 专家解字

"烹"表示煮茶饭的意思。"烹"字形旁为"火"，在演变过程中变为下方的四个点。"亨"是其声旁，两者原本读音相近，现已相差较远。

中国有着悠久的美食烹饪文化，而文人墨客也常拿烹饪做比喻，来表述自己的观点与心声。老子将治理大国与烹饪菜肴联系了起来："治大国如烹小鲜。"这是因为，大国如果屡遭变法，就会社会动荡，所以需要像烹饪一样，懂得用各种调味品来调和各种力量，才能够使得社会安定而和谐。

汉王朝建立之后，刘邦开始诛杀功臣。韩信感慨道："狡兔死，良狗烹；高鸟尽，良弓藏；敌国破，谋臣亡。"大意是说，狡猾的兔子被猎获之后，猎狗却被杀死做菜；高处的鸟儿被打尽后，得力的弓箭却被束之高阁；敌人歼灭后，良臣却被残忍杀害。后来人们就用"烹狗藏弓"比喻事成之后，把效劳出力的人抛弃甚至杀害的行径。

……随读随写……

◎ 网友热议

一帘幽梦：《汉字英雄》不仅让我体会到汉字的博大精深，也唤起了我的手写情怀。马上买字帖去。

◎ 精彩瞬间

王泊珏：马东叔叔，您，刚才叫我什么？
马　东：泊jué，对吗？
王泊珏：您认识我这个字呀？连我们校长都不认识我这个字念jué。
马　东：知道吗，你刚刚把你们校长给出卖了。
王泊珏：老师们，我这个"珏"字好像是近几年才出的字。
高晓松：有关玉的字都是春秋时期就有了，绝不是最近造出来的。
张颐武：中国人尚玉也是那个时候。
于　丹：所以泊珏，你可以去看看博物馆关于玉器的展柜。你会很亲切也很惊喜地发现，那里面就有大大小小的玉珏。

•自测题7答案•
讪　疍　汹　军　狭　炽
诞　盉　敛　凿　擂　熬　罢

儒

儒儒儒儒

rú　16画　亻 亻 亻 亻 佇 伛 儒 儒 儒 儒 儒 儒

随读随写

网友热议

顽猴-Ling：平时我们都是用电脑、手机的输入法帮我们完成书写，但当我们自己要手写时，很多字我们都感觉似曾相识，却就是写不出来。哎，科技成就了现代化，却让我们把传承了几千年的汉字手写书写推向陌生境地，长此以往人们是否会退化到不会手写汉字呢？

专家解字

"儒"是旧时对读书人的一种称呼，也指以孔子为代表的儒家学派。唐代刘禹锡《陋室铭》中的名句"谈笑有鸿儒，往来无白丁"，说的是往来在这陋室之中的，都是学富五车的大学问家，没有不学无术之人。

无论是在疆场上厮杀的将士，还是在市井中做买卖的商人，多读书总会带给他们不一样的智慧和勇气。春秋末年越国的范蠡，一直以来都被人称为"商圣"。他虽为商人，却能仗义疏财，多次散尽家财，施舍百姓。像范蠡这种既富有智慧，又有仁心的商人，被人们尊称为"儒商"。直到现在，不少生意人还供奉着他的塑像呢！

"儒"字容易和"孺"字相混，虽然两字都可指人，但在字义上还是有着明显的差别。"孺"字形旁为"子"，表示儿童、幼子。而"儒"字形旁为"人"，指的是成年读书人。所以，表示众所周知义的成语"妇孺皆知"不可写为"妇儒皆知"。

精彩瞬间

马　东：请写出"儒雅"的"儒"。
选　手："儒雅"的"儒"？
马　东：这个人长得很儒雅。
于　丹：你就看看马东叔叔，你就知道什么叫儒雅。
高晓松：如果还不够再看看这后面的张老师，反正别冲着我看就行了。
（选手写了一个"濡"。）
于　丹：你想儒家作为一个思想流派，他是以人为本的，讲仁爱的，哪能是三点水呢？基础的东西一定要走脑子。

懵懵懵

měng　18画

专家解字

"懵"常与"懂"组成"懵懂"一词，表示糊涂、不明白事理。"懵"字形旁为"心"，表示这个字与心智相关。其声旁为"瞢"，表示眼睛不明。眼睛是心灵的窗户，双目不明，心灵也就糊涂蒙昧。

明代文人萧惠曾向著名哲学家王阳明请教生死之道。王阳明说："知道了昼夜，就能知道生死。"萧惠再次请教昼夜之道。王阳明又说："知道了白天，就知道了黑夜。"萧惠感到很奇怪："难道还有人不知道白天吗？"王阳明感叹道："你真的知道白天吗？每天懵懵懂懂起床，胡嚼乱咽地吃饭，成天昏昏沉沉，这只是梦中的白天罢了。"这便是所谓的"懵懵而兴，蠢蠢而食"的状态。只有心灵清醒明彻，才能知道什么是白天和夜晚，什么是生死大义。

一个人是否心目明朗决定了他的生活状态，而一国之君是否心智澄明则决定了一个国家的兴亡。唐太宗李世民灭隋建唐、披荆斩棘，但却将皇位传给了懦弱无能的李治，毛泽东在读罢《新唐书》后，就评价他"聪明一世，懵懂一时"。

选手给张颐武"送礼"

网友热议

葱　头：昨天，看了一档河南台节目《汉字英雄》，有个别选手小学基础知识太缺失，写字倒插笔，这就代表了教学质量太差。老师对学生要求不严，使有些中小学生写字太差。

精彩瞬间

马　东："懵"的千人知晓率只有33%，三个人里面有一个人能把这个字写出来。

吕宝源：我就是一个！

马　东：是吗？

于　丹：其实这个"懵"的右半部分就是表示眼睛看得不明，而人眼睛看不明白反映到心里面了，心也就不明白了，就懵了。心里要是不乱，看得明白，你才能不懵。

躁躁躁

zào　20画　口 𧾷 𧾷 𧾷 跥 踩 踝 蹀 躁

小歌唱家魏依曼

英雄榜

魏依曼来自深圳，她喜欢唱歌，她的梦想是通过自己的努力，将来当个像宋祖英一样的歌唱家。她在复赛环节与三个大哥哥同台PK，虽败犹荣。

专家解字

"躁"起初表示急忙行走的意思，所以形旁为"足"，后来又发展出急忙、急躁的含义。

中国古代的传统文化中，将性情浮躁视为读书修身的大忌。古代有这样的说法："心浮则气必躁，气躁则神难凝。"荀子在其《劝学》篇中讲了这样一个故事：蚯蚓没有锐利的爪子和牙齿，也没有强健的筋骨，却能吃到小虫，喝到泉水。而螃蟹有六条腿、两个蟹钳，但还是要寄居在蛇的洞穴之中。可见，是否能办成一件事，不在于本身是高大还是弱小，而在于是否能够戒骄戒躁、持之以恒。这便是"蟹六跪而二螯，用心躁也"的道理。

"躁"字要与一些和它同声旁的字区别开来。"躁"字所组的词多与心情相关，如"急躁""暴躁""烦躁"。而"燥"字形旁为"火"，所表示的意多与天气、温度相关，如"燥热""干燥"。"噪"字形旁为"口"，则表示因为说话的人多而喧哗、吵闹，如"聒噪""噪音"。

精彩瞬间

马　东：请写出"急躁"的"躁"。
（魏依曼写"燥"。）
马　东：字写得很好看。
（魏依曼改"燥"为"躁"。）
马　东：为什么把"火"变成了"足"？
魏依曼：因为我想起来如果急躁的话，有的人会急得直
　　　　跺脚。
于　丹：说得多好啊。
马　东：关键时刻想起了急躁就是跺脚。

蘸

蘸 蘸 蘸 蘸

zhàn　22画　艹 䓫 䓫 䓫 䓫 䓫 蘸 蘸 蘸 蘸

◉ 专家解字

"蘸"表示将物体在液体或粉末状的东西中沾一下就拿出来的动作。其中"酉"表示装液体的容器，上面的"艹"表示用草蘸，"焦"表示字音。

中国的美食中，有不少蘸酱能使食物更加美味可口。而古往今来的名人中，却有几位名人的蘸酱味道比较特别。东晋著名书法家王羲之就有"蘸墨而食"的典故。王羲之在小的时候，练起字来常常废寝忘食。一天，书童将一盘馒头和一碟蒜泥放到他的书桌前。因为专心研究书法笔式，王羲之没有抬头看便将馒头蘸着墨汁送入嘴中。

无独有偶，陈毅元帅少年时也误食过墨汁。据说，有一次他到亲戚家过端午节，发现了一本非常有趣的书，就废寝忘食地读了起来。亲戚见他十分专注，就把糖和剥好的粽子放在书桌上。过了许久，大家发现陈毅嘴角沾着黑乎乎的墨汁，原来，专心致志看书的陈毅误将墨水当作白糖，就这样蘸着吃了两个粽子。大家赶忙带着陈毅去漱口，他却幽默地说："这样肚子里的墨水也许能多一点呢！"

········ 随读随写 ········

◉ 先生妙语

马　东：我老觉得，写字不重视笔顺反映了我们这个时代是一个结果论的时代，就是看起来一样都对，过程不管，这样失去了很多美。

📖 精彩瞬间

马　东：泊珺，请写出"蘸墨水"的"蘸"。
（王泊珺场外求助后正确写出。）
王泊珺：老师，为什么"蘸"没有三点水？我觉得"蘸"应该是个带水的东西。
高晓松："酉"就有那个意思，就是酒。
王泊珺：哦，酒的那半边。
高晓松：拿点那种类似草啊什么的东西去蘸点儿……咱拿饺子蘸东西是后来引申的。

自测题 7

		请写出"搭shàn"的shàn		
	请写出"gèn古及今"的gèn	请写出"来势xiōng xiōng"的xiōng	请写出"hǎn见"的hǎn	
请写出"xiá隘"的xiá	请写出"chì热"的chì	请写出"荒dàn"的dàn	请写出"kuī甲"的kuī	请写出"liǎn钱"的liǎn
	请写出"确záo"的záo	请写出"抽chù"的chù	请写出"áo夜"的áo	
		请写出"叫xiāo"的xiāo		

小贴士：如果您十三宫全部写对，您可以给初中一年级学生辅导汉字了。（答案见第107页）

第 8 集

床榻原本木头做

考官出题

	请写出"bù伐"的 bù	
请写出"美味佳yáo"的yáo	请写出"xié持"的xié	请写出"彩hóng"的hóng
请写出"mào易"的mào	请写出"凉xí"的xí	请写出"chōng米"的chōng	请写出"挑xìn"的xìn	请写出"卧tà"的tà
请写出"诡jué多变"的jué	请写出"qiáo悴"的qiáo	请写出"害sào"的sào
	请写出"一pín一笑"的pín	

汉字英雄

裁判答案

		步		
	肴	挟	虹	
贸	席	春	衅	榻
	谲	憔	臊	
		犟		

步

bù　7画　丨 卜 止 止 斗 뽀 步

◎ 专家解字

"步"的意思是行走,它的甲骨文字形就是一前一后的左右两只脚,表示人在走路。在现在的楷书里,"步"字上面写作"止","止"最初的意思就是脚趾;而下面的部分则是一个反向的"止",注意不要多加一点写成"少"。

走路时两脚之间的距离也叫"步"。孟子在会见梁惠王时,讲了一个"五十步笑百步"的故事:两队人马在战场上厮杀,一个士兵因为害怕后退了五十步,另一个士兵后退了一百步,后退五十步的士兵就嘲笑后退一百步的士兵。其实,两人都是畏战逃跑,性质是相同的,后退多少步又有什么区别呢?

三国时还有一个著名的"七步诗"的故事。曹丕当上了魏王以后,借故要杀了曹植。经他们的母亲苦苦求情,才勉强给了曹植一个机会,让他在七步之内作一首诗。聪明过人的曹植出口便成就了千古奇诗:"煮豆燃豆萁,豆在釜中泣。本是同根生,相煎何太急?"曹丕听后,羞愧难当。

◎ 先生妙语

于　丹:"心"是个象形字,甲骨文里面写这个字,就是心脏上布满血管,到了小篆的时候,画出了心和它外面的经络,但是这一直就是个象形字。按中国人的说法,心之官则思,也就是说心是人思维的器官。"悲伤"的"悲"就是从心的,其中的"非"标音,同时也能表意。非心为"悲",一颗心疼得都已经碎了,不是一颗完整的心了,那还不是深切的悲伤吗?

击剑王子赵梓恒

◎ 英雄榜

赵梓恒来自北京,他热爱击剑运动,已是国家二级运动员。他的梦想是得到一把用外星金属打造的剑,然后穿越回旧中国,抵御外国侵略者。他带着击剑时佩戴的护面参加《汉字英雄》初赛,顺利闯过初赛十三宫。

肴

yáo　8画　ノ丷丶乂爻爻肴肴肴

小导演李响

英雄榜

李响来自北京，他从小喜欢研究视频的拍摄和剪辑，还有特效的制作。他自编自导自演了一部微电影——《分身五胞胎》，成为学校中的小红人。他的梦想是请高晓松的女儿参加他下一部微电影的拍摄。

专家解字

"肴"是指做熟的鱼肉。鱼肉自然是美味，所以有"美味佳肴"的说法。"肴"表面上看好像是由"乂"（yì）和"有"两部分构成，其实这样的拆分是错误的。正确的拆分结果应该是"爻"和"月"，由于结构布局方面的需要，"爻"要给"月"让出点儿位置，只好委屈自己写变形了。时间久了，人们便误以为"肴"的下面是"有"。"肴"中的"月"是"肉"的变形，而其中的"爻"是它的声旁。这样拆分，才能既符合"肴"的意义，又符合"肴"的读音。

美味佳肴有时并不需要多少大鱼大肉。宋代文学家欧阳修在其名篇《醉翁亭记》当中，便称自己所设的宴席是"山肴野蔌"，虽然不是什么名贵的食材，但这"农家宴"却清新自然，独具风味。

鲁迅小时候读书的地方叫"三味书屋"，这书屋中传出来的味道可不是饭菜之味，而是读各种书的不同感受："读经味如稻粱，读史味如肴馔，读诸子百家味如醯醢（xīhǎi）。"这书中"三味"，都是鲁迅的最爱，其程度绝不亚于真正的美味佳肴啊！

先生妙语

于　丹：关于慈善，现在老有人在争论，说什么企业该捐多少善款，什么人该拿出多少钱。其实慈善慈善，是慈悲之心决定的善良之举。慈善这件事是个论心不论绩的事，如果他是发自内心，感同身受，去做他力所能及的事情，就是大善举。我们看"慈"这类字，就能知道它最本初的、核心的东西到底在哪儿。

挟

挟 **挟** 挟 挟

xié　9画　一 𠂇 才 扌 扩 扩 扩 挟 挟

专家解字

"挟"的意思是挟持、要挟。它的形旁是提手旁，表示这个动作与手有关。它的声旁是"夹"，在古代读音与"挟"相近，"挟"的字义也与"夹"字相关，表示用胳膊夹住东西的动作。

能夹在胳膊下面的东西，一般是小件的东西。但有时却有超常的人，用胳膊夹起了不一般的东西，春秋时期郑国的颍考叔就是这样一个奇人。有一次，郑国打算进攻许国，出征时，颍考叔和公孙阏都想要那辆最大的马车，两人你争我夺，互不让步。情急之下，颍考叔用胳膊夹着车辕飞快地跑了，气得公孙阏在后面边追边骂，可怎么都没追上。颍考叔虽然靠臂力赢得了马车，但从此两个人结下了梁子，公孙阏一直耿耿于怀。在这次打仗的过程中，公孙阏竟然趁颍考叔不备，偷偷朝他后背射了一箭，算是报了"挟车之仇"。

用胳膊将东西夹住，此物必然动弹不得，所以"挟"字又有挟持、挟制的意思。三国时期的曹操，便以"挟天子以令诸侯"著称。他挟持汉献帝，用皇帝名义发号施令，指使各路诸侯，为自己霸取天下效力。不过，"挟天子以令诸侯"并不是曹操的专利，早在春秋时期，齐桓公和晋文公就都曾挟当时的周天子，来实现自己称霸天下的目的。

······ 随读随写 ······

先生妙语

高晓松：影视剧里经常演说楚汉战争，那马上的马镫子马鞍子，全骑着冲上来了，其实那个是错的，西汉的时候还没有马鞍子马镫子，到后来才有的。

精彩瞬间

马　东：来，说说你的梦想。
选　手：我的梦想是将来有机会能和马东老师说段相声。
马　东：这是一个多么伟大的理想！兄弟，慢慢等我。我都不敢再去说相声了，所以这事恐怕一时半会儿实现不了。

虹 🏛 虹 虹 虹

hóng　9画　丨 冂 口 中 虫 虫 虬 虹 虹

字典姐陈怡羲

🏆 英雄榜

陈怡羲来自郑州，她特别喜欢翻字典，对字音字形特别敏感，发现老师同学们的语言错误，会坦率纠正，因此同学们送她一个外号——字典姐。她最终成为本季《汉字英雄》的状元。

◎ 专家解字

"虹"的意思是雨后出现在天空中的彩虹。"虹"的字形中寄寓了不少古人的想象和智慧。它的甲骨文字形就像一座跨在天空中的桥梁，因为在古人的心目中，彩虹就是天上的神龙，所以在甲骨文字形中，桥的两端还刻画有龙头的模样。也正是由于这个原因，"虹"字才以"虫"为形旁。"虫"在以前可以指大型的兽类，老虎也可以叫"大虫"。

虹在古代常被视为奇异的天象。汉武帝死后，其子燕王准备谋反，皇宫内出现了一系列异常的自然现象。《汉书》中这样记述当时的情况："是时天雨，虹下属宫中，饮井水，井水竭。"在当时人的眼中，这道彩虹不是大自然的奇观，而是天下大乱的征兆。后来，文人们则将这个典故美化，如北宋诗人杨亿的诗句"渴虹下饮玉池水"，便将彩虹比作口渴的长龙，生动地写出了雨后彩虹的美景。

现代物理学中有一种"虹吸"现象，只有了解了"虹"字背后的故事，才能领略这个科学名词背后所隐藏的诗意。

📖 精彩瞬间

马　东：你知道吗，刚才你这么一路走过来，吓得我们都不敢说话，因为你就是挑剔姐，又叫什么纠错姐。

陈怡羲：挑tī。

马　东：我就放松了这么一下，我就被你给"挑tī"了。

……

马　东：当主持人最怕这样的人，她一挑剔你，200块钱一个字，这一月工资基本上不够犯错的。

贸

mào　9画

专家解字

"贸"的意思是交换财物，由于跟钱财有关，所以形旁为"贝"，因为贝壳在古代曾经充当过货币。"贸"的声旁为"卯"，是子丑寅卯的"卯"的变形。

早期的"贸"跟后来的买卖不同，后来的买卖往往借助于钱，而古代的"贸"则是拿东西交换东西，就像《诗经》里的"抱布贸丝"，就是抱着自家的布匹，去交换人家的蚕丝。由于"贸"和"易"都有交换的意思，二者很早就组成了"贸易"这个词。贸易往往是需要双方见面的，但在《唐书·西域传》中，却记述了一种"贸易不相见"的奇特集市：买卖双方不同时出现在集市上，你来我走，你走我来；卖方先把货物放在那里，然后离开；买方把要出的钱放在货物旁边，然后也离开；卖方回来后，如发现货物旁边有钱，就把钱取走；买方发现货物旁边的钱被取走后，才会把自己要买的货物取回来。而且这种集市是半夜开市，鸡叫解散，所以被称为"鬼市"。据说这就是后来所谓黑市的早期形态。

另外，"贸"与其同音词"冒"都有轻率地、不加考虑地做事的意思，但在具体的组词搭配上则略有区别。"贸然"不能写成"冒然"，"冒失"也千万不能写成"贸失"。

先生妙语

高晓松：造得好的字既能注音，也有意思。比如"慈"，"兹"本身也有草木繁盛的意思，古文里还指草席。所以"慈"这个字就是指用心把草给滋养起来。"谁言寸草心，报得三春晖"也还是那个意思，就是把你抚养起来。

网友热议

明月心：《汉字英雄》这样好看又有营养的节目真让我在这个暑假长知识了。我的桌子上不再是堆满零食，而是放了一本《现代汉语词典》，这样的节目不拿字典都看不明白啊。

席

xí 10画

币席**席席席**

丶 亠 广 广 庐 庐 庐 庐 席 席

汶川女孩汤星月

英雄榜

汤星月是汶川地震的幸存者，震后第一个新年，温家宝总理赴现场看望灾民，温总理抱着汤星月，她为温总理唱了一首歌。现在的汤星月变得更加坚强，所以有勇气来参加《汉字英雄》，并且实现了自己的梦想——和高晓松老师合唱由高晓松作词的《飞翔》。

专家解字

"席"是指用芦苇、蒲草等植物编成的坐卧铺垫用具，如我们常说的"草席""凉席"。"席"最初的写法就取象于草席的纹理。

在中国古代，席子曾在很长一段历史中充当坐卧的主要工具，中国真正意义上的椅子大概从五代开始才流行起来，在这之前，人们吃饭写字大都是坐在席上。关于古代的圣君舜，就曾有"不降席而天下治"的说法，意思是说，他不用离开坐的席子，足不出户就能运筹帷幄，将天下治理得井井有条。

坐在同一张席子上面的人，也自然是亲密无间的好友。三国时期的隐士管宁，年轻时和华歆是好朋友，常常坐在一张席子上读书学习。有一次，两人一起锄地，管宁突然锄到一块金锭，但他不为所动，华歆却一心惦记着那块金锭，无心锄地了。又有一次，两人正在读书，突然屋外传来鼓乐声，原来是达官贵人乘车经过。管宁心无旁骛地继续读书，而华歆却丢下书本跑出去看热闹。管宁心中十分失望，觉得自己和华歆志向太不相同了，就割断了席子，表示和华歆断交。这便是著名的"割席断交"的故事。

先生妙语

马　东："席"是我们这个年纪的人从小最早学的几个字之一，因为从小先学的五个字叫"毛主席万岁"。

于　丹：为什么叫"主席"呢？这跟席位有关。古时人是跪着的，地下有垫子，所以你看"席"下面是从巾的。最重要的那个席位就叫"主席"。

舂

chōng　11画

一 二 三 尹 夫 表 表 表 春 舂 舂

专家解字

"舂"的意思是用杵捣去谷物的皮壳或将某种东西捣碎。以前捣米要用臼，所以"舂"字下面有个偏旁"臼"。整个字形最初就像两只手抱着杵在臼中捣米的样子。"舂"字与"春"字容易相混，"春"字强调的是春日的暖阳，所以下面的偏旁是"日"。

舂米是旧时农家繁重的体力活，需要拿着重重的杵头在臼中不断地砸击，一般一臼米需要用杵头砸三四百下，才能把谷物的外壳去除干净。唐代大诗人李白的《宿五松山下荀媪家》，就描写了田家女的舂米之苦："田家秋作苦，邻女夜舂寒。"

舂米在历史上还曾被用作惩罚罪人的手段。汉高祖刘邦的皇后吕氏，因为嫉妒被高祖宠幸有加的戚夫人，就罚戚姬穿着囚服舂米。戚夫人悲愤地唱道："子为王，母为虏，终日舂薄暮，常与死为伍！相隔三千里，谁当使告汝。"昔日享尽荣华富贵的美人却沦为阶下囚，与自己的儿子相隔千里，和乡间贫苦的妇女一样，整天舂米度日，的确让人感叹。

选手李楚楚与马东

英雄榜

李楚楚来自南京，是一名高一学生，是学校的文艺部长。她曾在电影《金陵十三钗》中扮演一名学生。在她看来，凡事只有想不到的，没有做不到的。她的梦想是期末考进全年级的前20名。

先生妙语

于　丹：你听说过捣药的药臼子吗？两只手劳作，下面有这样一个臼，这是个会意字，这样你就会记住"舂"的。

网友热议

一涟秋水：上初一的女儿竟然写对了"舂米"的"舂"，好棒，她离汉字英雄不远了。因为这个字的千人知晓率才20%。看来平时多读些书是有很大帮助的。

衅

xìn 11画

釁 衅 衅 衅

丿 丶 宀 白 血 血 血′ 血″ 血″ 衅

📝 随读随写

💡 英雄心语

李 响：我觉得即使是天才，也是由99%的汗水加上1%的灵感所组成的，勤奋和汗水是梦想的基石。参加《汉字英雄》节目，让我对自己有了一个全新的认识，给了我一个挑战自我、战胜自己的机会。

◉ 专家解字

"衅"由"血""半"两个字组合而成，它最初的意思也正是这两个字意义的融合。其中"半"表示钟鼎等器物有裂缝了。由于血液的凝固性强，古人就用动物的血掺上其他材料，涂抹在器物的缝隙处，将其修补完好。

在古代，这种修补器物的制作工艺，曾经是一种祭祀方式，每当有新的钟鼓等器物制成，不论有无缝隙，都要用新杀的动物的血涂抹其上，以示祭祀。《孟子》中就有一则关于"衅钟"的故事：有一次，梁惠王看见一个宫人牵着一头牛，准备杀掉它，用它的血祭钟。梁惠王看了很不忍心，就吩咐那人放了牛，改用羊来祭祀。梁惠王自以为发了仁心，却招致质疑："您同情牛，用羊去代替牛，那羊不同样是被杀吗？您若是要显示仁慈之心，那牛羊又有什么区别呢？"

"衅"字原本写为"釁"，由于这个字太过复杂，所以很早以前就改成了"衅"。后来，"衅"字又由涂抹缝隙发展出缝隙、裂缝的意思。现代汉语中常用的"挑衅"一词，就是把缝隙挑大，也就是挑起事端的意思。

◉ 先生妙语

马　东：''寻衅生事''的''衅''为什么是个血字边呢？是因为要出事吗？

于　丹：对。挑衅嘛。

张颐武：现在做酒还是用猪血来把容器密封起来，避免酒渗漏，就是用猪血把它全涂一遍。所以"衅"就是用血来弥合。

榻

榻榻榻榻

tà 14画 木 朩 朾 柯 柯 柯 桐 榻 榻 榻

● 专家解字

"榻"的意思是狭长较矮的床。它的特点是可坐可卧，精致灵巧，是古代文人雅士常用的卧具。

东汉陈蕃性情耿直，当时讲气节的文人学士都喜欢跟他交朋友。当地有一位德高望重的文人徐稚，曾几次拒绝前几任太守的邀请，而陈蕃却能将他请来。陈蕃特地准备了一张榻来接待他，他一离开，陈蕃就把榻挂起来，他什么时候来，陈蕃又把榻拿下来。这张榻成了两人君子之交的见证，现在常用"下榻"来表示留宿，就是用的这个典故。

宋朝开国皇帝赵匡胤在开国之初，前后击灭了荆南、后蜀等国。南唐后主李煜担心也被吞灭，便找人求情。赵匡胤斩钉截铁地说："卧榻之侧，岂容他人酣睡。"于是发兵将南唐吞灭。成为亡国之君的李煜，无缘"酣睡"于赵匡胤的"卧榻之侧"，而只能空唱"一江春水向东流"了。

"榻"字容易和"蹋"相混。两字的区别从形旁就可以判断："蹋"字形旁为"足"，意思也多与踏、踢等动作有关，如"糟蹋"。"榻"因为其材质为木头，所以用"木"做形旁。

谢谢你的礼物

● 先生妙语

于 丹：中国人追求中庸，有一句话叫"怨而不谤"。你内心可以有埋怨有怨气，但是不能就用不负责任的语言去攻击别人，毁坏别人的名誉，所以这是一个节制，叫"怨而不谤"。

● 精彩瞬间

马　东：我有一个经验，我相信很多人跟我一样，就是翻开任何一页字典，左右两面，在这些字里面，总能找到自己不认识的，你有过这种经历吗？

陈怡羲：经常有。因为我并不需要全部掌握那些非常生僻的字，毕竟《新华字典》它并不是让你背的，是让你平时用来查的，所以说找你自己需要用的字就可以。

谲

谲谲谲谲

jué　14画　讠 讠 讠 讠 讠 讠 讠 讠 讠 讠

随读随写

🔘 专家解字

"谲"的意思是欺诈、玩弄手段。由于欺诈常常是使用花言巧语，所以其形旁为"言"。"矞"是它的声旁，与橘子的"橘"声旁相同。不过"谲"字读jué，不读jú。

清代文人朱翊清写过一篇叫《谲判》的短文，讲的是一位聪明的官员，用看似矛盾复杂的判案方法，还善良人以清白的故事。乾隆年间，一个老实的小贩拾到一封银子，共45两。当他如数还给失主时，反被诬陷偷藏了5两。县官听了双方的陈述，便对事情的真相了然于心。他假装对小贩发怒，打了五大板。又装作才发现封银中写着45两银子的便条，故作惊讶地对失主说："哎呀，我差点儿给判错了。你丢失的是50两银子，这里只有45两，肯定不是你的。"然后把钱交给小贩，说："你刚才被误打了五个大板，这些银两就算是对你的一点赔偿吧。"贪心的失主偷鸡不成蚀把米，这才傻眼了。《谲判》中的"谲"不是用的欺诈的贬义，而是赞扬县官审案手法的机智与高明。

🔘 先生妙语

马　东：我在你身上所看到的最可爱的地方，就是你这张乐呵呵的笑脸。你今天带着一张笑脸来到《汉字英雄》的舞台上，也希望你带着一张笑脸离开这里。

📖 精彩瞬间

陈怡羲："甄嬛"的"嬛"其实应该念xuān。念huán的时候有个词叫"琅嬛"。念xuān的时候是娴静美好的意思，有句诗是"嬛嬛一袅楚宫腰"，就是甄嬛名字的出处。导演是考虑到这个xuān音太过生僻，huán音比较常用，才用huán音的，不过我个人认为能念对就不要念错。

高晓松：以我个人对导演们的理解，没有什么导演能认出这个字。

憔

魒 憔憔憔

qiáo　15画　｜丨丬忄忄忄忄忄忄忄忄

🔵 专家解字

"憔"表示枯瘦、枯萎的意思，常常和"悴"连用，表示人精神不佳、面色不好。"憔"字的形旁为"忄"，表示憔悴与心力耗损有关。

在古典诗词中，"憔悴"不仅形容人的面色疲惫，也可以用来表示花儿垂败。宋代著名词人李清照的《声声慢》，就有"满地黄花堆积，憔悴损，如今有谁堪摘"的名句。所以在古代，"憔悴"一词又有"蕉萃"的写法。

运用"憔悴"一词的诗词名句，莫过于北宋词人晏殊的"衣带渐宽终不悔，为伊消得人憔悴"了。这句词本指思念心上人而烦恼忧虑的心情，而近代学者王国维则将它作为治学的境界之一。王国维认为，凡要成就大学问，需要经历三种不同的境界：第一种是"昨夜西风凋碧树，独上高楼，望尽天涯路"，表示一个人登高望远、目标明确；第二种就是这句"衣带渐宽终不悔，为伊消得人憔悴"，表示孜孜不倦、废寝忘食地追求理想；第三种境界则是"蓦然回首，那人却在，灯火阑珊处"，表示一种醍醐灌顶、恍然大悟的顿悟感受。

选手屈沛宁接过过关牌

📣 网友热议

水在瓶：身边不少朋友都在感叹：人生中最有文化的时期就是高考备考之时呀！那个时候，背得了古诗，解得了方程式，还写得一手好字！看《汉字英雄》才发现，真的好久没提笔写字了！

🅰 先生妙语

于　丹：中国人造字，好多事都归于心事。比如说"懒惰"，咱们老觉得是胳膊腿懒，可它们也是竖心旁。人心里头要是有了病，脸上就憔悴。心里头一放松，懒惰了，表面上也就不勤了。什么"懒惰"呀，"懈怠"呀，"憔悴"呀，你看吧，中国人的事都可以从心里头去找，这就是从造字去看中国人的逻辑。

臊

臊 臊 臊 臊

sào　sāo　17画　丿 几 几 月 月' 月'' 月'' 脟 臊 臊

随读随写

专家解字

"臊"形旁为"月",其实是"肉"的变形,所以"臊"的字义大都与肉相关:读为sào的时候,表示剁碎的细肉,陕西特色面食"臊子面"便由此得名;读为sāo的时候,表示坏肉发出的腥臭的气味。

《水浒传》中的花和尚鲁智深便是用"臊子肉"做引子,来智打镇关西的。镇关西是个卖肉的屠夫,欺凌弱小,用假契约坑骗民女。鲁智深得知后,便到他的肉铺去讨回公道。他故意三番五次地让镇关西亲自切肉,一会儿要精肉,一会儿要肥肉,而且都要切成细细的臊子,目的就是激怒镇关西。镇关西知道鲁智深不好惹,都强忍着切了。但鲁智深又要他将十斤软骨也切成臊子,他实在忍不住了,就发了句牢骚。鲁智深借机将镇关西切了一上午的两包臊子肉扔到他脸上,犹如下了一场"臊子雨"。镇关西终于被激怒了,提刀与鲁智深厮杀起来。镇关西哪里是鲁智深的对手,最终被鲁智深打得落花流水,命丧黄泉。这花和尚看似鲁莽,却也有勇有谋、胆大心细,既杀了镇关西,又落得个对方先动手,自己是正当防卫、过失杀人。

英雄心语

汤星月:我们那里的教学质量跟外面的有很大的差距,所以很多题我都答不上。以前觉得自己身高比别人矮,特别自卑。地震后知道自己能够逃出来就已经很幸运了,后来又找到了自己的爱好,从音乐当中找到了快乐,就不自卑了。我觉得来参加这个节目收获挺多的。

先生妙语

高晓松:我觉得我们三位也别光在这儿做节目,我们干脆去大西南大西北地区培训、支教,集训语文老师得了。我觉得这真的是太可怕了,这其实不是简单地教孩子认字的问题,这得重新教老师认字。

第8集　床榻原本木头做

颦

颦 颦 颦 颦

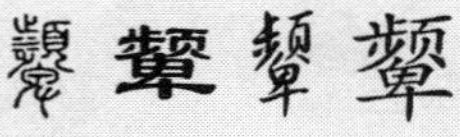

pín　21画

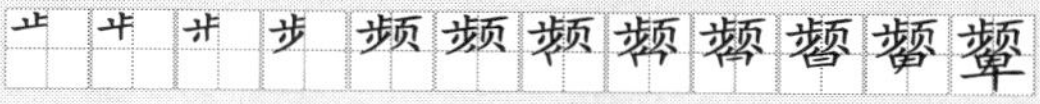

⺧ ⺧ ⺧ 步 频 频 频 频 颦 颦 颦

◎ 专家解字

"颦"表示皱眉的意思。"颦"字原来只写作"频",其中"页"表示跟人头有关。后来由于"频"又产生了其他一些义项,为了加以区别,就增加了声旁"卑",专门表示皱眉头的意思。

虽然皱眉是人不开心时候的表情,但也有女子因皱眉而产生一种独特的娇柔之美。唐代的李百药有一首《火凤词》,描写的就是这种皱眉含愁的别样美态:"娇颦眉际敛,逸韵口中香。"古代四大美人之一的西施就是以皱眉之美闻名天下的,成语"东施效颦"就是讽刺那些一味模仿别人,反而弄巧成拙、使自己出丑的人。

以多愁善感著称的林黛玉也与这个字有着密切的联系。贾宝玉第一次见她时,便给她取了"颦颦"作为字,与她忧郁动人的气质颇为相符,可以说是"字"如其人了。

拍一部精品

◎ 先生妙语

马　东:与其拍十部微电影,每部花200块,不如把这2500块钱,好好筹划,拍一部精品。

🎬 精彩瞬间

马　东:李响,听过东施效颦的故事吗?
李　响:知道知道。
马　东:那"颦"是什么意思?
李　响:"颦"好像就是皱眉呀之类的。
马　东:就是皱着眉病病歪歪的,东施也跟着西施那样……
于　丹:你知道她为什么皱眉吗?
李　响:这个不太了解。
于　丹:这个"颦"是一个省略了的字,原来旁边有三点水,就是说一个人濒临水边,要去蹚水的时候,有点发怵,就皱眉头。下头的"卑"是它的声旁。后来衍化过程中那三点水都没了,它就成了现在这样了。
马　东:留下了一个西施和一个东施效颦的故事。

•自测题8答案•
衾 袤 绌 囿 逊 颀
绯 遏 蓊 颃 靖 噤 薷

127

自测题 ⑧

	请写出"镜lián"的 lián	
请写出"奔sāng"的 sāng	请写出"支chù"的 chù	请写出"园yòu"的 yòu

请写出"xùn位"的 xùn	请写出"qí长"的 qí	请写出"fēi闻"的 fēi	请写出"阻è"的 è	请写出"蓬hāo"的 hāo

	请写出"tuí败"的 tuí	请写出"绥jìng"的 jìng	请写出"jìn声"的 jìn	
		请写出"fān篱"的 fān		

小贴士：如果您十三宫全部写对，恭喜您，您在初中二年级语文老师眼中是合格的。（答案见第127页）

第 9 集

蟲加立刀变成劉

考官出题

		请写出"bǐ首"的 bǐ		
	请写出"消miè"的 miè	请写出"gòng同"的 gòng	请写出"qié子"的 qié	
请写出"chǐ辱"的 chǐ	请写出"砥lì"的 lì	请写出"吹pěng"的 pěng	请写出"蒹jiā"的 jiā	请写出"bì路蓝缕"的 bì
	请写出"yàn飞"的 yàn	请写出"惨绝人huán"的 huán	请写出"深suì"的 suì	
		请写出"lí面"的 lí		

汉字英雄

裁判答案

```
              七
         灭   共   茄
    耻   砺   捧   葭   竿
         焱   寰   邃
              劁
```

第9集 蠱加立刀变成劃

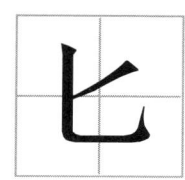

匕

ㄅ ㄨ ㄇ 匕 乚 匕

bǐ　2画　丿匕

专家解字

"匕"原是古人取食的器物，后来的羹匙由它演变而来。我们今天常说的"匕首"这种短剑，就是因为它的形状与古代的羹匙相似而得名。

匕首短而锋利，携带方便，是侠客勇士行走江湖的得力武器。战国末年，秦国在吞灭了韩、赵两国之后，开始进攻燕国。燕太子丹为了扭转局势，打算派勇士荆轲刺杀秦王。太子丹用一百金买到了天下最锋利的匕首，并且叫工匠在淬火时把毒药浸到上面。荆轲为了能获得与秦王近距离接触的机会，准备了两样秦王最需要的东西，借以在敬献礼物之时寻找刺杀时机：一个是秦国叛逃到燕国的将领樊於期的头颅，另外一个则是燕国的地图。秦王宫殿戒备森严，每进一门都要经过检查，所以荆轲只能将匕首裹在地图的最里端，准备在地图完全展开之后突然袭击。遗憾的是，在这千钧一发之际，荆轲被秦王身边的医生用医袋砸中，秦王趁机逃脱，刺秦之事也以失败告终了。这便是"图穷匕见"的故事，这个成语后来表示事情发展到最后，真相或本意暴露出来的意思。

小队友

网友热议

水果罐头：个人以为光记住那些字的写法和读音是不行的，还得了解它们的背景，了解它们使用的语境。

精彩瞬间

马　东：王梓旭，请你在七个人当中选择你的PK对手。
王梓旭：我选魏依曼。
马　东：那你们俩是好朋友啊，这样是不是太悲情了？
王梓旭：那你再抽一次。
马　东：那不干！这孩子噎得我！真是！
张颐武：高，这实在是高！

灭灭灭灭

miè 5画 一ㄧㄏ灭灭

专家解字

"灭"表示火熄灭，也有消失、灭亡等意思。"灭"的繁体字为"滅"，左侧的"氵"为形旁，右侧为声旁。简化字"灭"是其声旁省略后的一部分，但也可以重新解读：将其上方的"一"理解为用东西把火压灭。"灭"字既保留了一部分繁体字的信息，又可以有新的解读，这便是汉字古老而又富有活力的魅力所在。

在古代，火灾绝对是具有毁灭力量的灾难。在古人眼中，遭受火灾是火神肆虐的缘故，能够将大火扑灭，也需要非凡的神力才行。古时有一位神僧在山里隐居，见天空的西南处升起一团乌云，就对身边的人说："成都恐怕有一场火灾。"随手就拿起一碗漱口水撒在院子的西南方向。没过多久，果然有人传来消息，说前几日成都突遭火灾，但没过多久就天降暴雨，大火也就被这场及时雨扑灭了。

佛经中还有一个动物灭火的故事：一只住在森林中的鹦鹉，在大火来临之际，用溪水浸湿自己的羽毛，滴在熊熊燃烧的大火上，最后感动了天神，下了一场暴雨，浇灭了森林中的大火。

失去比赛赢得友谊

先生妙语

马　东：王梓旭你是男孩子，输给女孩子没有什么可丢人的！

精彩瞬间

魏依曼：怎么办？王梓旭，你赢还是我赢？
王梓旭：我最小应该让一下我嘛。
魏依曼：男生应该让女生嘛，对不对？
王梓旭：那你比我大半年哪，对不对？
于　丹：好玩！
马　东：你们俩接着聊，我特喜欢看人谈恋爱。
魏依曼：什么呀！马东叔叔我要告诉你件事情——你变坏了！

共

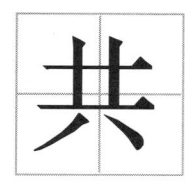

𤇾 𦫿 共 共 共

gòng　6画　一 十 廾 井 共 共

◎ 专家解字

"共"在现代汉语中表示相同的、共同具有的、一起、一共等许多意思。"共"的字形原来是两只手捧着一个东西上奉的形象，所以最初应该是供奉的意思。后来由于"共"的意思越来越多，表示供奉的意思便又增加了形旁"亻"，写作"供"。

孙武是春秋时期著名的军事家，一次，有人问他怎样布阵才能不被敌人击败。他说："善于布阵的将领，要将军队摆成蛇一样的阵势，这样可以头尾相互救援，彼此照应，就不会被敌人击溃打散。"这人又问："如果一个军队的士兵之间在战场上不相互照应怎么办？"孙武讲了一个故事："古时的吴人和越人平日里是仇人，但有一次他们同乘一条船渡海，遇到了狂风恶浪，两人忘记了旧仇，一同与风浪搏斗，最终保住了性命。"这便是成语"同舟共济"的来历。在关键时刻，连仇人都能同心协力，何况没有冤仇、兄弟情深的将士呢？

……… 随读随写 ………

◎ 先生妙语

马　东：我罪恶感骤增，给两个小孩这么大压力。

◎ 精彩瞬间

王梓旭：我提醒她，我提醒她，行吗？
马　东：你愿意提醒她，当然可以了。
于　丹：这个字算是你送给魏依曼的，是吗？
王梓旭：对。
马　东：这个字是你送给魏依曼的，现在该你写了。
王梓旭：……
于　丹：王梓旭也够棒的，就想起来这一个字还给人家了。
张颐武：王梓旭不得了啊。
马　东：这游戏没法玩了。
于　丹：这种风格只有在小小孩儿身上能发生。

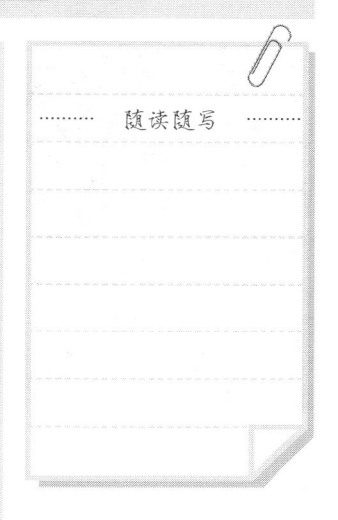

• 自测题9答案 •

诓 荫 恻 恪 娆 喑
褒 锲 撵 簇 膺 谿 攫

茄

艸 **茄 茄 茄**

qié jiā　8画　一 十 艹 艹 艻 艻 茄 茄

谨慎落笔

🔆 英雄心语

蒋倩仪：比赛都是有赢有输嘛，总有一方要离开的。真的服了，这种对手真比不过。输了还是有遗憾的，但是我觉得也值了。

◉ 专家解字

"茄"读 qié 时，表示茄子这种常见的蔬菜。它的形旁为"艹"，表示茄子为一种植物；"加"是其声旁。"茄"也常用在一些音译词当中，如"雪茄""茄克"等词，在这些词中"茄"要读作jiā。

茄子早在公元四五世纪就由印度传入中国，后来在中国广泛种植，成为餐桌上的一道常见的蔬菜。但即便是这种普通的蔬菜，在富贵人家也有不一般的吃法。《红楼梦》中的刘姥姥进大观园的时候，凤姐就向她详细介绍了"茄鲞（xiǎng）"这道菜的做法："把才下来的茄子……切成碎钉子，用鸡油炸了，再用鸡脯子肉并香菌，新笋，蘑菇，五香腐干，各色干果子，俱切成丁子，用鸡汤煨干，将香油一收，外加糟油一拌……"刘姥姥听了直摇头："我的佛祖！倒得十来只鸡来配它，才能得到这个味儿吧！"

◉ 先生妙语

于　丹：跟草字头相关的，更有意思的一个字，就是"茶"。"茶"写出来就是人在草木之间，也就是说，一盏清茶在手，如坐山林，如归草木。春天夏天喝不发酵的绿茶，它就是制寒的。秋天则喝半发酵的乌龙茶，它就是平衡的。而到了冬天则喝红茶和熟普洱，它就是温暖的。草木四季循环，跟人的节令相匹配，人以草木为媒介，人法地、地法天、天法道、道法自然。现在讲究的茶馆越来越多了，昂贵的茶品也越来越贵了，其实呢，中国人爱说"琴棋书画诗酒花，柴米油盐酱醋茶"，茶本来是件老百姓的事，你要是能真喝出它的草木本心，人还能够回到跟草木为伴的那种生活，茶就真的是我们跟四季沟通的一种媒介。

耻

甲骨文 耻 恥 耻

chǐ　10画　一ノ厂厂F耳耳耳耳耻耻

专家解字

"耻"的意思是羞愧、耻辱。它在古代还可写作"恥"，因为羞愧之情是由心所生发出来的，又往往伴随面红耳赤的状态，所以由"心"和"耳"两部分组成。简体字的"耻"则将"心"替换为声旁"止"。

从古到今，"知耻"都是每一位正人君子修身自省的重要内容。耻辱之心的煎熬好比在大庭广众之下被鞭打，这就是古人所谓的"其心愧耻，若挞于市"。赵氏孤儿隐姓埋名是为了雪家族之耻，越王勾践卧薪尝胆是忍不下灭国之耻，就连纺纱织布的妇女都不畏自绝性命来一雪耻辱。周朝时的盖国被西戎所灭，辅佐国君的邱子为了不做敌国的俘虏，打算跟着国君一起自杀，后来又怕家中妻小无人照料，就逃回家中。他的妻子气愤地说："你作为一个堂堂男子，却这样苟且地活在世上，我做你的妻子都感到耻辱。"于是就自杀雪耻了。

古人一向以"巧言令色、阿谀谄媚"为耻。北宋时的崔公度是布衣出身，为了升官发财，对当朝宰相王安石百般献媚。一次，他跟在王安石身后，手里面托着他的衣带。王安石回头疑惑不解，崔公度却谄媚地笑着说："丞相，您的衣带有点污垢，我已经小心地用自己的袍袖擦干净了。"周围的人都耻笑他，他却不以为耻。

随读随写

英雄心语

张楚宁：经过这么多天的相处，我很开心，碰到了和自己实力相当的对手，输了也很佩服他。我还会回到这个舞台上来的，如果我回到这个舞台上，进入了决赛，我一定会让大家大吃一惊的。

精彩瞬间

马　东：请写出"引吭高歌"的"吭"。
选　手：老师您能给我解释一下这个词的意思吗？
张颐武：就是玩儿命唱。

砺

砺 砺 砺 砺

10画　一 ー ナ 石 石 石 矿 矿 砺 砺

抱歉，朋友

英雄心语

徐　志：我们两个是老乡。老乡，同一个地方的人，跟他比赛有自己的那种家乡的情趣，就是觉得这是一个很快乐的事情。我特别喜欢玩游戏，我的原则就是该游戏的时候就游戏。

专家解字

"砺"字最初是磨刀石的意思，后来也指磨砺、砥砺这种动作。它的形旁为"石"，表示其材质为石头。它的声旁"厉"字最早就指磨刀石，后来由于字义越来越丰富，表示磨刀石时就又添加了形旁"石"。

带角的动物常常会找坚硬的东西来"砺角"。宋代诗人黄庭坚有一首题画诗《题竹石牧牛》十分有趣："石吾甚爱之，勿遣牛砺之。牛砺角犹可，牛斗残我竹。"原来，画上的牛栩栩如生，仿佛就要去在石头上磨角，或相互争斗起来一样。爱惜奇石和竹子的诗人则暗暗叫苦，害怕这些牛真的去砺角争斗，而触坏了精美的奇石和挺拔的竹子。

不光动物可以"砺角"，就连人都可以"砺齿"。西晋诗人孙子荆在年少时就想要归隐山林，对自己的友人王武子说："我想要过漱石枕流的生活。"王武子十分不解："水流怎么可以做枕头，石头怎么能用来漱口呢？"孙子荆不紧不慢地说："所以枕流，欲洗其耳；所以漱石，欲砺其齿。""砺齿"一词就用来表示对清高生活的追求。现在在泰山的摩崖石刻上就有"枕流漱石"的刻字，可见，还是有不少人能够领会到这个看似矛盾的语词身上所寄寓的隐士情怀呢。

先生妙语

马　东：这个读音里好多简单的字，就是堵在这儿了，一转弯就全出来了，它更像一个心理战。
高晓松：读书是解决空虚的最好的办法。

捧捧捧

pěng 11画　一 十 扌 扌 扩 扩 护 拝 捧 捧 捧

● 专家解字

"捧"表示用双手托的动作，也可表示奉承人或代人吹嘘。它的形旁为"扌"，表示这种动作与手相关。"捧"字的字义与其声旁"奉"也有着密切的联系，"奉"字上半部分就是以手捧物的变形，下半部分是声旁"丰"的省写。后来由于"奉"的词义变多，表示手捧的意思就又添加了"扌"旁。

"捧"这一动作需要双手上承，所以自然也就带有恭敬、敬畏的含义。我们手中捧的东西，一般都是花束或酒杯等小物件，但古人也有"手捧明日"的说法。程昱（yù）是三国时魏国的名将，他年少时常常做一个奇怪的梦，梦见自己两手捧着太阳登上泰山。程昱感到很奇怪，就将所做之梦告诉了好友荀彧（yù）。后来吕布在兖州发动兵变，程昱有勇有谋、奋力抗敌，保住了自己所守的城池。后来荀彧把程昱所做之梦讲述给曹操，曹操听后大笑道："看来你注定是要辅佐我成就霸业呀！"当时程昱还用其原名"程立"，曹操就下令为他的"立"上加一"日"字，于是就有了程昱之"昱"。后来，"捧日"一词常用来表示忠心耿耿地辅佐君王的意思。

● 先生妙语

于　丹：我们的一双手到底能够干什么？段玉裁的《说文解字注》里讲道"舒之为手，卷之为拳"。"拳"字是卷字头下面一个手，张开是手，卷起来就是拳。但是张开我们能放飞什么，卷起我们能握住什么？人手的这一收一放之间，其实可做的事儿实在是太多了。

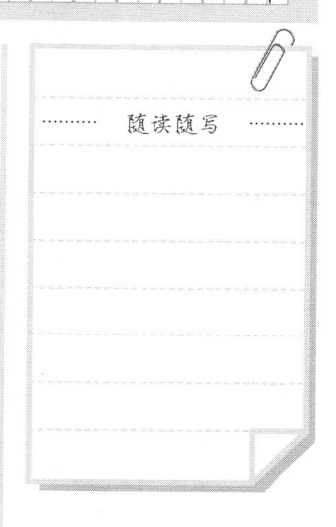

随读随写

🗨 网友热议

忻木子：《汉字英雄》挺有意思的！就算是最常用的汉字也不一定写得出！其实他说的十个字中我都能写出九个……山旮旯是没有这种活动的，洗洗睡吧，明儿个还要早起！

葭 葭 葭

jiā　12画

随读随写

英雄心语

王梓旭：马东老师，我觉得你应该去做爱情辅导员。

◎ 专家解字

"葭"指初生的芦苇。它是一种植物，所以形旁为"艹"。它的声旁与"假"相同，为"叚"。"葭"字常和"蒹"字组成复合词"蒹葭"，《诗经》当中的"蒹葭苍苍，白露为霜"描写的就是秋风习习、芦苇飘荡的景色。

葭内有一层薄膜叫"葭莩（fú）"，是亲戚的代称。又因为薄，所以也用来表示关系疏远淡薄。汉武帝登基后，采取了一系列严酷的措施打压自己的兄弟。中山王刘胜在一次宴会中听完乐曲痛哭流涕，武帝问他缘故，他便说："今群臣非有葭莩之亲，鸿毛之重。"原来，他是对朝廷群臣之间相互疏远、彼此猜忌的现状有所感叹。

葭内的薄膜还有它独特的作用。古人在判断时令节气的时候，就将葭莩燃烧后的灰烬塞入长短有致的十二根"律管"里，等到某个月份到了，相应律管里的葭灰就会飞动起来，这就是"葭灰占律"。古诗词中就有不少用到"葭灰"的诗句，如杜甫《小至》中的"吹葭六琯动飞灰"，又如李商隐《池边》中的"玉管葭灰细细吹，流莺上下燕参差"。

◎ 先生妙语

于　丹：草字头最早的形状就是这样——两棵草，因为它是丛生的，所以它不能只是一棵。象形以二，然后再形容更多，百草丛生。大家读《离骚》会知道，屈原爱用香草美人以配忠贞，恶禽臭物以比奸佞。他写了那么多的芳草，那写的都是他人生成长的一种修炼。他是"制芰荷以为衣兮，集芙蓉以为裳"。你看这些芳草——芰荷芙蓉，一律都是草字头，这就是用芳草美人来配他心中的忠贞之念。

筚

筚筚筚筚

bì　12画

🔵 专家解字

"筚"表示用荆条、竹子等编成的篱笆或其他遮拦物。因为其原材料大多为竹子，所以形旁为"竹"；声旁为与其读音相同的"毕"。

在古代，"筚"制成的东西往往是贫贱生活的代名词，如"筚门""筚户"。而成语"筚路蓝缕"则更侧重形容创业艰辛。这个成语的来历与春秋时期楚国的建立兴盛有密切关系，当初周成王分封天下，赐予熊绎第四等爵位，称为楚子，并将荆山一带封给他作为属地。但在诸侯盟会时，周王却因为楚子地位低下而没有给他席位，这让楚子感到十分难堪。楚国的臣子们听说自己的君主受到了这样的侮辱，都气愤难忍。受辱的熊绎意识到，正是因为地处荆蛮、国弱兵衰，才受到周王的如此冷遇，于是决心发愤图强、富国强兵。《左传》中所记载的"筚路蓝缕，以启山林"，说的就是楚子乘着用竹子编成的柴车，穿着破烂的衣衫，在荆楚之地开荒创业的情形。经过不懈的努力，楚王终于成为一代霸主，楚国也成为春秋强国。

围棋少年胡翼飞

🔵 英雄心语

胡翼飞：我从小的时候学习围棋，9岁半的时候成为围棋四段。学围棋之后，我的记忆力变得非常好。来参加这个比赛有两个想法：一个是尽量往前走，争取走到最后；另外就是在比赛中多学一些中华文化，多学一些汉字知识。

🔵 网友热议

王正举：为争收视率，各大卫视不惜重金从国外购买版权，争相举办不同歌唱类选拔节目，可谓热火朝天。而河南卫视突出重围开播《汉字英雄》，完全中国独有版权！不仅弘扬汉字文化，更让我们检讨，丢掉键盘，拿起笔杆，书写中国文化。

吴瑞峰：晚上看了半集《汉字英雄》，很受打击，竟提笔忘字到这种程度！

焱 yàn 12画

山 㷊 焱 焱 焱

选手雍皓、尹皇皓与马东

网友热议

九小大猫：这个十三宫挺有意思，让我想起九宫格，还有小时候玩过的"跳房子"游戏，甚至还让我想到了中国结。

专家解字

"焱"表示火花、火焰的意思，在古代字义与"焰"相同。这个字早在甲骨文中就已出现，用三个火苗的形状来表达火光冲天、烈焰熊熊的景象。

有不少将三个相同的字形叠加，来表示某种事物数量多、程度深的字。如"淼"表示水面辽阔，"森"表示树木之多，"晶"形容光明闪亮。曾经有一个对联高手精心构思出一句上联，请前来参加宴席的友人们对出下联。不少朋友读了上联都连连称赞，但同时也自叹无能。上联用字极为考究："山脉有森，园里有林，家中有木，森林也有木。"从"森"到"木"，字中之"木"越来越少，而且最后一句更由前面三句中的尾字组合而来。一位少年思索片刻后对出下联："天明因焱，夏暑因炎，炊烟因火，焱炎亦因火。"此对不仅文意顺畅，而且巧妙地运用"焱""炎""火"三字与上联的"森""林""木"相对。满座宾客都大赞后生可畏。

精彩瞬间

于　丹：一个"火"你知道，两个"火"你知道，三个"火"你知道吗？

马　东：读 yàn 吧。

于　丹：四个"火"呢？

汪子琦：四个"火"我知道。

于　丹：你说。

汪子琦：读 yì。

于　丹：对，四个"火"读 yì。三个"鬼"念什么？

马　东：三个"鬼"，有这个字吗？那就是"仨鬼"呗。

于　丹：这道题是我女儿问我的，她告诉我三个"鬼"念"救命啊"。她说你都见着仨鬼了，还不喊"救命"？

寰

huán 16画

宀宀宀宀宀宀宁宁宯寰寰寰

◎ 专家解字

"寰"字表示广大的地域；也可表示环绕，与"环"意义相近，所以"寰球""寰宇"也有人写作"环球""环宇"。"环"字的繁体字写作"環"，与"寰"的声旁相同。但在成语"惨绝人寰""撒手尘寰"中则不可将"寰"写为"环"。

"寰"最初指的是京都周围方圆千里的地方。《谷梁传》中有记载："寰内诸侯，非有天子之名，不得出会诸侯。"其中的"寰内"就不可理解为广阔的人世间，而要注意其具体所指。

在古典诗词中，"寰"的运用往往带有一种遁出世外、超脱淡然的味道。如白居易《长恨歌》中的"回头下望人寰处，不见长安见尘雾"，便写出了杨贵妃成仙后俯瞰尘世的悲凉。苏轼的"赤子视万类，流萍阅人寰"，则更多的是一种历尽千帆后的沧桑。

📖 精彩瞬间

马　东：魏依曼，跟他们三个比，你有点吃亏。他们还能写出很多，所以你离开了《汉字英雄》的舞台。想跟我说什么吗？

魏依曼：马东叔叔，能拥抱一下吗？

于　丹：魏依曼一点都不丢人！这么点小孩写了这么半天。真不错！

马　东：好极了！

魏依曼：其实我觉得已经没有遗憾了。我觉得我能闯到这一关，我已经很厉害。

马　东：关键是魏依曼有一颗既柔软，又开放的心。她很大方，无论在其他什么事情上，还是在自己内心的活动上，全都拿出来跟别人交流。10岁的魏依曼，你前景无量。

随读随写

◎ 先生妙语

于　丹：别的路走不通了，所以我走艺考这条路。如果真这么想的话，那就连匠人都当不成，更不用说真正的大师。

邃

suì　17画

穴　宀　宀　空　宎　窏　窏　寏　寏　邃

专家解字

"邃"指的是时间或空间的深远。在小篆中，"邃"的字形是"穴"下有"遂"，所以它的形旁为"穴"。含有"穴"的汉字多具有深、远的特征，所以常有"深邃""精邃"的说法。

"邃"字最初是指空间上的深远，如《水经注》中写道："山谷邃险，人迹罕交。"描写的便是山谷深邃幽远，行人稀少的景象。后来，"邃"字从空间上的深远引申到了时间上的久远，如"邃初""邃古"均指远古、始初的历史阶段。深远往往给人一种精深、精密的感觉，所以"邃"又可以形容知识上的高深。周恩来曾在一首诗中写道："大江歌罢掉头东，邃密群科济世穷。"表现了青年周恩来在东渡日本、背井离乡之际，寻求真理振兴中华的决心。

"邃"和"隧"声旁同为"遂"，要注意区别开来。"隧"字的形旁为"阝"，汉字中形旁为"阝"的字多与山陵有关，所以"隧"一般用来指山中的隧道。

先生妙语

于　丹：穴宝盖跟宝盖的区别是什么呢？宝盖就是个顶，穴宝盖底下这俩点儿表示洞孔。其实过去有很多地方是穴居的，现在陕北还有很多窑洞。这个"窑"为什么是穴宝盖呢？住人一定要开窗户，就有这个孔。咱们现在说有个小窝，这个"窝"就是穴宝盖。更有意思的一个字，是"深邃"的"邃"字，它上面是一个穴宝盖，旁边又加了一个走之旁。穴宝盖讲了它的深，走之旁讲了它的远，这两个表意的偏旁凑在一起，再有它的声旁，就组成了"邃"字。

英雄心语

徐　志：尹皇皓、胡翼飞他们两个都是我们组里面特别精英的两个人，能跟他们一战也是我的一个荣幸，就是败给他们也不会有太多遗憾的。

随读随写

劙劙

lí　23画　｜ 彑 彑 彖 彖 劙 劙

专家解字

"劙"表示割、劈的意思。它的形旁为"刂"，表示与割、劈等动作相关。它的声旁为"蠡"，"蠡"表示蛀虫啄木，快要啃断的样子。所以"劙"所表示的并不是快刀斩麻般的割或劈的动作，而是有着一点点锯断、割断的特征。

相传春秋时的鲁国有一户姓项的人家，妻子魏氏在怀孕之后，仍然纺线织布、拾柴挖药。有一天，魏氏和邻居姑嫂一起上山挖药材，突然感到腹中阵阵坠痛。不久生下一个男孩，哭声响彻山谷。可是不管邻居姑嫂用柴刀剁，还是用铲子铲，小孩的脐带都弄不断。这时，魏氏想起自己平时经常被茅草叶子划破手指、劙破脚踝，就让姑嫂二人试着用茅草割一下脐带，这办法果然奏效。这个小孩就是被描述为"钢铁不入，用茅草叶劙"的项橐。项橐从小就能言善辩、聪明过人。孔子曾被他问过三个问题，因为没有答好，所以就拜他为师。《三字经》当中的"昔仲尼，师项橐，古圣贤，尚勤学"，说的就是孔子虚怀若谷、勤学好问的故事。

腹有诗书气自华

先生妙语

马　东：中国人讲"腹有诗书气自华"，你不必着急去设计那身衣服，你以后有大把时间研究自己穿什么。读书认字是一件最华美的衣服。

精彩瞬间

（选手蒋倩仪与胡翼飞PK。）
蒋倩仪：我一定要写一个你写不出的字。
于　丹：她写了一个范蠡的"蠡"。
马　东：胡翼飞你有本事在这个字上加？
胡翼飞：我还真有本事。
（胡翼飞写"劙"。）
高晓松：厉害！
马　东：写得好！
于　丹：这体现了大孩子之间的较量。

自测题 9

		请写出 "kuāng骗"的 kuāng		
	请写出 "yìn庇"的 yìn	请写出 "凄cè"的 cè	请写出 "kè尽职守" 的kè	
请写出 "妖ráo"的 ráo	请写出 "yīn哑"的 yīn	请写出 "xiè慢"的 xiè	请写出 "qiè而不舍" 的qiè	请写出 "gǎn毡"的 gǎn
	请写出 "cù新"的 cù	请写出 "荣yīng"的 yīng	请写出 "huò免"的 huò	
		请写出 "jué取"的 jué		

小贴士：如果您十三宫全部写对，恭喜您，您初中顺利毕业。（答案见第133页）

第10集

石头如何成玉玺

考官出题

	请写出《诗经》中"xì其笑矣"的xì	
请写出"传rǎn"的rǎn	请写出"玉xǐ"的xǐ	请写出"干hé"的hé

请写出"xī牛"的xī	请写出"bó饪"的bó	请写出"纵横捭hé"的hé	请写出"cí爱"的cí	请写出"谨shèn"的shèn

| | 请写出"显hè"的hè | 请写出"锡bó"的bó | 请写出"波光línlín"的lín | |

| | 请写出"糗bèi"的bèi | |

汉字英雄

裁判答案

```
        咥
    染  玺  涸
犀  馎  阃  慈  慎
    赫  箔  粼
        糈
```

咥

哩咥咥

xì dié 9画 一 丨 口 口 吖 吒 咥 咥 咥

专家解字

"咥"有两个读音。一个是xì，形容人笑特别是讥笑时的样子；另一个音是dié，是咬的意思。两个读音所表示的意思都与口部的动作有关，所以"咥"字用"口"做形旁。

《诗经》中的名篇《氓》，就曾用到了表示讥笑的"咥"。《氓》是一首描写弃妇的诗作，讲的是一个女子从与男子相爱、结婚到逐渐感到遇人不淑、想要放弃婚姻的过程。诗中写到女子孤立无援，连自己的兄弟都不知道自己的处境——"兄弟不知，咥其笑矣"，表现了她极度绝望的悲凉心情。

而《易经》所说的"履虎尾，不咥人"中的"咥"则应读dié。全句是说：踩在老虎的尾巴上，却能不被吃掉，那就是很幸运的了。历史上这样的人和事屡见不鲜。例如，荀爽是东汉末年的名臣，当时董卓擅政，那些想要保全高名的读书人避之唯恐不及，荀爽也不例外。可是董卓非要给他官做不可，他只好从命。旁人都认为他意志不够坚定，其实他才真正是不顾被吃掉的危险，而偏要去踩老虎尾巴的人。后来荀爽与王允等人共同谋划，除掉了董卓，证明他确是大直若屈、曲线救国的典范。

赛前互助

英雄心语

金心：要是没有一个对手的话，你的人生不就没有意义了？

先生妙语

于 丹："口"是个象形字。"口"里边加一小横，就是"甘甜"的"甘"，甘是一种好滋味，所以它就要标注。刚才大家都拼命在想："口"还能加什么呢？如果你真是看看象形字的"口"，就知道口都能说什么，都能够表达什么。

●自测题10答案●
于 杞 泮 垝 弞 家
勖 猗 渍 詈 道 酺 檩

染

rǎn　9画

潎 染 染 染

丶 丶 氵 氵 汭 汭 染 染 染

随读随写

🔵 专家解字

"染"的本义是给织物染色。"染"由"氵""九""木"三部分组成，其意义与这三部分都有关系：染色的过程需要水，"木"表示染料的提取与树木有关，"九"表示需要染很多次。因此，我们要注意不要把"染"中的"九"写成"丸"。

"染"也可指抽象的沾染，如"耳濡目染""染恙"（即染病）。北宋理学家周敦颐在《爱莲说》中，盛赞莲花出淤泥而不染的品格，这里的"染"便是沾染、玷污的意思。

《左传》中还记载了一个"染指"的故事。春秋时期，子公与子家都是郑国的大臣，一天子公忽然食指大动，对子家说："哪天我食指像这样动了的话，一定是要吃到美味了。"他们到了郑灵公那里，果然看到灵公在向臣子们分甲鱼羹。灵公与子公有嫌隙在先，故意不分给子公，子公就"染指于鼎"，把指头伸进鼎里蘸了蘸，尝尝味道就走了。郑灵公大怒，想要杀掉子公，子公却抢在前头，与子家一起把郑灵公杀死了。后来人们就用"染指"一词，比喻获取非分利益或者插手分外的事情。

👥 网友热议

郝　瑶：昨天晚上看了《汉字英雄》，我对汉字的认识又进了一步，更重要的是，我找到了成就感，哈哈哈哈！！！！！

📋 精彩瞬间

马　东：（倒计时）十，九……
金欣蓉：（写出了"沈"）谢谢您数到了九。
（周霁佑迅速写出了"汄"。）
于　丹：不行不行，你不能这么写，这没有。
马　东：九有八不见得有。
（周霁佑又写出了"染"。）
马　东：停一下，"染"不能从三点水……"渠"可以，"染"不可以。
高晓松：所以说咱们汉字太复杂。

第10集　石头如何成玉玺

玺

xǐ　10画

𡔲　玺　玺　玺

丿　㇇　亇　尔　尔　𡔲　𡔲　玺　玺　玺

专家解字

"玺"是指印章，古代的印章多为玉制，所以"玺"的形旁是"玉"。上部的"尔"是其声旁，现在"尔"与"玺"的读音已相差较远，不过，通过"你""弥"等以"尔"为声旁的字，还大致可以看出"尔"与"玺"的声音关系。

玺印的作用是表明信用、防止作伪，但《庄子》却认为，"圣人不死，大盗不止"，"为之符玺以信之，则并符玺而窃之"。正因为有了圣人所鼓吹的"仁智"，才有了窃国的"大盗"；你制作玺印防止作伪，他们就连玺印一起盗走，利用玺印为他们作伪服务，所以庄子主张"焚符破玺，而民朴鄙"。

"玺"本来可以泛指一切印章，但到了秦代，"玺"成了帝王玺印的专称。据说，秦始皇所用的传国玉玺，其材料就是春秋时楚人卞和进献的和氏璧。秦始皇将它雕成玺印，上面还刻有丞相李斯所书的"受命于天，既寿永昌"八个篆字，只可惜，这枚印章并没能帮秦朝逃脱短命王朝的厄运。

选手马泽茜

先生妙语

马　东：写字好看是一种优雅，现在有时间坐下来用笔给朋友写封信是一件雅致的事情，但并不要求事事手写，毕竟键盘输入在生活中已经普及而且方便。

精彩瞬间

（选手比赛写 xi 音节字。）
周霁佑："玉玺"的"玺"可以。
于　丹：玉玺是什么做的？
周霁佑：石头！哦，玉做的！
（周霁佑想到了"玉玺"的"玺"字，但没有写出来，马泽茜顺势写出了"玺"字。）
马　东：你送了马泽茜一个字。
周霁佑：你（指马泽茜）还真不给我留路啊你！
高晓松：看来最需要警惕的是闺密。
张颐武：看来闺密最具有杀伤力。

涸

涸涸涸涸

hé　11画　｀ ｀ ｀ 氵 氵 沪 沪 洞 洞 涸 涸 涸

随读随写

🔵 专家解字

"涸"是指河流、池塘等干涸无水。左边的"氵"表明其意义与水有关，右边的"固"是其声旁，但"涸"千万不能按"固"的读音去读，而是要念hé。

《庄子》里有一个"涸辙之鲋"的故事：庄子家贫，到监河侯那里去借粮食。监河侯说："我就要收取封邑的租税了，到时候借给你三百金，好吗？"庄子不高兴地说："我来的时候，听到路上有招呼我的声音，我一看，原来是干涸的车辙里的鲋鱼，问我可有斗升之水让它活命。我对它说，好啊，我去吴王、越王那里，让他们把西江的水引到你这儿吧。鲋鱼听了，生气地说，我有斗升之水就能活命了，你却说这样的话，那还不如早早把我挂到干鱼铺子里呢。"后来人们便用"涸辙之鲋"比喻处境危险、急需援助的人或物。

👥 网友热议

爱吃Pizza：怎样增加手写机会呢？发短信也用手写？太慢了吧？

🔥 先生妙语

于　丹：从某种意义上说，人是一种水生的动物。我们的胎儿孕育在羊水里，羊水要是破了，胎儿就要出生了。我们的血管里的水，那是我们的血液。我们眼睛里的水，那是我们的泪。其实一个人水分要是枯竭了，那他所有的感知和他的生命就走向枯萎。最早有水草的地方，滋养了原始的民族，所以大家用象形的方式来表达：一条主要的水流，两边激起的浪花，这就是最早的"水"字。当水流没有遇到阻挠的时候，三条水流就是"川"，而这"川"中间各加一个点就是"州"。我们懂得我们生命中的水分，懂得我们的水土，懂得上善若水的水德，我们就懂得了生命的源头到底在哪里。

犀

xī　12画

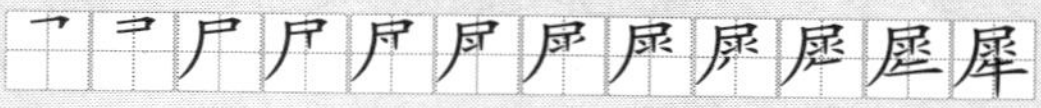

◎ 专家解字

近来颇为流行的"犀利"一词，多用来形容言辞尖锐。"犀"是犀牛，犀牛与言辞尖锐有怎样的关系呢？

"犀"字从牛，表明它是一种像牛的动物。犀牛的皮坚实厚重，用它制成的铠甲坚固无比，这就是"犀甲"，"犀"因"犀甲"而带有了坚固、锐利的意思，"犀利"最初正是形容兵器等物体的坚固锐利。据《汉书》记载，当时西边的羌戎来犯，冯奉世请求前去讨伐。汉元帝问他需要带多少兵，冯奉世说：羌戎"器不犀利"，只需四万人就可以消灭他们。这里的"犀利"指的就是兵器不够坚利。到了后来，"犀利"才发展出了我们现在常用的抽象意义，形容语言、目光、感觉等的尖刻锐利。

"灵犀"也是我们熟悉的词。"心有灵犀一点通"出自唐代李商隐的《无题》诗，形容两心相通，彼此有所感应。犀牛本来就被古人认为是灵异的动物，而传说犀牛角中有条白纹直通两端，感应非常灵敏，这就更显灵异了。

太好了！

◎ 先生妙语

于　丹：沉住气，深呼吸，这时候别慌，一慌就输给自己了。

张颐武：要近取诸身，就是从你的身子里面去感受。

◎ 精彩瞬间

马　东：金欣蓉，赢了他，心里面有什么感受？

金欣蓉：我没想过会赢他，因为我觉得他实力应该挺强的。这两天我们在一起，各种吵架，各种玩，然后各种闹……我觉得我今天把他比下去了，心里没有想象中那么好受。

马　东：说的特真实。人就是这样，就是打打闹闹，老觉得对方是自己的对手，真把他比下去了……

金欣蓉：对，心里没有想象中那么痛快。

馎馎

bó　13画　丿㇇饣饣饣饣饣饣饣馎馎馎

希望和朋友一起通关

英雄心语

周霁佑：赢了马泽茜的那一瞬间，我觉得其实挺舍不得她的，如果可以的话，我希望我们可以一起通关。

专家解字

"馎"很少单用，而是用在"馎饦"一词中。"馎饦"读bótuō，是古代的一种面食，大致相当于现在的片儿汤。

北魏贾思勰在《齐民要术》里详细记述了馎饦这种面食的做法："挼如大指许，二寸一断，著水盆中浸，宜以手向盆旁挼使极薄，皆急火逐沸熟煮。"也就是把长约二寸的薄面片下到水中煮熟，煮出来的样子"非直光白可爱，亦自滑美殊常"，十分引人垂涎。

馎饦本来只是坊间盛行的小吃，却也曾经登上诗词的大雅之堂。元代王哲有一首《望蓬莱》，堪称制作馎饦的全程录像："食店好，馎饦最奇瑰。玉屑无穷抟作块，琼瑶一片细匀开。须使宝刀裁。"亏得这位诗人，我们今天才得以窥见馎饦的真面貌：玉屑般的面粉抟成面块，再用玉柱似的擀面杖擀匀，接着拿刀切成一片片的形状就可以下锅了——"玉屑""琼瑶""宝刀"正是对馎饦这种美食的由衷称赞。而词的后半部分呈现的则是馎饦在碗中的景象："呈妙手，用意稳安排。碗内梨花新贴样，箸头银线稳挑来。餐了趁蓬莱。"简简单单的馎饦，似乎让人在吃饱喝足之后有了飘飘欲仙的感觉。

精彩瞬间

（马泽茜写下了"馎"字。）
马　东：这个字念什么呀？
马泽茜：念bò吧？
马　东：我怀疑这个字是你纯蒙，但是蒙对了。

阖

阖 阖 阖 阖

hé　13画　` 丨 冂 门 闩 闭 闭 闲 阎 阎 阖 阖

专家解字

"阖"从门、盍声，本义是门扇，所以用"门"为形旁。《离骚》中有句"倚阊阖而望予"，其中的"阊阖"就是指天上的宫门。唐代王维《和贾舍人早朝大明宫之作》中的"九天阊阖开宫殿"，用的也是这个意思。

由于门扇是可以闭合的，所以"阖"就有了关闭的意思，成语"纵横捭阖"中的"阖"用的就是这个意义。"纵横"即战国时游说之士采取的"合纵"或"连横"的策略，"捭阖"也就是开合。"纵横捭阖"就是通过各种手段进行分分合合的操控，一般都是用来描写政治、军事、外交场景的。不过，风月场上倒也有"纵横捭阖"的事情。清代诗人龚自珍曾写下三百多首《己亥杂诗》，内容异常丰富，其中有一首据说是写给自己欣赏的女子灵箫的，诗中写道："美人捭阖计频仍，我佩阴符亦可凭"——你用各种心思来为难我，我也同样可以用自己的"兵书"（阴符）来对付你。"捭阖"一词，写出了诗中美人的足智多谋。

先生妙语

马　东：当全场起立，不是因为你唱歌唱得好听，而是因为你汉字认得多的时候，你有另外一种巨大的满足。

网友热议

张老师：7岁的跟17岁的站在一起比很吃亏，要是能分年龄段就好了。那些小选手跟大哥大姐们站在一起也毫不畏惧，真是初生牛犊不怕虎。

······ 随读随写 ······

英雄心语

王泽宇：我从西安来，西安是一个文化底蕴非常深的城市。我对汉文化有非常深厚的感情，我希望穿着汉服来彰显我们民族的文化。

慈

cí　13画

📖 专家解字

"慈"是慈爱、和善的意思。"兹"与"慈"音近,是"慈"的声旁。慈爱、仁慈是一种心理情感,所以"慈"用了心字底。

中国民间有"严父慈母"的说法,所以人们称父亲为"家严",称母亲为"家慈"。西安的大雁塔非常有名,而它的另一个名字"慈恩寺塔"可能很少有人知道。"慈恩寺"是唐高宗李治为母亲祈福而修建的寺庙,寺中的塔是玄奘取经归来以后提议修建的,曾被称作"慈恩寺塔"。这里的"慈"就是对母亲的美好称谓,"慈恩"便是感念母亲的恩德。

中国民间还流传着"慈母多败儿"的谚语。《后汉书》中就记述了一个"孤犊触乳,骄子骂母"的故事:古时候有一个独子,很受母亲的娇惯。久而久之,独子由撒娇到顶嘴,由顶嘴到谩骂母亲,最后竟然发展到殴打母亲。一天他看见一头母牛的乳房鲜血淋淋,原来是被小牛的犄角触伤了。有人说:"干脆把这头小牛杀了吧,它竟这样对待自己的妈妈。"也有人说:"牛是畜生,可是有的人连畜生都不如啊。"独子听了,幡然醒悟,改过自新。

🦸 英雄心语

马泽茜:一开始来到这个节目,包括送给嘉宾跟主持人扇子,还是希望更多的孩子,可以学习书法。希望电视机前的孩子们,可以喜欢上书法,喜欢我,而且也喜欢《汉字英雄》这个节目。

🎓 先生妙语

于　丹:中国人过去称自己的父母为"家严""家慈",认为应该是严父慈母。因为过去的母亲绝大多数在家里面相夫教子,她就是管照顾孩子的,她才能够有很多的慈爱,所以说"慈母手中线,游子身上衣"。为什么"家严"是父亲呢?因为父亲往往要传承门风,要教导孩子规矩,所以他往往是比较严格的。

慎

杏 帧 慎 慎 慎

shèn　13画

专家解字

"慎"的意思是小心、谨慎。左边的"忄"是形旁，表示与心理活动有关；右边的"真"是声旁。

汉代有一首想象奇特的乐府诗："枯鱼过河泣，何时悔复及！作书与鲂（fáng）鱮（xù），相教慎出入！"枯鱼就是干鱼，它非常后悔当初自己到处乱游，结果被人捉住做成鱼干带过河去。当它再看到河的时候，只好谆谆告诫它的同伴：你们出入的时候千万要小心呀！此诗实际上是借想象中的故事，表现当时混乱的社会状况。其中的"慎"字，突出了对人人自危、朝不保夕的社会现实的愤慨与无奈。

"慎独"是儒家特别强调的一种个人修养，即在独处时依然小心谨慎，保持君子所应有的品行。东汉时的官员杨震，就是"慎独"的典范，常以"清白吏"自勉。一天夜里，他曾举荐过的王密怀揣着十斤黄金来看望他。杨震坚辞不受，王密说："这么晚了，不会有人知道。"杨震说："天知神知我知你知，怎么说没人知道呢？"王密听了，羞愧不已。

专注的汉字先生

网友热议

红　红：玩了《汉字英雄》，发现自己是个半文盲，好多字在嘴边就写不出来。

先生妙语

于　丹：为什么我们夸一个人叫"性情中人"？"性情"都是竖心旁，生心为"性"，人内在的禀性是先天的，如果能够相信人性，对人性抱有信念，这就是先天本心。有性情，一个人才有情有义。亡心为"忘"，找不着一颗心，我们就把这件事真正忘却了。心和亡还有一种组合方式，那就是竖心旁加一个亡，"忙"啊，忙着忙着就忙忘了。所以，竖心旁，心字底，我们都别丢了这颗心。

赫

hè　14画　赫赫赫赫

专家解字

"赫"本来指赤色，即红色的意思。字形中的两个"赤"，正好反映了这个意思。

许多红色的东西都可以用"赫"来形容，比如"赫日"即红日。南宋词人陈亮曾写下脍炙人口的《水调歌头》，赠给前去出使金国的章森，其中的"胡运何须问，赫日自当中"，正是对宋朝国运的期许——如通红的太阳一样正当中天。

"赫"又有显著、盛大的意思，比如"显赫""赫然在目""赫赫有名"。西周末代君主周幽王荒淫无度，为了博得宠妃褒姒一笑，不惜几次上演"烽火戏诸侯"的闹剧，以致失信于诸侯，最终落得个国亡身死的命运。时人对此深感痛惜，在《诗经》中用"赫赫宗周，褒姒灭之"表达了愤恨之情。"赫赫"所追忆的正是周王朝盛大的样子，与作此诗时的衰微国运形成鲜明对照，更加使人为之扼腕。

先生妙语

高晓松：你知道七小福吗？从洪金宝一直到元彪、元华、成龙。七小福就是在戏校里学戏，一起挤在楼梯拐角里。学戏就是个苦差事。

马　东：学戏的孩子，文化课他不能差。

精彩瞬间

马　东：金欣蓉说说你了解的周霁佑是什么样。

金欣蓉：今天她出乎我意料，因为平时我们一起看字典的时候，她通常都是起得最晚、不用功的那个，我就觉得她今天能走到这儿，出乎了我对她的理解。

周霁佑：我自己也是，我本来就想着，我如果能进车轮战，就不错了，没怎么期望能进总决赛。

于　丹：周霁佑，其实你走到现在，你赢就赢在你的松弛上，你要现在紧张起来，你就输给你自己了。

箔 箔 箔

bó　14画　⺮ ⺮ ⺮ ⺮ ⺮ ⺮ ⺮ ⺮ 笷 笿 箔 箔

◎ 专家解字

"箔"本指用竹编成的帘子，所以采用了"竹"做形旁；"泊"是其声旁。

实际上"箔"并不仅限于用竹制成，如"苇箔"就是用芦苇编成的帘子。而在诗歌中，各种各样的"箔"更是数不胜数。比如"珠箔"就是珍珠串起来编成的帘子。白居易在《长恨歌》中有"珠箔银屏迤逦开"，那串珠的帘子和镶银的屏风，正是杨贵妃所居仙宫的华贵陈设。

"帷箔不修"一词中的"箔"当帘子讲，"帷"也可以写成"帏"，"箔"也可以写成"薄"。这个词表面的意思是帐子和帘子不加整饬，其实是形容家庭生活淫乱。汉代贾谊在《新书·阶级》中谈到古代有臣子因为男女淫乱无别而被降罪时，不说"污秽"，而说"帷薄不修"。

现代汉语中，"箔"更多地被用来指金属制成的薄片，比如"金箔""锡箔"。"箔"的这种用法虽然看起来与帘子无关，其实也是从帘子"薄"的特点慢慢演变而来的。

把汉文化传承下去

👥 网友热议

怎么办：要把字写好很不容易的。写字的姿势就很重要，可惜，好像很多老师都不太强调这个。

🔥 先生妙语

马　东：你们几位都当老师，遇到过用左手写字的孩子吗？
于　丹：遇到过呀。
马　东：那怎么办？
高晓松：就用左手挺好的。
于　丹：一个孩子要是到了大学的时候还习惯用左手的话，已经不光是一个生活习惯的问题，也跟他的思维习惯什么的相关。这个时候生生地给他扳过去，其实有时候挺别扭的。

lín 14画

两人写了148个跟水有关的字

🎯 英雄心语

金欣蓉：能进车轮赛就特别高兴了，这是一个神奇的过程。

🔍 专家解字

"粼"很少单用，常叠用为"粼粼"，形容水、石等明净的样子，如"波光粼粼"。"粼"左边的部分与"鳞""嶙""磷"等字的声旁一样，表示的是该字的读音。右边的"巜"是它的形旁，原本像两条细流，可见"粼"与水有密切关系。

《诗经》中有一篇《扬之水》，其中有"扬之水，白石粼粼"的诗句，据说是晋国的百姓向桓叔表达忠心时所说的。春秋初年，晋昭侯与其弟桓叔不和，将桓叔封到曲沃。桓叔乐善好施，深得民心，晋国百姓都争相归附于他。为了让桓叔相信他们的忠心，他们便反复吟唱"扬之水，白石粼粼"，意思是说，我们对桓叔的忠贞之心，就如同扬河的水和岸边的白石那样，清澈明净，绝无杂念。

除了水以外，很多清澈明亮的东西都可以用"粼粼"来描写。南宋诗人方岳，颇好用"粼粼"来状物写景。如"冰痕不动玉粼粼"是写冰，"归来瓮面绿粼粼"是写酒……"粼粼"用在这些地方，貌离而神合，无不表现出事物那晶莹剔透的美感。

🎓 先生妙语

于　丹：这是"兄长"的"兄"字。这是个什么形状呢？就是一个跪在地下的人向上张着嘴在说话。过去不是独生子女社会，那个时候一家有很多孩子，嫡长子是最重要的人，不仅是在皇亲国戚中，即使在平民百姓家里也是这样。长兄如父啊，在家是要拿得住事儿的。向父母禀报什么事情，都是大哥去做，所以只有这个兄长有资格跪在地上，向大人先生们张口说话。这就是长兄的姿态。

糒

糒 **糒** 糒

bèi　16画　米 籵 籵 籵 粩 粩 粩 糒 糒 糒

🔵 专家解字

"糒"是干粮的意思，粮食炒熟失掉水分，就成了"糒"。"糒"左边的"米"表示它是用粮食做成的一种食品；右半部分表示读音，与"备"的繁体字"備"的声旁相同。

"糒"与"糗"（qiǔ）是同义词，二者合在一起组成"糗糒"一词，仍然表示干粮的意思。东汉初年，有一个割据一方的军阀名叫隗（wěi）嚣。他一生战功赫赫，却也因此被光武帝视作心腹之患。在隗嚣"英雄末路"的时候，有一天他又病又饿，想到眼下的处境，心中愤懑不已。他胡乱寻了些糗糒果腹，结果却死掉了。一点糗糒就可以让英雄毙命，有人认为是干粮在腹中遇水膨胀导致隗嚣病死的，其实，自知行将末路而生出的愤懑，才是让他殒命的真正原因。

同样是"糗糒"，在另一些人眼里却是欢乐的符号。唐代诗人储光羲在一首《田家杂兴》里，用"糗糒常共饭，儿孙每更抱"表现一种和谐、淳朴、欢乐的农家生活。这种怡然自得的生活，恐怕不是"出城餐糗糒，恚愤而死"的隗嚣所能想象到的。

🔴 先生妙语

于　丹：甲骨文中的"米"，其实就是一粒一粒地撒在那儿，是一种象形，然后到了小篆的时候，演化成了现在这个"米"字。这些天比赛，大家最熟悉的就是眼前这个"米"字格。有些字我们今天已经看不出跟米有关了，但其实是从跟米打交道的过程中引申的，例如"粗暴"的"暴"，过去其实就是暴晒的意思，晒的是什么呢？晒的是粮食。

......随读随写......

💬 网友热议

仙人掌：看《汉字英雄》有看戏的感觉，那些孩子太有意思了。只是到了PK的时候才觉得紧张起来，但也很有意思。

自测题 ⑩

		请写出 "彳chù"的 chù		
	请写出 "倾pǐ"的 pǐ	请写出 "pàn宫"的 pàn	请写出 "guǐ垣"的 guǐ	
请写出 "mǐ谤"的 mǐ	请写出 "衣冠zhǒng" 的zhǒng	请写出 "xù勉"的 xù	请写出 "yī郁"的 yī	请写出 "污zì"的 zì
	请写出 "lì骂"的 lì	请写出 "qiú健"的 qiú	请写出 "shī酒"的 shī	
		请写出 "lǐn条"的 lǐn		

小贴士：如果您十三宫全部写对，证明您达到了高中一年级的识字量。（答案见第147页）

第 11 集

忾虽有气不读 qì

考官出题

	请写出"内hòng"的hòng		
请写出"dīng疮"的dīng	请写出"同仇敌kài"的kài	请写出"一zhāng一弛"的zhāng	
请写出"bǎo贝"的bǎo	请写出形容许多马奔跑的样子的biāo	请写出"泉水chēng chēng"的chēng	请写出"宫jìng"的jìng	请写出"奔pǎo"的pǎo
	请写出"桀ào不驯"的ào	请写出"胖shòu"的shòu	请写出"qí帜"的qí	
		请写出"骕shuāng"的shuāng		

汉字英雄

裁判答案

		讧		
	疗	忾	张	
宝	骉	琤	婧	跑
	骜	瘦	旗	
		骦		

讧

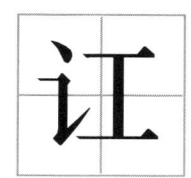

hòng　5画　`讠讠讧讧

专家解字

"讧"是指因争吵、争斗而引起的混乱，最初强调的是言语不和，所以采用言字旁。"工"是它的声旁，由于与"杠"的声旁相同，不少人错读成gàng。

"讧"所表示的争吵、争斗大多发生在某一集团内部，于是便有了"内讧"一词，其意义大致相当于"内乱"。与"内讧"意思相近的词还有"祸起萧墙"，萧墙是古代国君宫殿大门内起屏障作用的矮墙，相当于今天的迎门墙。祸端起于迎门墙之内，自然是自家的内讧了。在中国历史上，"祸起萧墙"的事情实在是太多了，特别是在宫廷内部，同室操戈的惨剧层出不穷。

"讧"虽然是一个不好的字眼，但有时候在文学作品中却又能发挥特殊的作用。如宋人许月卿《暮春联句九首》中，每首都有一个用"讧"字韵脚的句子，特别是其中的"红尘门外讧""白杨鸦夜讧""莺燕暮春讧"等句，通过几个"讧"字的渲染，把暮春时节万物喧嚣的热闹景象描写得淋漓尽致。

红队红队，比赛不累

英雄心语

俞　华：我差一步就可以进决赛，有点遗憾。但是我觉得，这次我来参加这个节目，认识了很多好朋友，而且增加了我自己个人的知识，已经值得了。

先生妙语

于　丹：《说文解字》上说"直言为言，论难为语"，也就是说你直接说话就是言，但是你要跟人论辩，讲一个道理的话，那就是语。我们现在说"语言""语言"，就是这么来的。中国人喜欢说"言为心声"，为什么？在心为志，发言为诗。"诗歌"的"诗"为什么是个言字旁呢？因为它是你心里的志向流淌在优美的语言中。言语人人都在用，天天都在用，但是你说的是善言善语，还是恶言恶语？这件事，口还是要对心的。

疔 疔 疔

dīng 7画 　丶 一 广 疒 疒 疒 疔

随读随写

专家解字

清代医书《医宗金鉴》记载："盖疔者如丁钉之状，其形小，其根深，随处可生。"也就是说，"疔"是一种形状像钉子的小疮，属于一种疾病，所以"疔"字用了病字旁。"丁"既是声旁，又有意义，表示疮的形状就像小钉子一样。

因为"疔"是一种恶疾，古人常拿它发誓赌咒。如《红楼梦》第二十六回中，宝玉前往黛玉的潇湘馆，赶上黛玉正在起床，一不留神说出《西厢记》里"若共你多情小姐同鸳帐"的"村话"，见黛玉恼了，连忙发誓道："我再要敢，嘴上就长个疔，烂了舌头！"第四十六回中，贾母的贴身丫鬟鸳鸯被贾赦相中，却宁死不从，一心跟随贾母，她向贾母哭诉道："若说我不是真心，暂且拿话来支吾，日后再图别的，天地鬼神，日头月亮照着嗓子，从嗓子里头长疔烂了出来，烂化成酱在这里！"人们之所以有以"疔"起誓的习惯，也许是暗含着"祸从口出"的意思吧。

"疔"与"治疗"的"疗"形体很相近，注意不要写混了。区别它们可以从声旁入手："疔"的声旁是"丁"，"疗"的声旁是"了"。

英雄心语

黄一容：张和浦其实并没有输，他可能今天因为有些紧张，哪一点没有想到，输给了我，但是我觉得在心理上和其他任何方面，他没有输给他的舞台，没有输给他的梦。

先生妙语

高晓松：你看男生吧就有荣誉感，每次她提出来一个注音旁他就不用。
马　东：他非得写别的。
高晓松：对，他写别的，他就不顺着她来。
马　东：这个在比赛上不见得是个好的策略。
高晓松：对。

忾

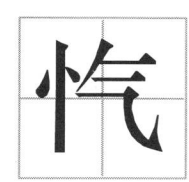

kài　7画　丶丶忄忄忓忓忾

专家解字

"忾"的意思是愤怒、仇恨，是一种心理活动，所以形旁为竖心旁。"气"是它的声旁，但"忾"字可千万不要读成qì，而是要读成kài。"气"与"忾"古代读音是相同的，所以当时人就用"气"做"忾"的声旁，后来两字的读音变得不同了，就不能再按声旁"气"去读了。

"忾"字现在已很少用，只出现在成语"同仇敌忾"中。"同仇"与"敌忾"意思相近，合在一起指全体一致地仇恨敌人。"同仇"最早见于《诗经》："王于兴师，修我戈矛，与子同仇。"大意是说，周王要兴兵攻打敌人，我们大家纷纷制作武器，与周王共同对敌。而"敌忾"则是"敌王所忾"的省略，源自《左传》的"诸侯敌王所忾"，意思是，诸侯都把天子所仇恨的人当作自己的敌人。

后来，人们常用"敌忾"表达愤恨敌人、渴望破敌立功的心情。南宋名将岳飞的孙子岳珂，也是一个爱憎分明的有志之士，曾经著书为自己的祖父辩冤。他在《山中书怀》诗中写道："如我高卧闲，自比他人忧。岂不思敌忾，一为殄国仇。"诗人虽然在山中高卧，却仍渴望只身赴敌，为国报仇。这种以"敌忾"明志的传统，是历代仁人志士谱写的动人篇章。

选手杨润杰

英雄心语

杨润杰：我觉得很懊恼，也很惭愧。我妈昨天带我复习到三点多，这么简单的字没想起来。妈妈说，"山外有山人外有人"，以后好好学吧。

先生妙语

马　东：请听题。我们看到一颗星星，"冉冉升起"，请写出"冉"。
高晓松：星星冉冉升起挺不容易的！

张

張 張 **张** 张 张

zhāng　7画　｜ㄱ｜ㄱ｜弓｜引｜弘｜张｜张｜

随读随写

🔴 专家解字

"弓长张"的"张"最初的意思是将弦绷在弓上，所以其形旁为"弓"；"长"是其声旁。把弦绷在弓上，弓弦自然就被绷紧、拉开了，所以"张"又有紧张、张开的意思。所谓"文武之道，一张一弛"，就是紧张与松弛相对。

不光把弦绷在弓上叫"张"，为乐器上弦也可以叫"张"。所谓"改弦更张"，就是说乐器声音不协调，要重新换根弦装上去，让它变得和谐起来。

"张"表示张开的意思时，应用范围很广，像在"张袂成阴"中，"张"表示的就是张开袖子。这一典故出自《晏子春秋》：春秋时期，齐国大夫晏子出使楚国，楚王知道晏子个子矮，就想捉弄他。楚王故意问晏子："齐国难道没有人了吗？怎么派你这样的人当使者呢？"晏子说："齐国的人多极了，仅都城就有上百条街道，人们张开衣袖，就可以遮住太阳；甩掉汗水，就像下雨一样，怎么能说没有人呢？"

🌐 网友热议

倾城一吐：一般不大看河南台，今天偶然调来，看到重播昨晚的《汉字英雄》，当真不错，喜欢他们"寻找键盘里失落的汉字"的价值主张。

🔴 先生妙语

于　丹："弓"原来是一个非常形象的象形字。它在小篆里面写的这个样子，就是一张弓。它上面多出来一根横线，是因为过去射鸟的时候，弓上是绑着丝线的，也就是射过之后还能够把它给拉回来。这样一个象形字，后来演绎成我们现在这个"弓"，又由它衍生出很多弓字旁的字。比如说"弯"，其实就是拉满了弓，上面绷着一支箭的样子，后来被我们引申，指一个人弓着腰、弓着身子，形容的都是这个弯弯的样子。

宝

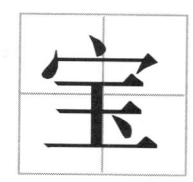

bǎo　8画　丶丶宀宀宇宇宝宝

◎ 专家解字

"宝"是个会意字,上面的"宀"表示房子,其下有贵重的"玉",合起来也就是房子里有宝贝的意思。而它的繁体字"寶",除了有"宀"、有"玉"(即"王")以外,还有"貝"(即"贝")和"缶"。"贝"和"玉"一样,都是指贵重的物品;而"缶"则是声旁,读音曾经和"宝"接近,只是今天已经体现不出这层关系了。

"宝"表示珍贵的东西,从古到今都是一致的。不过什么样的东西最值得珍惜,人们却看法不一。《左传》记载了这样一则故事,表明了人们对"宝"的不同理解:

宋国有个人得到了一块玉,献到了子罕那里。子罕推辞了。献玉的人说:"工匠看了这块玉,说它是宝,我才把它献给您。"子罕说:"我把'不贪'当作宝,你把这块玉当作宝;你若把玉给了我,我们的宝就都没有了;不如我们都各自怀揣着自己的宝吧。"

这就是著名的"子罕辞玉"的故事。子罕是春秋时宋国的贤臣,他"以不贪为宝"的高风亮节广受赞誉。

选手张和浦、黄一容等与马东

英雄心语

黄一容:其实我本来也就是觉得,我第一或者第二,就已经非常非常开心了,因为我觉得来这里可以交很多很多朋友,那么如果我能再来一次北京,再交很多朋友,那当然更值得。所以我觉得只要我能进决赛我就非常高兴。

◎ 先生妙语

马　东:我们都是事后诸葛亮,你们两个身处一线,真的不容易。

网友热议

彩　陶:最感动的就是选手们互相帮助的情景,这在其他比赛中真是少见啊。

骉骉

biāo　9画　一 马 马 马 骉 骉 骉 骉 骉

📖 专家解字

"骉"由三个"马"组成，非常形象地表明了这个字的意思，即众马奔跑的样子。由于它的意义很有气势，所以人们常常用它来取名。

现在除了人名之外，这个字已基本不用了。即使在古代，这个字也不太常用。宋代欧阳修《葛氏鼎》诗中，曾用到这个"骉"字。这是一首很奇谲的诗，诗中在讲述葛氏鼎发现的经过时，充满着壮丽恢宏的想象：天昏地暗，鬼怪哭号，山川摇荡，鸟兽惊走，到处充盈着神秘的气氛。其中有"割然岸裂轰云骉"一句，采用比拟的手法，把云彩当作奔跑的马群，形象地再现了风起云涌的样子。

北魏时期的地理学著作《水经注》，也曾记载了一条用"骉"字命名的河流，叫"骉骉水"。这条河流的得名，就是因为它像瀑布一样"乘高泻浪，触石流响"，声音就如同万马奔腾一般。

古代以三为多，所以在汉字中，类似"骉"的字还有三人为"众"、三水为"淼"、三木为"森"、三牛为"犇"（即"奔"字）、三羊为"羴"（即"膻"字）、三鱼为"鱻"（即"鲜"字），其中有些字现在已经废除不用了，我们只是出于兴趣有所了解便可以了。

👥 网友热议

张迎乐：看了河南台的《汉字英雄》这个节目，觉得那些孩子真的很了不起，中国汉字博大精深，只有那些有足够大的阅读量的少年，才是真正的汉字英雄。真的很佩服他们！说实话，我看这个节目时，手里一直拿着一本字典，哈哈，真是自愧不如呀。

随读随写

🔥 先生妙语

高晓松：你们（指马东）家哥儿仨在一块儿就是"骉"。

●自测题11答案●

弋扪庀拓析倨
宸敉觚桦挥屨醴

琤 琤 琤

chēng　10画　一 二 十 王 玑 玎 玽 珄 琤 琤

◎ 专家解字

"琤"是个象声词，形容玉石碰击的声音，所以用了斜玉旁。

"琤"一般不单用，而是采用叠音的形式。"琤琤"除形容玉石碰击的声音外，还可以形容如玉器般清脆悦耳的乐器声。唐代孟郊有首《听琴》诗："前溪忽调琴，隔林寒琤琤。"极言琴声的清远，可以透过树林，而又给人凄神寒骨的感受，体现了寒士诗人的风貌。白居易《和令狐仆射小饮听阮咸》诗："落盘珠历历，摇佩玉琤琤。"用"琤琤"描绘乐器阮咸的声音，犹如摇动着的玉佩一样清脆悠扬，极尽其妙。阮咸是一种纯正的中国古老弹拨乐器，据说为晋朝竹林七贤之一阮咸所制，故被称为"阮咸"。

流水声也可以用"琤琤"来形容。唐代诗人李郢的《长安夜访澈上人》有"琤琤晓漏喧秦禁"一句，描绘的是夜晚时分，更漏流淌的水滴滴答滴答，声音响彻在长安城的宫禁里，凄凉无比。"琤琤"一词用在此情此景，恰到好处。

由于"琤"的声旁是"争"，很容易被读成zhēng，所以要格外注意。

选手徐詹棋与马东

◎ 英雄心语

徐詹棋：我觉得这就是一个比赛有魅力的地方，就是你不知道赛场上会发生什么事情。

◎ 先生妙语

于　丹：斜玉旁是个大部首，咱们生活里有好多人叫它王字旁。"王"是什么意思？这三横一竖，三画而连其中谓之王。此三者，天地人也，能把这个贯穿起来的人才能够做王。而玉最早的象形就是拿绳子串起一串宝石，所以它在偏旁里头虽然看起来像个"王"，但是我们管它叫斜玉旁，它说的都是跟玉有关的事。

婧

婧 婧 婧 婧

jìng　11画　ㄑ 女 女 女¯ 女¯ 女± 女⁺ 女⁻ 婧 婧 婧

随读随写

英雄心语

朱远航：经过这两天的相处，大家就像一家人一样，所以我们就决定穿一样的衣服来参加比赛。我们坚信友谊第一比赛第二，淘汰虽然是难免的事，但是我们的友谊是长久的。不管我们中的人是进还是退，希望《汉字英雄》和电视机前的观众朋友能够记住我们八个人。

专家解字

"婧"是个女字旁的字，形容女子身材苗条、品德贞洁、才能出众，是个很好的字眼，所以常被用作女性的名字。

历史上最著名的以"婧"为名的女性，是战国时期的妾婧。妾婧是齐国名相管仲的妾，她虽为女性，却能慧眼识人。有一天，妾婧见管仲五天没有上朝，忧心忡忡，便上前询问。管仲告诉她说："有个叫宁戚的人，曾经在桓公门外悲歌，桓公让我打听，宁戚却只是在唱'浩浩乎白水'，我听不明白，所以才整天忧愁。"妾婧笑着说："人家已经告诉你了，你自己却不知道。古代有首诗唱道：'浩浩白水，鯈鯈之鱼，君来召我，我将安居，国家未定，从我焉如。'这正是宁戚想要为国效力的意思啊！"管仲听了大喜，连忙报告桓公，桓公果然厚待宁戚，齐国正是在宁戚的辅佐之下才变得强大起来。这则"听曲知宁戚"的故事，被后世传为美谈。

"婧"字的声旁是"青"，但不读qīng，而读jìng。类似的字还有"静"和"靖"等，都读jìng。

先生妙语

于　丹：在过去比较封建的理念里面，女字旁往往跟贬义词相关，比如说"嫌弃"的"嫌"，再比如说"嫉妒"。好在我们有一个字，也是和女人相关的，那就是"好"字，"好"字就是一个妇人怀抱孩子，最好的心情莫过于此了。一个刚刚为人母的女子，怀里抱着她的婴儿，那样的一种欢喜，那样的充满希望，那样的似水柔情放射出来的美丽，那就叫作"好"。

跑

pǎo 12画 　丶　丨　口　口　甲　早　足　趵　趵　趵　跑　跑

◎ 专家解字

"跑"现在是个很常用很简单的字，意思是奔跑，左边的足字旁表明它与脚有关，右边的"包"是声旁。

奔跑的意思原来并不用"跑"字，而是用"走"。成语"走马观花"中的"走"，就相当于现在的"跑"，"走马观花"就是骑在奔跑着的马上看花。唐代诗人孟郊早年隐居，后来又想参加科举，但考了多次都没考中，直到40多岁才算中了个进士。欣喜之中，写下了"春风得意马蹄疾，一日看尽长安花"的诗句，于是就有了"走马观花"这一成语。

早在唐代的时候，奔跑就可以用"跑"来表示了。唐代马戴的《边将》诗有"红缰跑骏马，金镞掣秋鹰"一句，表现的便是骏马驰骋的景象。只是诗歌大多有泥古的倾向，不肯轻易用新词，所以诗词中用"跑"字的非常少见。倒是学问渊博的启功先生，作诗时不拘旧式，不避俗语，给人以清新别致的感觉。他在一首咏钟表的《踏莎行》中，用"已去难追，未来难找，留它不住跟它跑"表现时光易逝，可谓"跑"的另类绝唱。

选手居艺

▶ 英雄心语

居　艺：来这个节目我学到了很多知识，也知道了自己的不足。我回去要好好复习，体会汉字的魅力。

◈ 先生妙语

于　丹：《说文解字》上说"足"："人之足也，在体下。"为什么呢？大家看看这字写的多有意思，上面这个圆圆的就是个膝盖，这个下面象征着人的脚。足部有很多动作，后来就演绎出了好多字。比如说"跟"，它是足字旁，因为你要追着走着才能够跟得上。比如说"蹈"，舞蹈舞蹈，舞是手的事情，蹈就是脚的事情。

骜

驚 骜 骜 骜

ào　13画

一 ＝ 十 土 耂 耂 孝 孝 孝 敖 骜

最不想碰到的就是……

英雄心语

程一鸣：最不想碰到的就是政委，她学历太高了，我觉得有点高不可攀，毕竟怎么说也是高三的大姐姐了。我就算输给她也甘拜下风，但我如果赢了的话，那我就可以炫耀一番。

专家解字

"骜"的意思是快马，所以用马字旁，"敖"是它的声旁。

在古代，"骜"常与"骥"连用，用于指称千里马。《吕氏春秋》上说："良剑期乎断，不期乎镆铘；良马期乎千里，不期乎骥骜。"意思是说，好的剑只求能斩断东西，而不求它是不是镆铘；好的马只求它能跑千里，而不求它是不是骥骜。也就是说，好的东西只求有用，而不必在意它是否有美名。

"骜"字与"傲"同音，意义上也有相似之处。由于跑得很快的马往往不好驯服，所以"骜"又有了倔强不驯顺的意思，成语"桀骜不驯"中的"骜"就是这个意思。唐代大诗人李白就曾以桀骜不驯而著称。据《新唐书·李白传》记载，李白自从让高力士为他脱靴以后，受到了高力士与杨贵妃的排挤，于是"自知不为亲近所容，益骜放不自修"，辞官开始了漫游生涯。李白在诗中称自己"一生傲岸苦不谐"，应该是对"骜放"的最直接的注释。这里的"骜放"和"傲岸"，一个用"骜"字，一个用"傲"字，其实意义并无差别。

先生妙语

于　丹：马字旁很有意思。从殷商时期开始，马就是服役的主要的大牲口。这个"马"字写出来，就是一个象形字，像马头、毛尾、四足飞扬。这样的一个样子，像一幅画一样。从马的字很多都是指与马有关的动作。我们现在说"骤然"，其实就是马疾步跑。我们说"长驱直入""驱动"，"驱"也是从马的。

瘦

瘦瘦瘦瘦

shòu　14画　广广广疒疒疒疒疒疒痩痩瘦

● 专家解字

"瘦"与"胖、肥"相对,"胖、肥"都是肉字旁,而"瘦"却是病字旁。这表明,在古人的心目中,"瘦"不是什么好形象。现在大家追求的"瘦身",也许在那个时候只能算作"病态美"了。

但不管是肥是瘦,历史上都曾出现过绝世佳人。所谓的"环肥燕瘦",就是指唐代的杨贵妃和汉代的赵飞燕,二人一肥一瘦,各领风骚,可谓比肩齐名。

也有以专门喜欢瘦的病态美而著称的,春秋时期的楚灵王,就特别喜欢他的臣子有纤细的腰身,所以他的臣子们唯恐自己腰肥体胖,每天都只吃一顿饭,结果等到一年后,满朝文武都脸色黑黄了。

"瘦"不仅用在人的身上,有名的"古道西风瘦马"形容的就是老马长途的苍茫景象。更有用"瘦"形容植物的,其中最著名的要数宋代女词人李清照的"人比黄花瘦"了。据说李清照把这首《醉花阴》寄给丈夫赵明诚,赵明诚读了自叹不如,于是闭门谢客,三天写了五十首《醉花阴》。他把妻子那首夹在自己写的五十首里面拿给朋友看,朋友却只对"莫道不销魂,帘卷西风,人比黄花瘦"大加赞赏。李清照的这句之所以如此有魅力,除了其词句的情深意切之外,恐怕还要归功于"瘦"字的妙用吧。

随读随写

网友热议

路上的Miss米兔:祝福于丹老师,刚看过《汉字英雄》,看到您对汉字及孩子们的点评,以及无意间流露的欣赏及忧虑摇头。希望有更多学者像您一样身体力行,传播我们的国学文化,向您学习!

📖 精彩瞬间

马　东:张楚宁,你是我见到的最笑呵呵的失败者。输给他心里没什么不舒服吧?

张楚宁:没事,大家都很厉害。能遇到和自己实力相当的对手,输了也很佩服他。

旗

旗 旗 旗 旗 旗

qí　14画　丶　亠　方　方　方ʻ　方ʻ　方ʻ　方ʻ　方ʻ　旗

随读随写

英雄心语

程一鸣：我的感觉就是，一个人，他必须有强大的内心，然后他才能成功。我不服！我一定要回来。套用灰太狼的一句话，"我一定会回来的"！

专家解字

"旗"是形声字，它的声旁是"其"，余下的部分为形旁，凡是有这个形旁的字，意义都与旗帜有关，如"旌""旆""旅"。

"旗"是古代用兵打仗的重要指挥工具。《左传》里面曾说："师之耳目，在吾旗鼓，进退从之。"就是说，打仗时，军队的眼睛全看着旗帜，耳朵都听着鼓声，前进还是后退，都听从旗和鼓的指挥。在"曹刿论战"的故事里，曹刿看见对方军队旗帜倒了，才放心地让自己的队伍乘胜追击，可见旗帜是军队士气的重要体现。

除了军旗之外，还有其他种类的旗帜，如杜牧笔下的"水村山郭酒旗风"，其中的"酒旗"，就是挂在酒店外面用来招揽生意的幌子。悬挂酒旗的酒店称为"旗亭"，盛唐诗人王昌龄、高适、王之涣曾经相聚在"旗亭"打赌，看谁写的诗被伶人传唱得最多，结果王之涣凭借那首"春风不度玉门关"而拔得头筹。这就是有名的"旗亭赌醉"的故事。

精彩瞬间

马　东：杜鹃到底是一种花，还是一种鸟？

选　手：鸟。

马　东：那为什么有些花叫杜鹃花呢？

选　手：这个我没有了解过。但是我记得好像有个成语跟这个杜鹃有关系。

马　东：这个成语是什么？

高晓松：杜鹃啼血。

于　丹：李商隐有句"望帝春心托杜鹃"，讲的就是蜀帝望帝死后化为杜鹃鸟，然后心有不甘，一直都在啼叫啼叫，然后嘴角的血滴下来，变成山上的杜鹃花。

骕骦

shuāng　20画　｜フ　马　马　马＾　马＾　马＾　骕　骦

专家解字

"骦"字常用在"骕骦"一词中。"骕骦"音 sùshuāng，是古代的良马名，所以这两个字都有马字旁。

据《左传》记载，春秋时的小国唐国有两匹骕骦马，又叫肃爽马。它们名字的来历，一说是由于马的颜色犹如霜一样，一说是由于马的神态像一种叫作"肃爽"的长颈大雁。毛色如白练，长颈如大雁，这样的马实属罕见，所以唐国非常珍视，别国也很垂涎。有一次，唐成公带着那两匹骕骦马来到楚国，楚国宰相子常见了，很想据为己有，唐成公不答应，子常就将唐成公扣留了三年。唐国人知道了，商量着要救国君。他们设计把唐成公的随从灌醉，把骕骦马偷出来献给了子常，子常这才把唐成公放了回去。

后来，"骕骦"被用作良马的代称。杜甫曾在《秦州杂诗》中写道："闻说真龙种，仍残老骕骦。哀鸣思战斗，迥立向苍苍。"假托老马的悲歌，流露出"烈士暮年"的惋惜之情。宋代爱国诗人文天祥，也曾以"骕骦"入诗："萧萧骕骦鸣，熠熠湛卢光。"骕骦是良马，湛卢则是宝剑，昔日繁华的蜀地，如今已成为马鸣萧萧、刀光剑影的战场，表达了诗人对时局的深切忧虑。

选手的表现真精彩啊！

网友热议

糖葫芦：很喜欢看车轮赛，但是也好紧张，要是自己站在台上，还不知怎样呢。

先生妙语

马　东：晓松要是你在这儿选对手，你会怎么选？
高晓松：我肯定选最弱的。
马　东：就是过一关是一关是吧？
高晓松：对对对。

自测题 11

	请写出"yì获"的 yì	
请写出"mén心"的 mén	请写出"廊wǔ"的 wǔ	请写出"tà本"的 tà

请写出"击tuò"的 tuò	请写出"jù傲"的 jù	请写出"chén章"的 chén	请写出"chì造"的 chì	请写出"操gū"的 gū

	请写出"sǔn眼"的 sǔn	请写出"cuān掇"的 cuān	请写出"笑yè"的 yè	
		请写出"lǐ泉"的 lǐ		

小贴士：如果您十三宫全部写对，恭喜您，您在高中二年级学生面前可以没有愧色了。（答案见第168页）

第 *12* 集

孑然一身不是了

考官出题

	请写出"jié然一身"的jié	
请写出"土wéi子"的wéi	请写出"yuè刑"的yuè	请写出"guǐ藏"的guǐ

请写出"dàng山梨"的dàng	请写出"chán于"的chán	请写出"méi目"的méi	请写出"酒hú"的hú	请写出"bū逃"的bū

	请写出"折yāo"的yāo	请写出"huī节败名"的huī	请写出"七yào"的yào	
		请写出"精神jué铄"的jué		

裁判答案

		子		
	圩	刖	庋	
砀	单	眉	壶	逋
	腰	隰	曜	
		矍		

孑

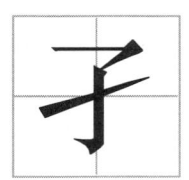

jié 3画 孑孒孑

◎ 专家解字

"孑孓"（jiéjué）两个字形体相近，在一起连用时指蚊子的幼虫。除此以外"孓"并没有什么特别的用途，而"孑"则另有其他的含义。

"孑"用在"孑然一身""茕茕孑立"等词中，是孤独、孤单的意思。西晋的李密在写给晋武帝司马炎的表奏中，曾提到自己年幼丧父，又没有叔伯兄弟，以致"茕茕孑立，形影相吊"，只剩下自己的身体和影子相互抚慰了。更早些时候，东汉的张衡在《思玄赋》中，表达了自己仕途失意后的心情，其中的"何孤行之茕茕兮，孑不群而介立"，就是说自己特立独行、无依无靠、不愿迎合世人。

另一个词"孑遗"指的是遗留、残存下的人或物，多为遭受重大灾害后的幸存者。它出自《诗经》的"周余黎民，靡有孑遗"。诗中描写了天降大旱、民不聊生的情景，"靡有孑遗"说的是大旱使得人口所剩无几，或者说的是没有人能够免受灾祸。东汉末年，应邵见开国以来的法律典籍被毁坏得十分严重，于是四处搜集材料，编写了《汉仪》，他曾在进献《汉仪》的奏章中提到"逆臣董卓，荡覆王室，典宪焚燎，靡有孑遗"，说的是董卓作乱，把先前的典籍都烧毁了，没有一部幸存下来——这里化用的就是《诗经》中的句子。

海纳百川的蓝队

◎ 先生妙语

高晓松：咱们微胖界就有这传统——滚刀肉，扛到最后！

◎ 网友热议

梦幻双鱼：一直以为自己语文还不错，那几个字有啥难的？看了才知道，那么熟的字，自己还真的会写错甚至不会写。电脑普及的今天，我们对汉字知识与文化传统的认知太缺乏了。

圩

圩圩圩

wéi xū　6画　一 十 土 圩 圩 圩

📖 专家解字

"圩"有两音：一个读wéi，指的是围绕房屋、田地修建的防水堤岸，即圩子；一个读xū，是南方地区人们对集市的叫法。

中国很早就有了修建水利设施的传统，作为堤岸的圩子便是其中重要的一项。诗歌中也多处提到它。宋代诗人杨万里写过很多清新晓畅的农事诗，其中就有《圩田》二首、《圩丁词》十首、《过广济圩》三首，可见诗人对农事生活的关注，亦可见"圩"在当时已遍及南方。"圩田"是修筑了堤防的田地，"圩丁"是修筑圩田的人，其领头人叫作"圩长"。杨万里在《圩田》诗中写道："周遭圩岸缭金城，一眼圩田翠不分。"描写的是一片翠绿的田地周围筑着堤岸，就像一圈坚固的城墙。而《圩丁词》则描绘了热火朝天的劳动场面："年年圩长集圩丁，不要招呼自要行。万杵一鸣千畚土，大呼高唱总齐声。"

由于圩子是筑在低洼地区的田地周围的，具有中间低、四周高的特征，所以"圩顶"被用来形容头顶凹陷。《史记》载孔子"生而首上圩顶"，说的就是这种异相。

…… 随读随写 ……

🔖 英雄心语

陈怡羲：纠错这个事情，我个人觉得能够增进感情，因为在彼此了解的基础上，你才敢大胆地给别人纠错，如果遇到一个陌生人，你是不敢这样的。

🔥 先生妙语

马　东：把你的注意力集中在输赢之外，输赢只是一个结果，没那么重要。

👥 网友热议

冯李平：看了《汉字英雄》，发现很多字都不认识，就甭说写了。这个节目太好了，我们全家都爱看。

刖

刖 刖 刖 刖

yuè　6画　丿 刀 月 月 刖 刖

专家解字

"刖"是古代一种砍去脚的肉刑。"月"是声旁,"刂"是"刀"的变体,表明刖刑与刀具有关。

"卞和刖足"的故事非常有名。春秋时楚国人卞和在山里发现了一块未经雕琢的璞玉,把它献给厉王,治玉的工匠看了后却说是石头,厉王以欺君之罪砍掉了卞和的左脚。厉王去世后,卞和又拿璞玉献给武王,又因同样的理由被砍掉右脚。武王去世后,文王即位,发现卞和怀抱着那块璞玉在荆山下哭得特别伤心,"泣尽而继之以血",就问他:"天下有那么多人被砍去了脚,为什么只有你哭得如此悲伤呢?"卞和说:"我不是因为我的残疾而伤心,我是因为宝玉被当作石头、正直的人被当作骗子而伤心啊!"文王于是命工匠们雕琢那块"石头",果然发现了宝玉,就叫它"和氏之璧"。

这个故事经常被用来表达渴望得到赏识的心情。李白曾在诗中写道:"荆山长号泣血人,忠臣死为刖足鬼。"就是在借古人的故事抒发自己怀才不遇的愤懑。但竟也有"羡慕"卞和的,如李商隐因得罪上司,不得已请求辞官,他感叹道:"却羡卞和双刖足,一生无复没阶趋。"

赢的人哭了

英雄心语

李嘉豪:我不想让她这样,我早知道就不交朋友了,既然要交朋友,干吗还要和朋友一块儿打呢?

先生妙语

于　丹:立刀是什么呢?就是一把带把儿的刀,后来立在旁边了。很多跟它有关的字都是这么来的。当然这个刀在更古的时代,它也是一个文化工具。我们现在看"删除"的"删",实际上其中的"册"就是个象形的竹简,刀在竹简旁边把它给删改了,这就是刀在这里的功能。

自测题12答案

舛 岫 伐 祚 牍 稔
堞 蓖 鹙 糕 憩 謦 懿

庋 庋 庋

guǐ 7画　`、亠广庁庄庋庋`

矛盾心情

英雄心语

严宇桥：为什么选王泽城？我感觉如果选太小的，在上小学的，肯定是对他们不公平的。虽然说我这个年龄，选泽城也不是太好，但是我感觉他是要比我稍微强一点的，因为他这么小就能跟我一个年级，首先我就自愧不如了。

专家解字

"庋"指储藏东西的架子。它多出现在文言里面，现在已经不大用到了。"庋"的形旁是"广"，"广"本指一种依山而建的房子，储藏东西与房子有关，所以"庋"以"广"为形旁。"支"是其声旁，只是它们现在的读音已经相差很远了。

记载魏晋名士言行的《世说新语》，曾讲过一个有关大书法家王羲之的轶事。王羲之的妻子郗夫人有一次对她的两个弟弟说："王家的人每次见到谢安、谢万两兄弟来家，就倾筐倒庋地拿出家里的东西接待他们，见到你们两个，就态度平平了，所以请你们还是不要再来了吧。"书中用"倾筐倒庋"这个词来表现王羲之对待二谢的热情，意思是把筐里的东西都倾倒出来，把架子都翻倒过来，其实就是我们现在所说的翻箱倒柜、倾尽所有之意。

"庋"也用作动词，表示把东西藏起来，即"庋藏"。《新唐书》记载了名臣牛仙客的事迹，说他为人特别谨慎，皇帝赏赐他的东西，他都"缄庋不敢用"，也就是封存、搁置起来不敢享用。

先生妙语

于　丹：广字头是什么意思呢？大家看它的形状，就是象征一个高屋子。过去这屋里头的功能是不一样的。我们今天说的"政府"的"府"，原来是个跟文化有关的地儿，藏文书的地方才叫"府"。真正跟武力有关的字是什么呢？是"库"，库里头是放什么的？是放车马兵器的，车马甲兵之地曰"库"。

砀 dàng 8画

一 ア 石 石 石 砀 砀 砀

陽砀砀砀

● 专家解字

"砀"现在用作地名，即安徽的砀山。"砀"本指带有花纹的石头，据说砀山就是由于盛产这种石头而得名的。如今，砀山则以砀山梨而闻名全国。

砀山曾是汉高祖刘邦的避难之地。刘邦年轻的时候就曾被人看出有大富大贵之相，他也颇以此自诩。他在"斩白蛇"时被当作"赤帝子"，因此更加自负起来。当时秦始皇正在位，总觉得"东南有天子气"，就向东出巡，想要把"天子气"镇压住。刘邦闻言，心想这"天子"不就是自己吗？于是逃到芒山、砀山一带避祸。他的妻子吕氏带着人去寻他，总是一找就找到了。刘邦觉得奇怪，吕氏说："你的头上总有云气，所以特别容易发现。"刘邦听了以后非常高兴，对自己是"真命天子"更加深信不疑。

"砀"和"汤"虽然声旁相同，但读音却并不一样，要注意不要读错。

随读随写

英雄心语

章馨月：他总说我小说我小说我小，其实他就比我大几个月。下次我一定要告诉他，你别老趾高气扬的，我也能行。

■ 精彩瞬间

章馨月：我想我应该不会输给你。我在下面已经做好了充分的准备来迎接你，昨天晚上和今天早上，我几乎快把一本《新华字典》给抄完了。

李嘉豪：我告诉你晚上的效率不好。我看你能赢我吗？

章馨月：我晚上十点多睡着的，我早上六点多才醒。

李嘉豪：我熬到四五点，咱们俩比比呗。

章馨月：那你晚上的睡眠质量不太好。算了，不说了，比赛场上见。

于　丹：我看他们俩怎么那么像美羊羊跟灰太狼在那儿说话呢。

单

chán　dān　shàn　8画

随读随写

英雄心语

严宇桥：每一次推轮椅的时候都是王泽城帮我推着的，所以赢了他感觉挺不好意思的。

王泽城：其实我并没有怪严宇桥，我只是说我的发挥有点失常，差一点点就能成功。

专家解字

"单"共有三个读音：chán、dān和shàn。

chán音只出现在"单于"一词中，"单于"是古代匈奴君主的称号。

我们最为熟悉的是dān这个音，它就是"单独""单一"的"单"。唐代文学家韩愈在《祭十二郎文》中，曾用"两世一身，形单影只"，来形容自己与侄儿的孤独无依。韩愈自小失去父母，和小他5岁、同样幼年丧父的侄儿一起，由嫂子抚养成人。在他年未40的时候，他的侄儿却先他病殁了，于是他写下了祭奠他侄儿的《祭十二郎文》，表达了对侄儿去世的深切哀痛。文中说，自己这辈和子侄辈"两世一身"，两个人在同辈人中都是"形单影只"，叔侄二人本可互相依靠，不料侄儿却不幸早逝，这对韩愈的打击可想而知啊！单层的衣物必然不厚，所以"单"字又有衣裳单薄的意思。白居易的《卖炭翁》描写衣衫单薄的卖炭老人"可怜身上衣正单，心忧炭贱愿天寒"，表达了作者对劳苦人民的深切同情。

"单"做姓氏时要读shàn。

网友热议

此人非仿：平时摆在自己面前毫不犹豫就能通顺阅读的字词，当要写出来时，却发现原来自己以为清晰印在脑海里的汉字瞬间变得模糊。闲暇时，偶尔体会汉字最原本的魅力。

满不在乎：电视上的很多字我都不会写，以前一点儿也不在乎，现在有了孩子了，可不能随便写随便念了，不能给他留下错误的第一印象啊。

眉

méi　9画　｜一｜尸｜尸｜尸｜眉｜眉｜眉｜眉｜

◉ 专家解字

"眉"原本是个象形字，下面的"目"早先画得像一个眼睛，上面部分是眉毛。

自古女子好打扮，而"画眉"更是女子梳妆打扮的必备环节。唐代诗人朱庆余写过一首诗："洞房昨夜停红烛，待晓堂前拜舅姑。妆罢低声问夫婿，画眉深浅入时无？"写的是新婚女子在拜见公公婆婆之前，问丈夫自己画的眉毛如何。看起来这是一首格调清新的描绘生活场景的小诗，可实际上它却别有深意。原来，朱庆余当时正要参加科举考试，想要向主考官张籍表达自己的心意，却又谦退不愿直说，于是就写了这首诗献给张籍，其实是在打探对方的想法。张籍也是个聪明人，知道朱庆余的意思，便回赠了一首："越女新妆出镜心，自知明艳更沉吟。齐纨未足时人贵，一曲菱歌敌万金。"看起来也是在写女子的事情，与前诗毫无二致，隐含的意思却是说朱庆余的文章清新自然，别有可贵之处。后来，朱庆余果然考取。两人巧借"画眉""新妆"传情达意，有"醉翁之意不在酒"之妙。

左手也能写好

◉ 先生妙语

高晓松：我只能认为你是一直在让着他，把常用字都让给他了。
马　东：他肯定是那种平常生活当中，四处哪儿都去的孩子，所以他写的很多都是常用字。

◉ 网友热议

亮堂堂：发现一个貌似规律的东西——男生喜欢写常用字、简单字，女生喜欢写生僻字、难字。

◉ 英雄心语

帅又荣：我一开始想先用难的字把对手给比下去，但是后来发现对手一点都不急，人家有很多常用字，慢慢写。我一开始写字不应该先写一些难的字，要先从简单的字想，然后那些难的就是保底的。自信心应该有，但是可以换一种方式。

壶

hú　10画　一十十十士吉冇壴壷壶

哥们儿加油

英雄心语

吕宝源：其实吧，我对汉字并不是太重视，我只有这两天才开始突击汉字。像那种突击我觉得是无意义的，毕竟这是长期积累的东西，自己回去以后多积累一些汉字吧。来到这里我很开心，在这么多天里跟团队在一起干了很多事情，觉得大家在一起挺好的。

专家解字

"壶"是个象形字，现在仍能从其轮廓隐约看出它像个富有曲线的壶的形状，如果看它的古文字形态就更加像了。

壶可用为盛酒的容器，李白就有"花间一壶酒"的诗句。古时候，壶还能用作一种游戏的道具。这种游戏叫"投壶"，即把箭头投到壶里，以投中多少判定胜负。传说，在极东边的地方有一座石室，里面住着东王公，他身长一丈，鸟面人形虎尾，头发皓白。东王公经常和身边的一位玉女玩投壶的游戏。每当他们投中的时候，天就会唏嘘涕零，泪落成雨；假如没有投中，箭头掉到了外面，天就会大笑，这时地上的人们便会看到闪电大作，却没有雨落下来。

"玉壶"也是古诗中常见的一个美好的词语。唐代王昌龄在一首送别友人的诗中，告诉对方"洛阳亲友如相问，一片冰心在玉壶"，是在托朋友传递自己洁净高尚的情怀。"玉壶"又可代指月亮，南宋辛弃疾的词句"凤箫声动，玉壶光转，一夜鱼龙舞"，描写了元宵之夜的欢腾景象，其中"玉壶光转"说的就是月亮一整夜的光影变化。

先生妙语

马　东：他们写常用字我看着真舒服。

网友热议

小百合：我的语文一定是数学老师在体育课上教的！学的汉字都还了一大半给老师了。小学时经常一个字两行两行地写，现在还是记不清

逋

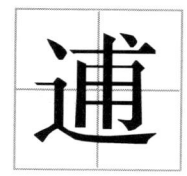

bū 10画　一 亠 丆 厅 甫 甫 甫 浦 浦 逋

◎ 专家解字

"逋"是逃跑的意思，部首"辶"表示其意义与走路有关，而"甫"则是"逋"的声旁。

宋代有位名叫林逋的隐士，"梅妻鹤子"（以梅为妻，以鹤为子），独行于世。林逋钟爱梅花，其著名诗句"疏影横斜水清浅，暗香浮动月黄昏"被传为千古绝唱。他曾经在杭州西湖一带隐居，与湖边寺庙里的高僧往来密切。每当这些客人前来拜访而恰逢林逋出游西湖的时候，他的童子就把他养的两只鹤放飞出去，林逋看到这两只鹤就会棹舟归来。

古代还用"逋客"一词指称逃避尘世的人，也就是隐士。唐代诗人韦庄在《题酒家》中写道"寻思避世为逋客，不醉长醒也是痴"，就是用的这个意思。逃跑的人必然漂漂泊泊，所以"逋客"又指漂泊流亡之人。白居易有一首题李白杜甫诗集的诗作，说李杜二人"暮年逋客恨，浮世谪仙悲"，后一句是指被称为"谪仙"的李白，而前一句指的就是杜甫，因为他暮年漂泊，"亲朋无一字，老病有孤舟"，所以称他"逋客"。

◎ 先生妙语

于　丹：我们人这一辈子有多少事情，都跟行走相关。我们有"追"有赶，有往有"返"，这些字都跟走之相关。你看人生有"进"就有"退"，但是更多的时候我们会"遭遇"，"遭遇"二字都有走之。我们现在的小选手，是在文字上认识走之旁，真正人这一辈子，是要自己以身体之，以血验之，好好去悟一悟走之这个部首的。

随读随写

◎ 英雄心语

屈沛宁：跟他俩在一起也没想着进决赛，难度太大了。遗憾是肯定有，因为有很多简单字还没写出来。

腰腰腰

yāo 13画 月 肝 肝 肝 肝 肥 胛 腰 腰 腰

学了汉字，还学到了大道理

英雄心语

章馨月：我觉得李嘉豪哥哥很仗义，输给嘉豪哥哥我还觉得挺开心的。这次来《汉字英雄》我非常地开心，因为我不仅学到了很多的汉字，而且我还学到了马东老师讲给我的人生的大道理。

专家解字

"腰"是个形声字，左边的"月"是"肉"的变形，说明"腰"是人身上的一个部位。其实，腰部的"腰"本来是没有肉字旁的，只写作右边的"要"。"要"本来就是像腰之形，后来由于又被用于表示其他的意思，才又加上肉字旁以示区别。

腰部是人体较为灵活的部位之一，可以挺直腰杆，也可以折腰。但在汉语当中，"折腰"却还有着特殊的含义。东晋大诗人陶渊明一生不慕荣利，在他当县令的时候，有一次上面派督邮到县里，他的手下人告诉他应该穿好官服去迎接。陶渊明叹道："我不能为了五斗米去低头弯腰小心翼翼地侍奉这些人啊！"于是没多久就辞了官，在归家途中写下了那篇著名的《归去来兮辞》。从此，"不为五斗米折腰"就被传为佳话，成了人们追求的处世境界。而毛泽东写在《沁园春》中的"江山如此多娇，引无数英雄竞折腰"，这里的"折腰"虽然也是弯下腰来，却不是为了屈身事人，而是出于对大好河山的赞赏与倾慕。

先生妙语

马　东：我以为他写不出来呢，因为他上来就是一股哀兵之气。他上来说，我就是弄俩足球，我就满足了。

于　丹：他就比好多孩子聪明。好多孩子上来那个志满意得呀！

张颐武：低调反而有他厉害的地方，最后就显出来了。

于　丹：对！

隳

隳 隳 隳

huī　17画　｜阝阝′阝″阝″″隋 隋 隳 隳 隳

● 专家解字

"隳"是"毁坏"的意思，本来指城墙等建筑的毁坏破败。比如西汉政治家贾谊在《过秦论》里面讲到的秦始皇统一天下之后"隳名城，杀豪杰"，就是毁掉城墙、屠戮豪杰的意思。贾谊又在文章的结尾提到秦朝"一夫作难而七庙隳"，意思就是说陈涉一人起义，秦朝的宗庙就毁坏了，实际是以宗庙的毁坏指代国家的灭亡。

成语有"隳节败名"，指毁掉、败坏自己的气节和名誉。古代还用"隳名"指隐姓埋名。中国古代的"隳名"之人可谓众多，与孔子同时代的"楚狂接舆"便是一个著名代表。一天，孔子正乘着车出行，忽见一个楚国的狂人，拦住孔子的车子唱道："凤鸟啊，凤鸟，你的德行为何不再？过去的不可挽回，未来的还可追赶。算了啊，算了，从政的人们危险了！"孔子走下车想要同他说话，他却不等孔子开口便走远了。这位连名字都没有留下的"楚狂"，所歌唱的意思无非是劝告孔子，要像有德行的凤凰那样"天下有道则见（现），无道则隐"。这样的话，积极入世的孔子肯定是不会赞同的。

"隳"和"毁"意义相近，但读音并不完全相同，前者读huī，后者读huǐ，要注意加以区别。

……… 随读随写

网友热议

孙明明的小窝：我很支持《汉字英雄》里的严宇桥哦，不管能不能是冠军，都不重要的。

● 先生妙语

于　丹：耳刀旁，严格来讲，也可以说它是阜字旁。我们看"阜"，其实就是重重叠叠的土坡。为什么我们说有"阻隔"？"阻"和"隔"都是从这个耳刀旁，就是这个阜竖立在你的眼前，就是你过不去了。

曜曜曜

yào　18画　日 日' 日² 日³ 日⁴ 昕 昕 晔 曜 曜 曜

我还是愿意把字典给你

英雄心语

陈怡羲：关于汉字的东西还是挺喜欢的，当然我也很不希望给人叫我活字典，因为我也并不是完全不能容忍错误。纠正别人我自己记得也挺牢的，这应该是双赢的一个过程。

专家解字

"曜"是个左形右声的字。它与我们常用的"耀"意思比较接近，都有光辉照耀的含义，只是我们现在使用"照耀"一词，而不写成"照曜"。

"曜"也可以用作光芒四射的日月星辰的代称。中国古代有所谓"二曜""三曜""七曜"的说法，"二曜"是指太阳、月亮，"三曜"是指日、月、星，"七曜"是指日、月以及火、水、木、金、土五颗行星。后来，人们还用"七曜"来命名一个星期的七天，星期日叫日曜日，星期一叫月曜日……依此类推。今天的日本仍然保留着这样的计日方式。

还有一种名叫黑曜石的天然琉璃宝石，因多为黑色且光亮耀目而得名。在佛教文化中，黑曜石被视为能够镇宅辟邪的圣物，所以很多佛像及佛教用品都用黑曜石制作。在北美印第安人的文化中，黑曜石被称为"不再哭泣的宝石"。传说印第安部落的一支队伍中了敌人的埋伏，寡不敌众，全军覆没。噩耗传来，思念将士的少女们痛哭的眼泪撒落到地上，就变成了一颗颗黑色的小石头，谁拥有这样一块黑色的曜石，便永远不会再哭泣，因为，印第安的少女已经替你流干了眼泪。在墨西哥玛雅神殿中，常用黑曜石做神兽和雕像的眼睛。对于墨西哥人而言，黑曜石具有特殊的神性，因而也常用来当作占卜的器具。

先生妙语

马　东：她虽然挑我那么多错字，我还是愿意把这个礼物送给她，因为这套《汉语大词典》在她那儿发挥的作用，比在我这儿要大得多。

矍

jué　20画

矍 矍 矍 矍

专家解字

"矍"由"瞿"和"又"两部分组成,"瞿"表示瞪大眼睛惊视四周的猛禽,"又"表示人的手。"瞿"和"又"组合起来,表示猛禽被人抓住,瞪大眼睛环视四周想要努力挣脱的样子。这个时候的猛禽必定显得很亢奋,所以"矍"又可以形容人很精神的样子,如"矍铄"。

古时常将身体健康、格外精神的老者称作"矍铄翁",这一称呼起源于东汉时的名将马援。马援是东汉开国功臣,为汉光武帝统一天下立下了赫赫战功。东汉政权建立后,马援仍然不顾年老体衰,东征西讨。在他62岁的时候,武威将军刘尚在征讨武陵五溪蛮夷的战争中打了败仗,马援主动要求前去救援,光武帝念他年老,没有答应。马援请求说:"臣尚能披甲上马!"光武帝令他试一试,他跨上马背,据鞍顾盼,一副大材可用的样子。光武帝笑着说:"矍铄哉是翁也!"意思是"这老翁真勇猛啊"。于是派马援率领将士四万余人前往征战。后来"矍铄"一词便越来越多地用于形容老年人了。

由"矍"构成的"钁""攫""玃"都读jué,其形旁决定了它们的意义差别:金字旁的是一种金属制造的刨土农具,提手旁的表示用手去抓取,犬字旁的是一种较大的猴子。

随读随写

英雄心语

严宇桥:暴风骤雨,能托起高飞的海燕;惊涛骇浪,能推动腾跃的蛟龙。我是严宇桥,一只折翅的雄鹰。梦想和目标,给予我飞翔的渴望;坚毅和自信,给予我飞翔的动力。我知道一路走来,我是坐着的,但是我相信,坐着的我一样能够抓得住我的梦想。

网友热议

timl618:鉴于选手或者主持人有些汉字的发音不怎么标准,所以在揭晓正确汉字时,上面应该注音,有时是多音字时,应该全部标注。

自测题 12

		请写出 "chuǎn错"的 chuǎn		
	请写出 "白云出xiù" 的xiù	请写出 "qiàng兽"的 qiàng	请写出 "门衰zuò薄" 的zuò	
请写出 "简dú"的 dú	请写出 "熟rěn"的 rěn	请写出 "花砖màn地" 的màn	请写出 "雕méng"的 méng	请写出 "趋之若wù" 的wù
	请写出 "cí粑"的 cí	请写出 "休qì"的 qì	请写出 "pán鼓"的 pán	
		请写出 "yì范"的 yì		

小贴士：如果您十三宫全部写对，恭喜您，您高中毕业了。（答案见第181页）

第 13 集

桓垣貌合神相离

考官出题

	请写出"货bì"的 bì	
请写出"盔jiǎ"的 jiǎ	请写出"婕yú"的 yú	请写出"fèi腑"的 fèi

请写出"盘huán"的 huán	请写出"河pàn"的 pàn	请写出"冰xuě"的 xuě	请写出"yú利"的 yú	请写出"jī角"的 jī

请写出"粗lǔ"的 lǔ	请写出"姜yuán"的 yuán	请写出"zhèn圭"的 zhèn
	请写出"yuán丘"的 yuán	

裁判答案

```
            币
        甲  好  肺
    桓  畔  雪  渔  犄
        鲁  嫄  瑱
            圜
```

币

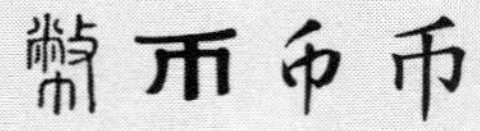

bì　4画　一ㄏ丙币

专家解字

"币"现在指货币。其繁体字写作"幣"，是个形声字。"幣"最初是指用作礼物的丝织品，所以用"巾"做形旁。由于丝织品比较贵重，古人也常以丝织品充当商品贸易的中介物，其作用类似于现在的货币，后来"幣"也就发展出货币的意思来。"幣"上边的"敝"是声旁，后来简化字形时把"敝"变成了一撇，成了现在的"币"。

中国古代曾出现过不少有趣的货币形态，西汉的白鹿皮币就是其中的一种。白鹿皮币是汉武帝倡导发行的货币。当时的皇家园林里有很多鹿，汉武帝就命令收集鹿皮作为制作货币的材料，以一尺鹿皮为基础，在边缘缀上花边即成为货币，价值四十万钱。汉武帝还规定皇亲国戚朝拜皇帝或互相拜访时，都必须用这种皮币。但因造价太高，白鹿皮币通行不久即被废止了。这种皮币在中国货币史上被视为纸币的源头，可惜现在已见不到当时皮币的实物了。

注意在写"币"时，不要把上面的一撇写成横，那样就成了另外一个字了，即"周匝"的"匝"的另一种写法"帀"。

喵星队

英雄心语

刘冠文：我是一个队长，也是他们中间年龄最大的，对他们负着一种责任，所以我觉得应该稍微收敛一下我"装可爱"这一点。你们看到的上一期那个装可爱的我、这一期这个话痨的我，还有私底下很安静的我，其实都是我。

先生妙语

于　丹："巾"是什么呢？最早是系在身上的那种手绢，所以我们看这个字，不就是两头一耷拉，中间系着的一块手绢吗？后来引申延展，才发展成为人头上戴的头巾。这个"巾"字后来就作为一个偏旁，逐渐逐渐地发展出了更多的字，我们今天特别熟悉的一个字是"席子"的"席"。

甲

田 田 ⇧ 甲 甲 甲

jiǎ　5画　｜ 冂 冃 日 甲

不忍心选太小的小朋友

英雄心语

刘孟洋：我特别地纠结，我觉得我选谁都不合适，因为别人都比我厉害，就这一位张家慈小朋友，他太小了，我也不忍心选他，所以我就只能点了。

专家解字

"甲"是罩在物体外面起保护作用的硬壳。乌龟的身上就有这样的硬壳，叫作龟甲，甲骨文就是殷商时期刻在龟甲或兽骨上的文字。

在古代战争中，士兵们为了保护自己，也在身上披上了一层"硬壳"，这就是铠甲。最初的铠甲一般是用犀牛等动物的皮革制成的，所以又称为犀甲。那时还没有铁制的铠甲，"铠"字是铁制铠甲产生以后才出现的。

不光是动物皮革和金属，就连质地坚韧的野藤也可以做护身的铠甲。相传在三国时，诸葛亮率领大军平定西南，上演了"七擒孟获"的故事。在诸葛亮第七次与孟获交战时，孟获请来乌戈国的三万藤甲兵助阵。这些藤甲兵有藤甲护身，刀箭不入。蜀军一筹莫展，经过打探，才知道这种藤甲是用野藤编织而成，又用桐油浸泡了七七四十九天。制成后的藤甲又轻又坚又能防箭，刀砍枪刺不入，遇水不沉，穿上它就可以在战场上所向无敌，也难怪蜀军吃败仗了，后来诸葛亮使用火攻计才取得胜利。

"甲"这个字还是天干的第一位，常用来表示第一。我们称六十年为一甲子，就是因为天干地支的纪年组合六十年循环一次，于是就用第一个组合"甲子"来代表整个六十年了。

精彩瞬间

马　东：家慈，选谁呀？
张家慈：黄首程吧。
刘冠文：选黄首程啊！黄首程你要让着他啊。
冀妍菲：对，你一定要让着他。
刘冠文：你一定要提醒他，知道吗？
黄首程：好，我知道就告诉他。

妤

妤 妤 妤

yú　7画　ㄑ 女 女 妤 妤 妤 妤

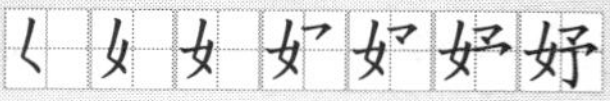

◎ 专家解字

"妤"字一般与"婕"字连用，组成"婕妤"（jiéyú）一词，用作古代帝王妃嫔的称号。妃嫔有不同等级，"婕妤"是其中的一级，据说地位和上卿差不多。因为是对妃嫔的称呼，所以两个字都以"女"为形旁，而"疌""予"分别是它们的声旁。

"婕妤"一词中，"婕"的意思来源于"接"，意思是能够接到皇帝的宠爱；"妤"则是指人美貌。合起来讲，"婕妤"的意思就是能够受到皇帝宠爱的美人。

历史上有一位著名的班婕妤，其贤德品行令人称道。有一次，汉成帝命人制作了一辆较大的辇车，以便与班婕妤同车出游，但却遭到她的拒绝。她说："看古代留下的图画，圣贤之君都有名臣在侧。夏、商、周三代的末主夏桀、商纣、周幽王，才有宠幸的妃子陪坐，可他们最后却落到亡国毁身的境地。我如果和你同车进出，那就跟他们很相似了，能不令人凛然而惊吗？"班婕妤能够以理制情的美德，深受后世的褒扬。

"妤"字现在常被用作女性的名字，这也是取"妤"所代表的美貌之义。

我写对了吗

◎ 英雄心语

李　响：我把我的实力发挥出来了，我也没什么可丢脸的。我想对刘孟洋说呀，接下来的比赛呢，你一定要好好发挥，输给你呢，我也没什么可遗憾的，因为你是一个强者嘛。

◎ 先生妙语

于　丹："女"是一个象形字，甲骨文中就是一个跪着的女人。"妻子"的"妻"字，就是一个跪着的女人，用手在梳理长发。在去年的时候，热播《甄嬛传》，所以大家就知道了一大批跟女字旁相关的字，"嫔"哪，"妃"呀，"婢女"的"婢"呀，这是宫廷生活里面不同的等级、名分，给女人安排的位置。

肺

fèi　8画　丿 刀 月 月 肝 肝 胏 肺

你们好好努力

英雄心语

冀妍霏：表面上真的看不出来我有多紧张，但后来当我写不出来时，我真的特别紧张，我觉得我还是输给了自己的心态。其实我特别喜欢汉字，而且我特别喜欢我的伙伴和同学们，我不想跟他们分开。

专家解字

"肺"指人或动物的肺脏，所以用"月"做形旁。"市"是它的声旁，这个声旁与"城市"的"市"字形很相近，但并不同："肺"的声旁"市"中间的一竖是一笔写下来的，而"市"的上边是一点。

明代小说家冯梦龙的《醒世恒言》中，记载了一个关于"狼心狗肺"的传说：有一次，神医扁鹊在路边的草丛中发现一具尸体，像是刚死不久。他想把那人救活，可是尸体的心肺已坏。正犯难时，恰好一只狼和一只狗从这里跑过，他便捉住它们，分别取了它们的心肺给尸体安上。经过救治，尸体活了过来，不料他却揪住扁鹊，硬说扁鹊偷了他的财物。扁鹊无奈，只好同他去见官，对县令说："此人是狼心狗肺，如若不信，可当场查验。"那人害怕，不愿意让验。扁鹊又说："看看我缝的刀口也行。"那人解开衣服，肚子上真的有一道新缝的刀口。县令又命人查看扁鹊治病的地点，果然发现一只没心的死狼和一只没肺的死狗。于是县令叹道："那人真是狼心狗肺呀！"

先生妙语

于　丹：《说文解字》上说"月"是"缺也"。咱们想想这月亮，在整个一个月中，它最圆满的时候，也只有十五十六称为望日的时候。好多人说"人生不如意事常八九，可以言者无二三"，其实也是遗憾多，但是看看月亮就知道阴晴圆缺，就知道要有一颗平常心。"明朗"的"朗"字从月，朗朗的月光照射下来，而这样的一种明朗，因为被人喜欢，后来引申指性格，说一个人爽朗，到今天我们仍然说，有一种境界是心如朗月，这就是月亮跟人的关系。

桓

桓 桓 桓 桓

huán　10画　一十才木朴朴朽柏桓桓

专家解字

"桓"原本是古时候立在驿站或官署两旁的木柱子，即我们所说的华表。因为柱子是木制的，所以"桓"用"木"做形旁；"亘"是它的声旁。这种木柱子现在已经不使用了，"桓"就只是表示姓氏了。

"桓"姓起源很早。相传在远古时，黄帝有一位大臣名叫桓常，他的后人就以"桓"为姓。历史上出现过很多"桓"姓的著名人物，比如晋代的桓伊，就以擅长吹笛子而闻名。王羲之的儿子王徽之与桓伊是同时代的人，他听说桓伊吹笛子的技艺高超，但一直没见识过。有一次他在船上游玩，恰好遇到桓伊乘车从岸边经过，旁边有认识的人就指给他看，说"这就是桓伊"。王徽之便让手下人冲他喊道："听说阁下擅长吹笛，能不能为我演奏一曲啊？"桓伊也听闻过王徽之的大名，于是就下车坐定，为他演奏了三首曲子，演奏完就上车径自去了。自始至终，两个人都没说过一句话。著名的琴曲《梅花三弄》，据说就是根据桓伊演奏的这三首曲子改编而成的。

"桓"与"垣"字形相近，容易混淆。"桓"字的本义与木头有关，因此以"木"为形旁；"垣"字表示墙，所以用"土"为形旁。

……随读随写……

英雄心语

刘孟洋：我很满足，因为我到这里来，结识了这么多的朋友，也增长了特别多的知识。这一次虽然离开了，但我真的把我所能想到的字全部都写出来了，到最后我真的是一个字都想不出来了，所以我觉得这次我输得真的不冤。

网友热议

海　燕：看《汉字英雄》，唉，感觉好久没看书了。有些词明明朗朗上口，就是写不出来。庆幸的是，我能把笔画都写对。这是唯一的安慰了。

Peter周：真害怕语文课，要背课文、抄课文，一个词要写很多遍，我只喜欢看书。

畔

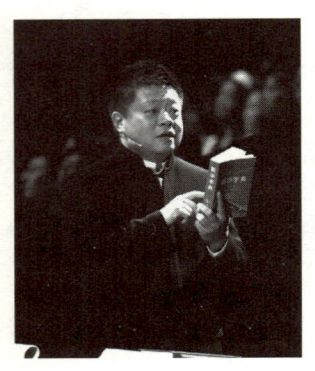

畔畔畔畔

pàn　10画　一丨冂冃用田田'田'''田¹''畔

超出字典的我们涵盖不了

🅢 专家解字

"畔"的意思是旁边、边界。因为最初是指田界，所以用"田"做形旁。"半"是它的声旁，但也有意义，把一块田地从中间一分为二，两半的中间就是畔。

据说上古时期，历山的百姓经常因争田界而发生打斗，舜为了教化百姓，使之向善，便亲自到那里耕田种地。他总是选最贫瘠的土地耕种，遇到田地交界的地方，他总是让出田界，留给别人很大的空地。这样过了一年，人们被舜的谦让不争的品德所感动，都争相把肥沃的土地让给对方，在田界处给对方留出很大的空地，再也没有因为田畔的问题发生争执。

"畔"字后来又由田界发展出河边、湖岸的意思。屈原被朝廷放逐之后，就时常"游于江潭，行吟泽畔"，在水边散步、吟诗作赋，他的《九章》中有很多诗篇都是这样写成的。现在"畔"还可指其他一些事物的旁边、附近，如"路畔""枕畔"。

🅝 网友热议

松哥：《汉字英雄》实在办得好，全力支持。希望大家下载这个软件，全家人可以一起玩，增加家人的团队精神，还可以增进亲情交流，减少代沟，把我们以前学习的汉字再次巩固。

🅟 先生妙语

于　丹：什么是"田"呢？《释名》上说"已耕之地曰田"，还真得是耕过的地方，现在我们把这种长农作物的地方叫作"田地"。"略"为什么也是个田字旁？它的本义就是经略土地。我们是个农耕民族，从农耕的文明到今天的都市化，我们可能会在生活形态上远离了田地，但是这个田字旁里，有我们祖先生活中筚路蓝缕、以启山林的最初的记忆，也有我们自己在田野上一代一代地收获希望，收获子孙，周而复始的这种循环的生活轨迹。

雪

xuě　11画

𩁹 𩂶 雪 雪 雪

一 ｆ 宀 币 币 币 雨 雪 雪 雪 雪

◎ 专家解字

"雪"字由"雨"和"彐"两部分构成，"彐"是"彗"字的省略，"彗"是扫帚的意思。雪就是下过以后可以用扫帚扫除的雨，所以"雪"字由"雨"与"彗"两字组合而成。

雪经常成为古代诗词的描写对象。例如唐代岑参《白雪歌送武判官归京》："忽如一夜春风来，千树万树梨花开。"韩愈《春雪》："白雪却嫌春色晚，故穿庭树作飞花。"李白《北风行》："燕山雪花大如席，片片吹落轩辕台。"宋代吕本中《踏莎行》："雪似梅花，梅花似雪，似和不似都奇绝。"

在历史上，雪还成就了不少佳话呢。宋代的杨时聪敏好学，热衷理学，曾不辞劳苦行至洛阳，拜程颐为师。有一天，杨时与学友游酢因对一个问题产生了不同看法，就一起去老师家请教。当时程颐正在睡觉，杨时与游酢就侍立在门外耐心等待。等到程颐醒来时，门外的雪已经一尺多深了。这个"程门立雪"的故事成为尊师重道的千古美谈。

◎ 先生妙语

于　丹："雨"是什么呢？就是水从云下，所以我们看到这个字原始的样子，就是云团笼罩着，然后托不住了，一滴一滴下来了。到后来小篆的时候，接近现在的这个"雨"字。在殷商时期，黄河流域的雨水量非常大，所以我们的先民很早就知道雨给人带来的这种滋润，他们就用这个雨字头命名了很多很多跟雨相关的事情。例如"雷"，原来小篆里是一个雨字头下面，摞着的三个田字，我们看见这个字，耳边就似乎隐隐地有雷声轰鸣炸响。看中国人的造字多有意思。

随读随写

◎ 英雄心语

赵梓恒：我觉得冀妍霏应该是挺强的，然后就是觉得跟强的对战，也算是有一种提高。

● 自测题13答案 ●

金 研 鸦 谂 阅 碛
欹 漓 寥 戮 藜 儴 籥

渔

yú 11画 丶丶氵氵氵氵渔渔渔渔渔

还有哪个字

英雄心语

黄首程：这次比赛我认识了更多的女字旁还有鱼字旁的字，我觉得这是我最大的收获，只要是我见过的，我一定会记住的。

专家解字

"渔"的意思是捕鱼。"渔"字最开始只写作"鱼"，后来人们为了区别，就在"鱼"字上加三点水，写成"渔"，专指捕鱼、打鱼。

古人常把打鱼视作闲适自由生活的象征。高适在《封丘作》一诗中写道："我本渔樵孟诸野，一生自是悠悠者。"渔是打鱼，樵是砍柴，诗句的意思就是说过着打鱼砍柴的日子，舒适自在、无拘无束。

中国古代有个著名的寓言故事叫"鹬蚌相争，渔翁得利"：有一天，一只河蚌张着壳晒太阳，这时一只鹬鸟飞过来，想吃河蚌的肉，就用长长的尖嘴伸过去啄河蚌。河蚌迅速用力把蚌壳一合，将鹬的尖嘴紧紧地夹住了。它们就这样对峙着，谁也不肯相让，颇有同归于尽的架势。这时候，一个渔翁走了过来，十分轻易地就捡了个便宜，把蚌和鹬一起捉住，满心欢喜地回家去了。人们用这个成语比喻双方争执不下，两败俱伤，让第三者占了便宜。

先生妙语

马　东：我觉得他们把常用字基本都写完了就开始真拼了。

网友热议

大屏幕：快要退休的姐姐居然打来电话，让我和孩子一起看《汉字英雄》，让孩子学习学习。真是太阳从西边出来了，她可是一向看那些热闹的电视剧的呀！

5号线：《汉字英雄》让我想起多年以前的智力竞赛，只不过那时的智力竞赛没这么有趣，也没这么轻松。

犄

犄 犄 犄

jī 12画 ノ ㄨ 乍 牛 牛 犭 犭 犭 犭 犄 犄 犄

专家解字

"犄"一般和"角"构成"犄角"一词，是兽角的意思。因为牛是人们生活中常见的牲畜，并且牛角大而明显，造字的人就用"牛"为形旁；"奇"是"犄"的声旁。

在历史上，牛犄角还曾作为武器出现在战场上。春秋时期，燕国将领乐毅攻下齐国七十座城池，最后只剩莒县和即墨两座小城在齐国人手里，于是燕军引兵向东，围困即墨。城中的百姓便推田单为将军，领导即墨将士抵抗燕军。即墨被围困了三年，粮草断绝，已经撑不下去了。田单不得不率众突围，他挑选了一千多头牛，在牛犄角上捆上两把尖刀，尾巴上系上浸了油的苇束。他下令把牛队赶到城外，在牛尾巴的苇束上点火。牛尾巴一烧着，一千多头牛被烧得性子大起，朝着燕军兵营猛冲过去。此时燕军都还在睡梦中，忽见成百上千脑袋上长着刀的牛冲过来了，吓得腿都软了。田单就靠这火牛阵，出奇制胜，大败燕军。

"犄"与"掎"（jǐ）字形相近，容易混淆，要注意区分："掎"的形旁是"扌"，表示与手的动作有关，是牵制的意思。

敢于站在这里的都是英雄

英雄心语

冀妍霏：我们不管在比赛上谁输了谁赢了，我们私底下都是最好的朋友。

精彩瞬间

（选手车轮战，写女字旁的字，写了"妈""娘""姨""婶""婆""姐""姑""奶"……）
刘孟洋：你把我储备给抢没了。
冀妍霏：不会的，相信我，你储备没那么点儿。
马　东：现在他们这个年纪的孩子，还能写出这么多亲戚来，已经不容易了。
（冀妍霏写"妗"。）
马　东：哇，妗，大妗子！

鲁

㒭 㝡 䯝 魯 鲁 鲁

lǔ　12画　丿 丶 勹 勹 勹 勹 鱼 鱼 鱼 鲁 鲁 鲁

随读随写

网友热议

枫叶红了：以后能不能把笔顺也算在内啊？笔顺不对也算输。

私家车：评委老师多给讲讲吧，俺的汉字知识太欠缺了。

🔘 专家解字

"鲁"字是姓氏，也是山东的简称，因为山东是古代鲁国的所在地。"鲁"上面是"鱼"，在古书中有时会与"鱼"字相混，所以就有了"鲁鱼亥豕"的成语，用来指代书籍中的传抄讹误。其中"亥"和"豕"字形相近，也常常混淆出错，因而与"鲁鱼"并用。我们平时写字时，可不要闹出"鲁鱼亥豕"的笑话来！

古代鲁国出产的缟（白绢）极轻极薄，很受欢迎，世称"鲁缟"。当时鲁国的邻国齐国还曾利用"鲁缟"使鲁国屈服呢。有一次，齐国名相管仲为了打击鲁国，要求全国官员的衣服由齐国的纨布改为鲁国的缟布，以刺激缟布涨价；同时禁止齐国百姓织缟布，而是大量向鲁国购买。一时间鲁国收入大增，整个国家因忙于织缟布而放弃了农业生产。一年后，齐国忽然拒绝购买鲁国的缟布，而这时鲁国已经没有粮食了，百姓无以为生，不得不被迫签下屈服齐国的条约。管仲利用经济学的谋略打击了鲁国，实现了不战而屈人之兵的上上之策。

"鲁"另外还与"钝"意思相近，都有不灵活、迟钝、愚钝的意思。孔子评价他的四个学生说"柴也愚，参也鲁，师也辟，由也喭"，其中说曾参这个人"鲁"，就是说他比较朴拙，举止迟缓，资质鲁钝。

🔘 先生妙语

高晓松：我发现咱们去当私塾老师也可以，特爱哄孩子。
于　丹：对，见着孩子就柔情似水的。

嫄嫄

yuán　13画　ㄑ ㄑ 女 女 女 妒 妒 妒 妒 妒 妒 嫄

专家解字

"嫄"是周朝始祖后稷的母亲的名字，这位母亲姓姜，嫄是她的字。姜嫄的时代正处在母系氏族社会，为女性专门造字是常见现象。

传说姜嫄是帝喾的妃子。有一天她在野外行走的时候，见到一个很大的脚印，觉得很好奇，就走上去踩了两下，回去不久就觉得肚子里有东西在动。随着肚子变得越来越大，她心里觉得很奇怪也很厌恶。后来她生下了一个男孩，觉得他是不祥之物，便把他扔到窄巷子里，奇怪的是马牛从他旁边走过都不踩它。姜嫄又把他扔到山林中，恰好当时很多人在山林里砍柴，她只好把他抱回来了。最后她又把孩子扔到沟渠中的冰上，结果鸟儿飞过来用翅膀庇护着它。见到这些情景，姜嫄觉得这个孩子有神灵佑护，便将他取回身边抚养长大。因为起初想丢弃这个孩子，所以姜嫄就给他起名叫"弃"，这就是后稷。后稷教民稼穑，种植五谷，因此人们歌颂姜嫄说："赫赫姜嫄，其德不回；上帝是依，无灾无害。"大意是说：光明伟大姜嫄氏，品德端正无邪僻；上帝依恋眷顾她，没有伤害无灾异。

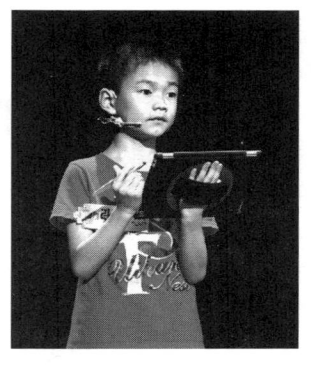

再让我想想

英雄心语

张家慈：自从来到《汉字英雄》这个栏目之后，我认识了许多大哥哥和大姐姐，他们都对我特别好，马东叔叔也帮我实现了愿望。我会好好学习，以后再来参加《汉字英雄》。

先生妙语

于　丹：这是"姜嫄"的"嫄"，在陕西宝鸡有姜嫄庙。

网友热议

曼陀罗：很早以前看过一篇文章，就叫《读字典》。能把一本字典读下来，那该需要多少毅力啊！

多问问："六书"是古人总结出来的六种造字规律，具体指象形、指事、会意、形声、转注、假借。

瑱

瑱 **瑱** 瑱

zhèn tiàn 14画 王 壬 壬 壬 瑱 瑱 瑱 瑱 瑱 瑱

惜别

英雄心语

刘孟洋：我觉得我输这场比赛我不冤，我已经发挥出我的所有的实力了。黄首程，你虽然比我小一岁，但你认的字真的比我要多，我希望你可以进决赛。

专家解字

"瑱"在"瑱圭"一词中读作zhèn，瑱圭是古代帝王上朝时手执的一种圭。"瑱"还读作tiàn，是古人挂在冠冕两侧靠近耳朵处的装饰物，一般用玉、石、贝等制作，而材料不同，也代表着不同的等级，"天子玉瑱，诸侯以石"。可见，玉瑱的级别是最高的，所以"瑱"就用"王"（玉）作为形旁。

"瑱"与"填"声旁相同，而且其意义也正是来源于"填"。古人把"瑱"悬在两耳的旁边，其寓意就是要用玉石填塞耳朵，告诫自己要保持镇静自重，不要妄听谗言。可见"瑱"还寄托着古人美好的道德寓意呢。

商朝末代君主商纣王是个有名的暴君，他倒行逆施，暴虐无常。相传在周武王率师伐商的时候，由于商纣王极其不得人心，商朝军队根本无心抵抗，纷纷溃败。商纣王见大势已去，登上高台，穿上华丽的衣服，佩戴上玉瑱等珠宝，纵火自焚。商纣王在兵败寻死之际，还不忘戴上玉瑱，可见他很重视"瑱"这种东西。可是他平常不好好修身治国，临死才将玉瑱奉为珍宝，这又有什么用处呢？

先生妙语

马　东：我觉得他掉眼泪不是因为输，而是因为即将离开这个舞台，是因为这几天来跟整个团队玩得特别高兴，所以游戏到结束的时候，他有点……

网友热议

小夜莺：会写不一定代表会用。看到一些选手会写，但不会念，也不知道意思。要既会写，又会念，还知道意思，还会用，才是真正的汉字英雄。

圜

yuán　huán　16画

专家解字

"圜"字读 yuán 时与"圆"意思相同，现在只用于一些特定的地方，如天坛的"圜丘"。

圜丘是古代皇帝举行冬至祭天大典的场所，又称祭天坛。古代有所谓"天圆地方"的观念，祭天的坛子要修成圆形的，所以叫圜丘。现在天坛公园的圜丘仍保存着两道墙，第一道墙为方形的，第二道墙为圆形的，这是古代"天圆地方"观念的很好印证。

人们把圆形的屋子叫作"圜舍"。三国时的焦先和杨沛是很好的朋友，他们就曾一起造了一个圜舍，在里面饮食起居，并管这个小屋叫瓜牛庐。"瓜"与"蜗"古时候读音相近，因此这个小屋子其实叫作"蜗牛庐"。蜗牛背上的壳是螺纹状的圆形，他们盖的茅屋也是圆形，正好与蜗牛壳相似。蜗牛平时缩居在壳里，移动时就背着壳随处游走，焦先和杨沛给小屋起这个名字，也正好寄托了像蜗牛这样随遇而安的心境。

"圜"还有个读音huán，表示挽回、调停的意思，如"转圜"。

笑对比赛

英雄心语

王金洋：我谁都不想赢，我觉得让朋友们上战场互相比拼比较残忍。猫女她虽然看上去比较萌，但是她也是学识渊博。我想跟她比一下，看看自己还有什么缺点，或需要改正的地方。

刘冠文：其实这一组我都不太想遇到，因为他们都比我小太多了，我如果赢了胜之不武，我如果输了更没面子。

先生妙语

于　丹：人要是给围起来了，限制了自由，就是"囚徒"的"囚"。一个人生命里最重要的东西，可能就是尊严和自由，一旦失去了这两样东西，人就沦落到了一种很悲惨的境地。这个国字框很大，框里面可以放人的思维，放人的判断，可以去放因果……所以一个国字框，不仅仅是土地上的一个区隔，也是你思想判断的一个疆界。

自测题

13

	请写出"qiān事"的 qiān	
请写出"zhuó伐"的 zhuó	请写出"鸱xiāo"的 xiāo	请写出"谣zhuó"的 zhuó

请写出"夭è"的 è	请写出"沙qì"的 qì	请写出"xīn享"的 xīn	请写出"浇lí"的 lí	请写出"liáo落"的 liáo

	请写出"屠lù"的 lù	请写出"蒺lí"的 lí	请写出"校chóu"的 chóu	
		请写出"zhòu绎"的 zhòu		

小贴士：这些字都出自鲁迅的作品，如果您十三宫全部写对，您可以去看《鲁迅全集》了。（答案见第201页）

第 14 集

疍民自古水上居

考官出题

		请写出 "jiǎn生闽方" 的jiǎn		
	请写出 "yǒu时"的 yǒu	请写出 "是fǒu"的 fǒu	请写出 "虎bēn"的 bēn	
请写出 "dān搁"的 dān	请写出 "山fēng"的 fēng	请写出 "螺diàn"的 diàn	请写出 "dàn民"的 dàn	请写出 "校wèi"的 wèi
	请写出 "放sì"的 sì	请写出 "dān食壶浆" 的dān	请写出 "偏pì"的 pì	
		请写出 "斑máo"的 máo		

汉字英雄

裁判答案

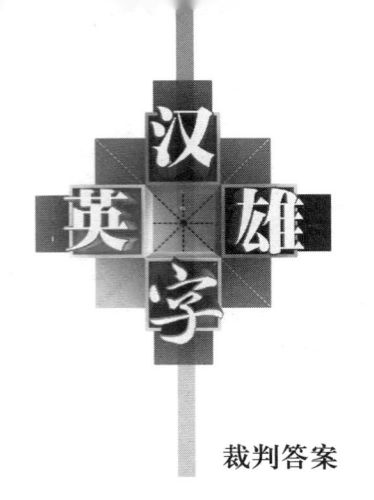

```
            囝
      酉  否  贲
耽  峰  钿  蚕  尉
      肆  箪  僻
            蛰
```

囝 囯 囻

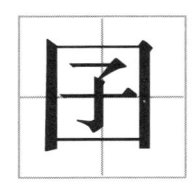

jiǎn 6画 丨冂冂囗囝囝

专家解字

"囝"是个方言用字,在闽方言中使用较为广泛。"囝"指儿子,也泛指子女、小孩儿。为了能直观表达这个意思,就选用"子"作为字的一部分。

实际上,"囝"这个称呼很早就见于文献记载了。在唐代,福建地区盛行一种野蛮的风俗。当地的地主、官僚、富商相勾结,经常掠卖儿童,抓了很多"囝",摧残他们的身体,将他们阉割掉,送往京城,给皇帝及权贵们充当宦官和奴隶。这些年少的"囝"不仅要承受和父母生离死别的痛苦,还要经受身体的戕害,过着十分悲惨的生活。唐代诗人顾况专门作了一首名为《囝》的诗,记录了这些少年的遭际:"囝生闽方,闽吏得之……"

除了这个表示小孩儿的"囝"字,唐代女皇武则天还另外造了一个"囯"字,用来代替"月"字;她还造出"囻"来代替"日"字。只是这些标新立异之举,并没有得到后世认可。

我们是24K纯黄金队

网友热议

程书东:路过一家餐馆,看到一群人在看一个节目——《汉字英雄》。旁边的小孩还趴在桌子上跟着节目一起写字。不得不说,《汉字英雄》,很成功!

先生妙语

于 丹:《说文解字》上管国字框叫回字框,说它像回避之形。可我们为什么叫它国字框?因为大家想起来最多的,就是"国家"的"国"。"国"的繁体字里面不是一个"玉",而是"或者"的"或"。"或"是从戈的,也就是说兵士拿着武器守卫着这个框里的疆土。有一个跟"国"字对应的字,就是"城邑"的"邑"。这个字原来的写法,下面是一个跪着的人,是奴隶住的地方。诸侯王住的地方才是国,所以"国"是一个大框。

酉

酉 酉 酉 酉 酉 酉

yǒu　7画　一丁丙丙西西酉

选手房晓宇

英雄心语

李炜森：千万别跟这帮朋友搞太好的关系，一旦你撤的时候，你会非常难受的。你会看到那一个个你身边的朋友，曾经跟你笑呵呵的朋友被你挤下去，然后眼含泪水。你根本就无法接受这些，你知道吗？很难受的。就像《中国合伙人》有一句话："千万别跟最好的朋友开公司"，我也说，千万别跟最好的朋友比赛！

专家解字

"酉"是地支的第十位。从字形上看，"酉"本来像一个酒坛子，最初的意思就是酒。后因"酉"被借作地支名，人们就在"酉"字上加"水"旁，造出了"酒"字，专门表示酒。

位于湖南省辰溪县的大酉山和小酉山，是承载着几千年历史文化的名山。相传当年秦始皇焚书坑儒时，朝廷博士官伏胜冒着生命危险，从咸阳偷运出书简千余卷，辗转跋涉，藏于二酉洞中，使先秦文化典籍得以流传后世。秦灭汉兴，他把这些书简献给汉高祖刘邦，刘邦大喜，亲自将二酉藏书洞封为"文化圣洞"，将二酉山立为"天下名山"。从此以后，二酉山、二酉洞就成了天下圣迹，成为读书人毕生向往和追求的地方。历朝历代前往二酉山拜谒的文人墨客络绎不绝，留下了大量的诗词文章。

"酉"字与"酋"字的写法相近，容易混淆。二字的区别在于上边是否有两点，有两点的是"酋长"的"酋"，没有两点的是天干地支中的"酉"。

精彩瞬间

马　东：炜森，选谁？
李炜森：我选——房晓宇。
马　东：有理由吗？
房晓宇：我们两个私下感情比较好。
马　东：所以就是谁干掉谁都没关系，是吗？
房晓宇：对，差不多。
李炜森：然后谁干掉谁，谁就请客。
马　东：所以你们俩今天是一个饭局之争，是吧？
李炜森：对对对。

否 fǒu pǐ 7画 一ア不不不否否

◎ 专家解字

"否"是"是"的反义词，表示否定。对一件事情进行否认、否定，往往用言辞来表达，所以"否"字由"不"和"口"组成；"不"同时也做它的声旁。

《论语》中记载孔子有一次情急发誓，就用到这个"否"字。春秋时，卫灵公的夫人南子生得十分俏丽，富有风情，很多人追求过她。有一天，南子听说孔子想去拜访卫灵公，就想见一见孔子，于是派人捎话："凡是看得起卫国、想和我夫君做朋友的，就一定要先来见过我才行，我现在愿意见你。"孔子一开始想要拒绝，可思量再三，还是去见了南子。南子当时坐在帐子里，孔子进门后就冲着北面行大礼，等孔子行完礼后，南子又回拜孔子，以致弄得自己的首饰佩玉叮当直响。外边的人不明所以，以为两人发生了苟且之事。子路因此不高兴，孔子连忙发誓道："予所否者，天厌之！天厌之！"意思是说，我要是做错了事，就让老天抛弃我！

需要注意的是，"否"字除读fǒu外，还读pǐ，如"否极泰来""臧否人物"等中的"否"。

随读随写

♨ 英雄心语

张佳琳：我觉得这个节目非常好，能让我认识不少朋友，也能让我学习很多知识。说实话我真不紧张，真的不紧张，就是想不起来最后一个字。我这次都不知道我是怎么下来的，我太不甘心了，下回我一定还来。

📖 精彩瞬间

马　东：太好了！我跟你讲，我一看他们这平均年龄、这阵容，我今天倒数绝不手软。倒数手软那是对小小孩儿。这里头除了冷若萌稍微小点儿，其他的……
姚仲浩：我！我六年级！我比冷若萌还小五天呢！
马　东：不管，都当大人使。

贲

贲 贲 贲 贲

bēn　bì　9画

一 十 土 丰 卉 卉 贲 贲 贲

于丹老师好

网友热议

跳绳锻炼：看了几期，发现于丹、高晓松一直在向选手传递正面的价值观，口才又那么好。忽然喜欢起他们来……

◎ 专家解字

"贲"一般用于"虎贲"一词，是勇士的意思。"虎贲"的"贲"本来应为"奔"，意思是像老虎奔跑追逐野兽那样勇猛，所以古人将有万夫不当之勇的人称为"虎贲"。

古代有个勇士叫孟贲，他的名字就取"虎贲"勇猛之义。他力大如牛，在水中游不避蛟龙，在陆上走不怕虎狼，发起怒来，声音震动天地。他曾经在野外看见两头牛在顶架，便走过去用手将牛分开。一只牛伏地不起，另一只牛还在顶。孟贲一怒之下左手按住牛头，右手握住牛角，硬生生将牛角拔了出来，这只牛当场就死了。后来他听说秦王招徕天下勇力之士，于是打算西渡黄河前去投奔。孟贲来到河边，自己划船渡河，划一下就前进数丈，不一会儿就过了河。

"贲"字现在已不常用，主要是作为"愤""喷"等字的声旁出现。"贲"还有个读音bì，形容装饰华美，现在也不常用。

◎ 先生妙语

于　丹："贝"是个象形字，最早是人串成的原始项链。后来人们用贝壳做货币来交换，因此很多跟货物、金钱有关的字都用它做形旁。我们说"贫穷"的"贫"，是"分贝"，一个小贝壳已经不多了，你还要把它分开。我们今天说"一分钱掰成两半儿花"，那还不是很"贫"吗？人的日子虽然过得很清贫，但是它有乐趣在内，它能够因为自己的情趣而制造出来欢乐，这才是一个很高的境界，也就是说，这个"贝"字，它也不代表一切。

耽

dān　10画

专家解字

"耽"本来的意思是耳朵大而下垂的样子,所以形旁是"耳"。中国很早就有耳朵大是福寿之相的说法,所以后来"耽"字就发展出幸福、享乐的意思。《淮南子·地形》就曾记述与太阳赛跑的夸父是"耽耳"。古代著名的思想家老子本姓李,因为耳朵长得大,所以取名"李耳"。古人除了名之外还有字号,而名与字号的意思要相关联,老子的字叫"耽",正是大耳的意思,其名与字是非常相配的。古代对人称字而不称名,所以先秦古书中都称老子为"老耽",有时写作"老聃"。

过度地沉醉于幸福、享乐就是沉迷、沉湎了。《诗经·卫风·氓》就告诫少女们"无与士耽",就是不要轻易相信男子的甜言蜜语,不要沉迷于男子编织的情网不能自拔。过度地沉迷、沉湎于享乐,就一定会耽误正事,因此"耽"字又可以表示耽误、耽搁的意思。中国历史上因沉湎于酒色而误己误国的事情可谓不胜枚举。

"耽"与"虎视眈眈"的"眈"形近易混。其实只要理解其偏旁的意思,就很容易分辨。"眈"的形旁是"目","眈眈"是目光注视的样子。两字意义不同,不能相混。

随读随写

英雄心语

冷若萌:我正在努力地学会独立。我输过,我败过,我,不曾怕过。

先生妙语

马　东:穿你这个校服的五四期间的那些女学生,如果那个时候肯去洋学堂念书,都有一种冲劲。她们很可能会直接去敲校长的门说:"你把水龙头给我换了。"

● 自测题14答案 ●
铃　蛋　跸　椁　屦　嶒
醛　黉　皤　醮　屏　鬈　蠢

峰

fēng 10画 丨 凵 山 山' 屮' 峄 峄 峄 峰 峰

蒋昊杨：我来应战

英雄心语

蒋昊杨：我看到那帮兄弟们，特别地感动，情不自禁地眼泪流下来了。我相信我是有能力再次冲闯《汉字英雄》这个战场的，我一定会再把自己的战绩挥洒在这个战场之上。

专家解字

"峰"的意思是山顶，因为与山有关，所以用"山"做形旁。"夆"是"峰"的声旁，其实它也有表达意义的作用，因为"夆"组成的字很多都包含有尖端的意思，比如"峰"是山尖，"蜂"有尖刺，"锋"是刀剑的利刃等。

"峰"与"谷"相对，"峰"是山顶，"谷"是两个山峰之间的洼地。有高就有低，"峰"与"谷"是两个极致，所以"峰谷"经常组合在一起表示某类事物的两个极值。美国作家斯宾塞在《峰与谷》一书中，还提出了所谓的"峰谷理论"，他认为在我们的工作和生活中，每个人都会遭遇高峰和低谷，这是人生的常态。关键是如何诚实地面对客观事实，如何从低谷中迅速崛起登上高峰，如何尽量延长高峰期，以及如何攻克下一座高峰。

"峰"与"锋"写法相近，容易混淆。"峰"是山的尖顶，所以以"山"为形旁；"锋"是刀剑的刃尖，所以以"钅"为形旁。

先生妙语

于 丹：从最早的甲骨文，一直到小篆，"山"都是个象形字。它都不是单体地指一个山包，一定都是群峰连绵的。所以苏东坡说"横看成岭侧成峰，远近高低各不同"，你看看，成"岭"成"峰"，这里就有多少"山"字啊！按照中国人传统的判断，无石曰丘，有石曰山——根本没石头的小土包就叫作丘，有石头的才是大山。我们说大山是"崔嵬"的，我们读《蜀道难》，李白说"剑阁峥嵘而崔嵬，一夫当关，万夫莫开"，这个形容词就是形容高山的。

钿

钿 钿 钿 钿

diàn　10画　丿 𠂉 𠂊 𠂋 钅 钅 钅 钿 钿 钿 钿

◎ 专家解字

"钿"是把金片或宝石等点缀品镶嵌在器物或首饰上，因为主要以金片做镶嵌、包裹的材料，所以用"钅"做形旁；"田"是它的声旁。

三国时，西域的昆仑国有一种嗽金鸟，和黄雀一般大小，羽毛金黄细密，常在海上翱翔。人们以为它是至祥之鸟，便捕来进贡给魏国。魏国皇帝把它养在园中，用珍珠和龟脑喂它。这种嗽金鸟时常吐出米粒大小的金屑，宫女们争相拿它镶嵌在自己的首饰上。到了冬天的时候，这种鸟害怕寒冷的霜雪，因此皇帝就专门为它造了一间温室，取名"辟寒台"，它吐出的金子便被叫作"辟寒金"。后来唐代的段成式借用这一典故，感慨后宫的妃嫔"不服辟寒金，那得帝王心；不服辟寒钿，那得帝王怜"。这里"辟寒金"和"辟寒钿"一样，指的都是奇异的首饰。

"钿"字和"铀"字写法相似，我们要注意加以区别。"钿"字的声旁是"田"，而"铀"字的声旁是"由"。

········ 随读随写 ········

◎ 先生妙语

于　丹：他俩都跟画画儿似的，先把框搁那儿，再往里填东西。
高晓松：看往里关点什么东西？那个框就是关东西的地儿，你想关点什么东西在里面呢？

◎ 网友热议

步步高：《汉字英雄》看了几集，还成。现在哪一行认字最多？老师？编辑？记者？让他们和小朋友比比看，哈哈哈！

◎ 英雄心语

李炜森：我觉得今天的心态还算可以，要不我估计我也不可能蒙出那么多字来。以后还是要磨炼自己。老天眷顾你，眷顾那一两回也就够了，也不可能老眷顾你。

疍

dàn　10画　一ナ疋疋疋疋疋疋䟆䟆疍

选手龚雨萱

英雄心语

龚雨萱：能跟这么多好朋友在一起相处这么些天，我觉得挺心满意足的。今天差一步就可以进入决赛了，感觉挺遗憾的，因为回想起来有很多该写的、可以写出来的都没有写出来。

专家解字

"疍"即疍民，指过去生活在中国广东、广西、福建一带的水上居民，他们一般寄居在船上，在海上漂泊，被称为海上的吉卜赛人。

有人认为疍家人常年以舟为家，生活在海上，如蛋壳漂浮于海面，所以称为疍家；也有人认为疍家人常年在海上与风浪搏斗，处于险恶的生存环境，生命无法得到保障，如同蛋壳般脆弱，故称为疍家。无论哪一种看法，都与"蛋"有关。因此，"疍"字可能本来写作"蛋"，为了避免不雅，就去掉"虫"加上了声旁"旦"。

疍家人常年在海面漂泊，特殊的生存环境，使他们的传统风俗呈现出很奇特的面貌。如其婚俗就颇为奇特：男子没有对象，就在艇梢放盘草；女子没有对象，就在艇梢放盘花，以暗示媒人来说媒。新娘出嫁到男方家一般在黑夜，有哭嫁、骂嫁的习俗。婚礼当日，水面船只凡是经过迎娶新妇的轿船的，无论是否认识，都可以上船讨米酒喝。

"疍"与"昼"写法有些相似，需要注意区别。"疍"的上边是"蛋"的省写，"昼"的上边是"尺"，抓住这两点，就很容易分辨了。

网友热议

闷热季：我怎么就是记不住那些字啊，前几天才看过查过，今天就忘了，看来不用是记不住的。

家　伟：黄首程那小孩儿真神了，他语文成绩肯定特别好吧？有什么窍门？

天秤座：电脑在摧毁我们的书写能力的同时也给我们带来了便利，有时候不会写某个字，就输入整个词组，它就会提供选项。

尉

阅 尉 尉 尉

wèi yù　11画

专家解字

"尉"读wèi时，用作古代的官名。叫作"尉"的一般是武官，比如县尉、都尉、校尉，而太尉则是掌管军事的最高官员。与古代一脉相承，"尉"在现代也被用为军衔之一，作为低级军官的军衔，例如少尉、上尉。

历史上有一个奇特的"摸金校尉"，它虽然也是军衔，但其主要职责竟然是盗墓取财，贴补军用。这个头衔，要追溯到三国时代。在三国争霸初期，曹操的势力范围很小。当时军阀混战，大鱼吃小鱼的情况十分常见。为了站稳脚跟，在军阀混战中脱颖而出，快速扩充军队、筹措粮饷就成为头等大事。于是曹操就想到盗掘坟墓这一勾当，为此他专门设立"发丘中郎将""摸金校尉"等军衔，专司盗挖坟墓，攫取财物，补充军饷。所谓"发丘"，也就是挖掘坟墓；所谓"摸金"，也就是偷盗财宝。据说曹操的摸金校尉曾率人盗挖了西汉梁孝王的墓葬，引起世人公愤，建安七子之一的陈琳还专门在讨曹檄文中揭露了此事。

除了表示军衔的wèi以外，"尉"还有个读音yù，用在复姓"尉迟"里，在称呼人家的时候可千万不要读错啊！

随读随写

英雄心语

张斯语：我来到这个台上，不仅仅收获了汉字，还收获了大家的友情。刚才的那一声声呐喊，真的，我特别特别激动，我觉得这是我最大的收获。

精彩瞬间

于　丹：冷若萌你这是啥意思？这字是你给他的吗？
冷若萌：我如果给他，输了怎么办？
姚仲浩：你给不给我？你不给我我再想一个。
冷若萌：给你吧。
姚仲浩：好，谢谢。
高晓松：好脾气！

肆

肆 肆 肆 肆

sì　13画　一丆FFF王手手臣臣臣臣肆肆

随读随写

🦸 英雄心语

冷若萌：我觉得我能站在车轮战这个台上，就已经是成功的了。也许我没有哥哥姐姐那么精通汉字，所以我自己一定是有不足的地方。输就是输，不是因为运气输的，而是因为我的实力输的。我希望在场的哥哥姐姐能加油，争取打破六个组最好的纪录，为黄队争光。

◉ 专家解字

"肆"是放纵、任意的意思，它左边的形旁是"长"的繁体"長"的变形，右边的"聿"是声旁。

"肆"与"恣"意义相近，"恣"是放纵，"肆"是无顾忌，所以"恣肆"常常连用，表示随心所欲、无所顾忌的意思。明代归有光给别人的书信中说，有些人"听其言汪洋恣肆，而实无所折衷"，就是说这种人只知道随口说大话，实际上胸中没有半点谋略。此外，"肆"还可以构成"放肆""肆无忌惮"等词语，用的都是放纵、任意的意思。

古代常常把酒馆叫"酒肆"，那么这个词中的"肆"字又是什么意思呢？"肆"与"放"是近义词，也就有了摆放、陈列的意思，卖东西的店铺需要把要卖的东西都摆出来，所以人们就把店铺称为"肆"。所以，"酒肆"也就是卖酒的店铺。在古代，酒肆往往是诗人们诗兴大发的好场所。李白就曾写过脍炙人口的名诗《金陵酒肆留别》，其中的"金陵子弟来相送，欲行不行各尽觞。请君试问东流水，别意与之谁短长"，为后人广为传诵。

"肆"字与"肄业"的"肄"字形相似，容易混淆，需要注意区别："肆"的左边是"長"的变形，"肄"的左边则是"疑"的省写。

◉ 先生妙语

马　东：我觉得对他们真正的考验就在于这个虐心的过程。人生没被倒数过，有意思吗？

◉ 网友热议

江金鹏：看了《汉字英雄》，感觉到有些字只能认得出，突然间叫我写，还真不知怎么下笔。汉字太多也太难，水平不如小学生。

箪 箪箪箪箪

dān　14画

专家解字

"箪"是古代一种盛饭的圆竹器，类似现在的竹筐。因为它是用竹子做的，所以用"竹"为形旁；"单"是它的声旁。

"箪"字在古代文献中很常见，《孟子》中就有"箪食壶浆以迎王师"的话，说的是百姓用箪盛着饭食，用壶盛着水，来欢迎王者的军队。《论语》中也用到过"箪"字。孔子有弟子三千，其中最出名的有七十二人，而颜回又是他最喜爱的弟子。颜回的一举一动都很符合孔子的规范要求，所以孔子常拿颜回的所作所为来教育其他学生。一次，孔子从颜回的饮食起居中看到了他高尚的地方，别人都不可能做到的事，他却能做到。孔子说："一箪食，一瓢饮，在陋巷，人不堪其忧，回也不改其乐。贤哉，回也！"意思是说，颜回每次享用的只是小小的一箪饭食、一瓢清水，居住的只是简陋的小巷，这些别人忍受不了的困苦生活，颜回却能从中自得其乐，颜回真是高尚啊！

后来，随着这种器物逐渐远离人们的日常生活，"箪"这个字也变得不常用了。

请选题

先生妙语

马　东：这个世界上有好多东西，你要慢慢地去学，并不是坏事。

高晓松：这才是这节目的目的——让他们理解造字的规律。

精彩瞬间

高晓松：你知道陈世美是干什么的吗？
选　手：陈世美？我对很多名人都不太关心。
高晓松：我写过一首歌，叫《睡在我上铺的兄弟》。就讲我上铺那个少年班上来的同学。他16岁上大学，我就问过他陈世美是谁，他说："几年级哪个课本里学的？"所以不知道陈世美，就能考上清华大学。

僻

pì　15画　亻 亻' 亻' 亻㇕ 亻㇕ 亻㇕ 亻㇕` 亻㇕ 亻㇕ 亻㇕ 僻

着急的汉字先生

先生妙语

于　丹：这两天急了就让人看车牌子。

高晓松：通过我们的节目普及地理知识。

◉ 专家解字

"僻"是偏僻、古怪、不常见的意思。偏僻也就是人迹罕至，所以"僻"的形旁是"亻"；"辟"是它的声旁。

晋代的陶侃行事不同寻常，被当时人称作"陶侃之僻"。当时官府造了很多船，他就让人把木屑及多余的竹块收起来，大家都不明白他的用意。有一次下过雪后，路上很滑，他便把木屑洒在地上防滑。之后桓温伐蜀，陶侃又拿出以前收集的竹块做成楔钉组装船只。他处事细密，大概如此。人们都不理解他为何行事如此细密谨慎，认为他这个人很古怪，所以就说这是"陶侃之僻"。

"僻"与"癖"意思不同。"癖"是指对某事物非常痴迷，已经达到了病态的地步，所以用"疒"为形旁。通过这两字的形旁，就可以把它们区别开了。

精彩瞬间

马　东：请告诉我们你的梦想。

选　手：我的梦想是做一位法官，因为这样我可以，第一个我说什么事情都能算，第二个还能帮助一些人。

高晓松：我觉得你两个原因都说错了。第一，不是你的话有威严，不是你说了算，是法律的威严，是法律说了算。第二，你想帮助谁也不是法官应该做的，法官应该秉公执法。

于　丹：但是从你的梦想里面，能看出你的正义感和英雄主义的一面。你在台上做了一个汉字英雄，你在生活里想做一个更大的主持公平的英雄。我觉得就为这点英雄梦想，你好好地加油吧！

蝥

máo　15画

笔顺：㇇ㄡ孑矛𬤊矜𥝢敄敄蝥

📖 专家解字

"蝥"即斑蝥，是一种既捕食小害虫又危害农作物的昆虫，因其身上有斑斓的颜色，故名"斑蝥"。斑蝥是虫类，所以用"虫"做形旁；"敄"是它的声旁。

斑蝥身上的颜色黄黑相杂，有金属的色泽，看起来很华丽。夏天里它们喜欢在道路中间飞行，有人走近时就飞到人的前面，好像是在引导人走路一样，所以人们又戏称它们为"向导虫"。

斑蝥除了有毒刺这个致命武器之外，还有一个很拿手的逃跑本领，就是当遇到危险时它的尾部会射出一股臭气，臭不可闻，让侵犯它的人敬而远之，因而它也得了个"放屁虫"的恶称。

"蝥"和"蟊"字形、读音相近，容易混淆。"蝥"是"斑蝥"的专字；"蟊"是一种专门吃幼苗根的害虫，也可以与"贼"连用组成"蟊贼"一词，比喻那些危害国家人民的人。

✈ 先生妙语

于　丹：现在城里的孩子能见的虫子还真是不多了。其实看看繁体的"虫"字，是三个"虫"摞在一起，说明那时候的小虫啊，都是一群一群的。《说文解字》里面以"虫"为部首的字就有299个，为什么那么多呢？因为人们把许多爬行的、两栖的、腔肠的，各式各样的动物都称为"虫"。更有意思的，黄帝大战蚩尤，"蚩"字是从虫的。甚至我们看"蜀地"的"蜀"字，也是从虫的。这些都反映了原始神话中，对人的来源的很多判断，这里面也带着一种特别瑰奇的神话的色彩。

随读随写

英雄心语

张斯语：来到《汉字英雄》之前呢，我看《咬文嚼字》顶多只是一个习惯而已，但是参加了《汉字英雄》后，我发现汉字是一个非常值得人注意的东西。

自测题 14

	请写出"qián束"的 qián		
请写出"qióng声"的 qióng	请写出"驻bì"的 bì	请写出"桔gāo"的 gāo	
请写出"yàn足"的 yàn	请写出"崚céng"的 céng	请写出"cuó政"的 cuó	请写出"hóng门监"的 hóng	请写出"两鬓pó然"的 pó
	请写出"打jiào"的 jiào	请写出"chàn杂"的 chàn	请写出"丫huán"的 huán	
		请写出"dào旗"的 dào		

小贴士：如果您都写对了，您看《红楼梦》大概没问题了，它们都出自《红楼梦》。（答案见第215页）

第 15 集

古代刑具多桎梏

考官出题

		请写出"biàn言"的 biàn		
	请写出"kǎnkǎn而谈"的 kǎn	请写出"繁yǎn"的 yǎn	请写出"zhì梏"的 zhì	
请写出"wō寇"的 wō	请写出"车niǎn"的 niǎn	请写出"chán弱"的 chán	请写出"车gǔ"的 gǔ	请写出"tóu子"的 tóu
	请写出"宫商角zhǐ羽"的 zhǐ	请写出"肴zhuàn"的 zhuàn	请写出"抓jì"的 jì	
		请写出"qiǎng褓"的 qiǎng		

汉字英雄

裁判答案

```
            弁
       侃   衍   桎
   倭  莘  屏  彀  骰
       徵  馔  髻
            褴
```

第15集　古代刑具多桎梏

弁

𝕭 𝕭 弁 弁 弁

biàn　5画　｜ㄥ ㄥ ㅗ 午 弁

◎ 专家解字

"弁"的意思是帽子。"弁"字下边是两只手的形状，上边是帽子的形状，整个字就像两手恭敬地捧着帽子。

在古代，文武官员所戴的帽子是不一样的。用赤黑色的布做成的帽子叫爵弁，是文冠；用白鹿皮做成的帽子叫皮弁，是武冠。有一次，楚庄王在晚上宴请文武百官，喝得兴起，就让自己宠幸的一位美人挨个儿给大臣们敬酒。这时候蜡烛突然灭了，有个武将喝高了，就趁黑调戏这位美人，美人伸手把这个人的弁缨扯了下来。美人拿着弁缨跑到楚庄王身边，要求查出是谁调戏了她。楚庄王没有同意，反而让大臣们都扯掉缨带，然后点灯接着喝酒，尽欢而散。后来晋楚交战，有一位武将冒死而战，击败了晋军。楚庄王问他为何如此拼命，武将说自己就是当晚被扯掉弁缨的那个人。

"弁"字与"弃"字写法相似，容易混淆。但"弁"字是用双手捧着帽子，"弃"则是用双手捧着孩子扔掉。虽然从现在的字形中已经看不出帽子和孩子的样子了，但明白了这两个字的形体来源，就不会再弄混淆了。

准决赛中的尹皇皓

◎ 英雄心语

尹皇皓：余晋然是一个比较强的选手，能跟他同台对决，对我来说也是一种锻炼。金欣蓉认的字的确挺多的，我觉得她作为一个六年级的选手，非常厉害。

◎ 精彩瞬间

马　东：请写出"弁言"的"弁"。弁言指的是书籍或长篇文章的序文、引言。
张颐武：导论、导言，都是这个。
（三名选手都迟迟没有落笔。）
于　丹：这个字可能他们仨都没印象。
马　东：哎呀，这个时候才是争先的时候，一个人写对了，那俩就折。

侃

kǎn　8画　丿 亻 个 伊 伊 伊 伊 侃

準決赛中的余晋然

英雄心语

余晋然：我今天失利的原因是太紧张了，而且呢，这两个选手的实力都比我强。我以前是个很内向的小朋友，参加了这个比赛之后呢，我觉得我的性格会开朗一点。

专家解字

"侃"字原指刚直，理直气壮。其字形由"信"和"川"构成，"信"取其忠直义，"川"取其长流不息义。不过后来字形变化严重，已经看不出它原来的结构了。成语"侃侃而谈"就是形容说话理直气壮，从容不迫。

由于"侃"字透露出一股正气，所以常被用来取名。如陶渊明的曾祖父就取名陶侃。陶侃是东晋时期著名将领，他人如其名，自幼就胸有大志。他小时候家境贫寒，与母亲相依为命。同郡人范逵很有名望，有一次到陶侃家做客，当时已积雪多日，陶侃家里一无所有。陶侃很想款待范逵，可是却无以为炊，而且范逵车马仆从很多，这让陶侃十分犯愁。陶侃的母亲见状，对陶侃说："你只管留下客人，我来想办法。"母亲长着长长的秀发，她忍痛剪下来做成两条假发，换回几担米。又把房屋的柱子削下一半当木柴，把草垫剁了当草料喂马，很好地招待了范逵一行。后来"陶侃留客"的美名便广为流传。

"侃"后来发展出闲谈、闲聊的意思，俗称"侃大山"，而刚直的色彩则逐渐淡化了。

先生妙语

马　东：请写出"雄鸡"的"雄"。评书里面形容番邦的大将，叫"胸前狐狸尾，脑后雄鸡翎"。
高晓松：这匹马，蹄至背高有八尺，头至尾长有丈二，浑身上下没有一根杂毛。
马　东：你以前是说评书的。
张颐武：跟袁阔成学过。

衍

yǎn　9画　`丶 亠 彳 彳 彳 衍 衍 衍 衍`

专家解字

"衍"最初是指水流慢慢流向远方，所以由"行"和"水"组成。河流向远方延伸，就有了扩展、繁衍的意思。

孔子家族嫡系后裔的世袭封号"衍圣公"，就寓意着孔门子孙世代繁衍，连绵不绝。孔子一生致力于传道、授业、解惑，被后人尊称为圣人。他的后裔同样得到历代帝王的眷顾，虽改朝换代，其地位一直未受影响。至宋仁宗时，封孔子家族嫡系后裔为"衍圣公"，并于曲阜为其兴建了规模宏大、衙宅合一的衍圣公府，后代相沿不改。衍圣公府一般称为孔府，大门上有一副金字对联："与国咸休安富尊荣公府第，同天并老文章道德圣人家"。这是孔门家族在封建社会特殊地位的真实写照。随着封建时代的结束，末代衍圣公孔德成为这一世袭封号画上了句号。

"衍"和"敷"都有铺开的意思，所以二者可以组成"敷衍"一词。"敷衍"最初与单用的"敷""衍"并没有太大区别，后来逐渐由在物体表面铺上一层东西，发展出只做表面文章、不认真负责的意思。

准决赛中的金欣蓉

英雄心语

金欣蓉：我觉得我们这组的选手都是强中之强。我上场之前就是紧张，我这颗心到现在还是紧张，心率我估计都爆表了。参加这个比赛最大的收获就是认识了特别多的朋友，也学会了挺多的字。以后有机会我一定要回来，重新站在这个舞台上，告诉大家我是王者。

先生妙语

马　东：请写出"殁"。我以前用纸质的通讯录的时候，一个一个的人名，有一人去世了，我会标上一个"殁"字。
张颐武：很雅呀你！
高晓松：呵呵呵……
马　东：何其太雅！

桎

桎桎桎桎

zhì　10画　一十扌木杧杆杆柽桎桎

准决赛中的杨光明媚

🏁 英雄榜

杨光明媚是《汉字英雄》APP游戏最高积分获得者，是唯一通过APP游戏进入《汉字英雄》的选手。她在准决赛中与墨字哥段智程和快嘴姐黄一容对决，三国人物荀彧的"彧"令她止步。

◉ 专家解字

"桎"指古代拘束犯人两脚的刑具，经常与"梏"（古代戴在犯人手上的刑具）连用，组成"桎梏"一词。桎梏类似于现在的脚镣手铐，早期的桎梏多为木制的，所以"桎梏"二字都是木字旁。

桎梏这类刑具出现很早。汉宣帝的时候，有人在一座大山的磐石底下发现一具尸体，尸体的右脚戴着桎，双手还被反绑在背后。汉宣帝觉得尸体很蹊跷，便召来大臣们询问，大臣们都不知道其中的玄奥。当时刘向正在校理古代的一部奇书《山海经》，他对宣帝说："这是天神贰负的臣子。"宣帝问他是怎么知道的，刘向回答说："《山海经》里说：天神贰负伙同他的臣子把另一个天神杀害了，上帝为了惩罚他，就把他囚禁在一座大山里，'桎其右足，反缚两手与发，系之山上木'。"宣帝听后连赞刘向博学，当时还因此在朝廷里掀起了一股《山海经》热呢！

"桎梏"后来还用来比喻束缚人或事物的东西。如白居易在《朱陈村》诗中写道："世法贵名教，士人重冠婚。以此自桎梏，信为大谬人。"表达了对封建礼教束缚人性的不满。

📖 精彩瞬间

马　　东：杨光明媚，很可惜，你止步于此。我特别高兴你能来到这个现场，因为你是玩APP游戏，过关斩将，到了这个舞台上。
杨光明媚：我玩一百关也没有玩过这个"彧"啊！
马　　东：对，下次我们把它加进去。

倭

wō 10画 ノ 亻 亻 仁 仟 仟 倭 倭 倭

专家解字

"倭"是古代对日本的称呼。东汉时，日本就派遣使节来到中国，当时光武帝刘秀还赐给日本国王一枚"汉委奴国王"的金印，其中"委"字就是对日本国名的音译，后来在"委"字上又加上单人旁，专门表示日本人，日本国也就被称为了"倭国"。到了明代，从日本过来的海盗不断从海上入侵我国的东南海疆，杀人放火，抢夺财物，甚至把大批男女抓走当奴隶。人们痛恨这些日本海盗，叫他们"倭寇"。明朝曾派许多优秀将领到沿海平倭，戚继光就是其中最杰出的一个。

东汉时曾流行过一种叫"倭堕髻"的发式，据说是当时权臣梁冀的妻子孙寿发明的。孙寿"色美而善为妖态"，曾引领一时之风尚。她的发髻常偏坠一侧，如人从马上堕落之式。这种发髻被时人争相效仿，成为一种流行的发式，又称"堕马髻"。后世诗词中多有描述，如汉乐府民歌中形容采桑女子罗敷时，就说她"头上倭堕髻，耳中明月珠"。还有温庭筠《南歌子》中的"倭堕低梳髻，连娟细扫眉"，刘禹锡《同乐天和微之深春二十首》中的"从来不堕马，故遣髻鬟斜"，都是对这种发式的描写。

准决赛中的黄一容

英雄心语

黄一容：我觉得《汉字英雄》并不只是让人写汉字。比起其他节目，它最大的特点是很具有人情味。我认为它帮助我成长，让我觉得我自己的人生，在将来回想的时候，有一个不一样的回忆，让我觉得很快乐、很温馨；虽然会有遗憾，但是我觉得遗憾也是人生的一部分。

先生妙语

马　东：黄一容，你是特别厉害的选手。你语速很快，但思维缜密，真写起字来一笔一画又很慢。我们对你印象特别深。很可惜，你可能"遇人不淑"，碰到的是段智程；"交友不慎"，跟他站到了一个舞台上。

辇

輦 輦 **輦** 輦 輦

niǎn　12画

一 二 丰 夫 た 扶 找 扶 扶 替 辇 辇

准决赛中的段智程

英雄心语

段智程：这次回来比赛，我心态和口号——得意不忘形，失意不变形，平心是原形。

专家解字

"辇"字本指用人拉的车，后专指皇帝或皇后坐的车。"辇"从字形上看是"两夫一车"，很形象地说明了"人拉的车"这个意思。

"辇"也可以用人抬着走，唐代画家阎立本的《步辇图》中就有几个侍女抬着辇，而唐太宗悠然地坐在上面。而晚唐帝王文宗的境遇则大不相同，他在位期间，皇帝的废立生杀都掌握在宦官手中。他很想铲除宦官党人，却无力撼树，忧郁成疾，病死在大明宫中。他曾留下《宫中题》一诗："辇路生秋草，上林花满枝。凭高何限意，无复侍臣知。"同样的宫辇，在太宗和文宗那里却是两样的心绪。

"辇"字与"轰"字有些相似，容易混淆。"轰"字原本写作"轟"，是多个车辆行驶轰鸣的意思，后来把下面的两个"车"简化成了"又"，就成了现在的写法。二字意思不同，要注意区别。

精彩瞬间

马　东：请写出二郎神"杨戬"的"戬"。
（段智程轻松写出。）
高晓松：哎哟他厉害！
于　丹："戈"是个男孩有优势的偏旁。
高晓松：你只要不知道二郎神叫这个名字你就应该没见过这个字。
于　丹：哪个女孩儿没事看二郎神去呀？
马　东：《西游记》呀！
高晓松：《西游记》里的二郎神不叫杨戬，只有劈山救母时代的二郎神是叫杨戬的。
（出示正确答案。）
黄一容：我见过这个字，看《宝莲灯》的时候有。
于　丹：对，那里面的二郎神也是这个。
高晓松：《宝莲灯》就是劈山救母。

孱

chán 12画

专家解字

"孱"字由"尸"和三个"子"组成,"尸"表示人体,三个"子"表示生的小孩多。女人生孩子太多身体必然虚弱,所以"孱"与"弱"是同义词,也就是疲弱、瘦弱的意思。

"孱"后来由疲弱发展出懦弱的意思。汉代被封为赵王的张耳去世后,他的儿子张敖继承了赵王的封号,还娶了高祖的一位公主为妻。有一次,汉高祖路过赵国,赵王张敖脱去外衣,戴上袖套,从早到晚亲自侍奉饮食,态度非常谦卑,颇有子婿之礼。高祖却席地而坐,伸开两只脚,非常傲慢地责骂他。赵国的臣子们看不下去,愤怒地说:"吾王孱王!"其实,张敖之所以如此低声下气地伺候高祖,并不是因为懦弱,而是还记念着高祖当年对他父亲的恩德,这才是真正的不肯负恩的仁厚风范啊!

"孱"还与"羼"(chàn)形体相似,容易混淆。二字中虽然都有个"尸",但意义却差别很大:"羼"中的"尸"表示房屋,尸下三羊,表示群羊杂居在一起。

精彩瞬间

马　东:请写出"孱(chán)弱"的"孱"。
黄首程:孱弱?(猜写一个)不像字儿啊。
于　丹:其实它有一个加偏旁的字更常用……
马　东:不能说,咬着牙,不能说!
黄首程:是木字旁还是火字旁还是三点水?
于　丹:那不让说呀。
(黄首程试了几个字后终于写对。)
马　东:好像我们就在这儿等着你想起来。
黄首程:我的小心肝呀!
于　丹:他还真加了个三点水,他把"流水潺潺"先给想起来了。

先生妙语

马　东:你是一个特别聪明的孩子,但聪明,不会陪伴我们一生。

毂

轂 毂 毂 毂

gǔ　13画

一十土 𠀃 声 声 壴 𡘄 𡘝 𡘞 𡘟 毂

随读随写

英雄心语

杨光明媚：我确实也没有黄一容和段智程他们两个学的东西多，APP里面更多出现的是常用字，我真是输得心服口服。

专家解字

"毂"是指车轮的中心部分，有圆孔可以插车轴。因为它与车辆有关，所以用"车"做形旁；除"车"之外的部分是其声旁。

由于"毂"位处车轮的中间，是辐条凑集的地方，所以常用来比喻处于核心的地位。古代的帝王常常谦称"不毂"，意思就是说自己没有德行，老百姓都不归附于自己。

春秋时期，齐国人酷爱一种叫"毂击"（车毂相撞击）的奇怪游戏，这种游戏既危险又浪费，丞相晏婴为此忧心忡忡。一天，他突然想到一个好办法，就备好马车，驾着出去。路上假装不小心与别人撞在一起，随即装作很惶恐的样子，弃车而逃。边走边自责道："碰撞了车毂的人是不吉利的，难道是我祭祀时不够虔诚，平时处事不够谨慎吗？"旁边的人听了，都争相转告，说"毂击"不吉利，千万别再玩了。就这样，"毂击"的游戏渐渐消失了。

"毂"与"穀"（"谷物"的"谷"的繁体字）、"榖"（一种树）形体相近，要注意区别："毂"的形旁是"车"，表示与车辆有关；"穀"的形旁是"禾"，表示与谷物有关；"榖"的形旁是"木"，表示与树木有关。

先生妙语

高晓松：在我们非常"制式化"的写作里，经常有"在广袤的东北大平原上……"

网友热议

涂改液：《汉字英雄》里的选手有的那么小，才上小学，可是也在台上站了很久，可见英雄出少年啊。

骰骰骰

tóu　13画　冂　冃　冎　凨　骨　骨　骨　骨　骨　骰　骰　骰

专家解字

"骰"是骰子，俗称"色（shǎi）子"。因为骰子大多是用象牙或兽骨制成的，所以用"骨"做形旁。骰子一般都是先晃几下再投掷到地上，所以字形的另一部分是"投"的省略，同时也取"投"字的声音。

骰子的点数可有许多种不同的组合方式，而掷骰子时人们又无法预测点数，所以掷骰子是一种充满了变数的游戏。人们感到命运无常，便常常借掷骰子来预测自己的命运。

骰子还曾被唐代诗人温庭筠赋予特殊的寓意。他在《杨柳枝》中写道："玲珑骰子安红豆，入骨相思知不知。" 诗人看到骰子上所刻的红点，联想到代表相思的红豆。将红豆镶嵌到骨制的骰子上，不就是相思入骨了吗？这种双关修辞手法，用得巧妙，别有情致，而又寓意深刻。而且，前面的"玲珑"二字，看似形容骰子，却暗示了恋人的一颗七巧玲珑之心；而后面的"知不知"三字，则于日常口语中流露出发自肺腑的相思之叹。

小对手

英雄心语

李炜森：这次活动给了我一个机会，就是让我重拾对汉字的信心，如果有机会明年我还要来。

精彩瞬间

马　东：炜森，初赛、复赛到最后这个准决赛，你印象最深的是哪个桥段？

李炜森：您对我印象最深的是哪个桥段呢？

马　东：我觉得是复赛，就是你在跟人对决的那个时候。你一路真的是跌跌撞撞，说你运气好似乎又不完全是运气，还是跟你平常的阅读量和涉猎面有关。

李炜森：感谢您。

徵

徵 徵 徵 徵 徵

zhǐ　15画　彳 彳 彳 彳 彳 彳 徉 徉 徵 徵 徵

纠错可以共同进步

英雄心语

陈怡羲：我觉得我有点欺负小孩子了。黄首程比我小那么多，在底下说好我让着他的，然后到台上却不许我提醒他了。我的确是有一点胜之不武的感觉。

专家解字

"徵"本来表示证验、迹象，读zhēng。因为是要通过细微的迹象获得证明和证验，所以其形旁是"微"字的省写；"壬"（tǐng）是它的声旁。这个"徵"现在一般简化作"征"，在这个意义上现在不能写成"徵"。

但是"徵"还可以表示我国古代音律"宫、商、角、徵、羽"之一，在这个意义上读zhǐ，不读zhēng，现在也不简化作"征"。

"宫、商、角、徵、羽"古代称作"五音"或"五声"。在乐理上属于五声音阶，即按五度的相生顺序，从宫音开始到羽音，依次为：宫—商—角—徵—羽。如果与现代音乐的七个音符相对应，大致相当于do、re、mi、sol、la。这种五音阶制在现在的流行歌曲中仍有保留，如《绿岛小夜曲》、网络歌曲《老鼠爱大米》等，都以简洁的曲调赢得了广大歌迷的喜爱。

精彩瞬间

马　东：请写出"宫商角（jiǎo）徵羽"的"徵"。
陈怡羲：老师，"角"是不是应该读jué呀？
马　东：我又读错了，我又被她给揪出来了。
高晓松：就是哆唻咪嗦啦。
马　东：那时候我们没有七个音，我们就五个音。
高晓松：我们有七个音。
于　丹：有。有半音。
高晓松：还有"减之声"，"减之"就是减半个音。就是十二个音都是齐的，只是主的音名是这五个。《战国策》说高渐离为变徵之声，荆轲去前复为羽声，所以"风萧萧兮易水寒"是宫商角徵羽中的羽声，是A调的。

馔

zhuàn　15画　饣 饣' 饣'' 饣''' 饣'''' 饣''''' 饣'''''' 馔 馔

🔵 专家解字

"馔"字是饮食、吃喝的意思，因为与食物有关，所以用了食字旁；"巽"是它的声旁。

孔子特别倡导孝道，《论语》中记载了他关于"孝"的解释："有事弟子服其劳，有酒食先生馔，曾是以为孝乎？"意思是说，有事情年轻人去效劳，有酒肉先让年长的人吃喝，这大概就是孝吧？其中就用到了这个"馔"字。

古时候，还有一个"食馔一口"的典故。据说北齐彭城王高浟（yóu）曾为官沧州刺史，为政清廉，所辖地方一片安宁。后来升官调任，离任时，下属官吏和百姓都痛哭流涕。乡亲父老拿着食物对他说："您来到这里已经五年了，百姓不常见官吏，官吏也不欺负人，这是我们几百年修来的造化啊。您只喝过我们这里的水，没吃过这里的饭，现在您要走了，我们敬献给您一点吃的，也算没有遗憾了。"高浟很感动，但就吃了一口，以示自己不取民物。后来人们就把"食馔一口"用作为官清正廉洁的象征。

✈ 先生妙语

于　丹：他们认识这个"馔"字还真是不容易，因为现在有好多繁体字不存在了，你比如说"选择"的"选"，原来是"巽"加一个走之，但是随着这样一批繁体字简化之后，用这个"巽"的字已经很少了。

🗨 网友热议

三道杠：我们学校每年都搞百词测验，要是也像节目这样好玩就好了。

随读随写

🏅 英雄心语

李炜森：写对了以后，全场热烈鼓掌，那个喜悦感真的是无法说的。

● 自测题15答案 ●
刘 茨 袷 逑 掇 缁
祟 喈 瑶 摽 寰 蕨 橼

髻

髻 髻 髻 髻

jì　16画　一 丆 冄 F 镸 镸 镸 镸 髟 髟 髻 髻

随读随写

专家解字

"髻"是盘在头顶或脑后的各种发结，因为跟头发有关，所以用"髟"（义为毛发）为形旁；"吉"是它的声旁。

在古代，未婚嫁女子的发型称作"丫髻"。这种发型是将头发分成两撮，束在头上，绾两个髻，左右各一个，与树枝丫杈相似，因以得名。"丫髻"中有一种编法叫"双环髻"，即将两髻缠绕成双环形，又称"丫鬟"。一般的年轻女仆或婢女都留这种发型，所以后来就称女仆、婢女为"丫鬟"。

在古代还流行假髻，假髻就是假发，人们觉得它既实用又美观，对于那些头发短薄的女士来说，更是遮丑的上好手段。杨贵妃就对假髻情有独钟。她既喜欢戴假髻，又喜欢穿黄裙，因此在天宝初年，民间流传着两句预言杨贵妃下场的谶语："义髻抛河内，黄裙逐水流。"其中就用"义髻"和"黄裙"代指杨贵妃，"义髻"就是假髻。谶语暗示，享尽荣华的杨贵妃不久就将命丧黄泉了。

先生妙语

马　东：请写出"发髻"的"髻"。

高晓松：就是我写的那个"谁把你的长发盘起"。

于　丹：翻译过来就是"谁给你梳起了髽髻（zhuā·jiu）"。

精彩瞬间

马　东：这个字你们三位都写对了，但是杨光明媚，劳驾你把这个字再帮我写一遍。

（杨光明媚重写。）

马　东：你发现问题了吗？

杨光明媚：发现了，我先写的外边。

马　东：好倒插笔！看了你的笔序我真的有"弑君"之心。

于　丹：其实，马东，我在这里还真是要认真说一下，咱们这个节目播出以后，有很多看到节目的朋友给我发信息，其中提醒最多的一个，就是倒插笔。他们说中国字的笔序是有它的道理的，你们一定要纠正孩子们的笔序。

襁

qiǎng　17画　 衤 衤 衤 衤 衤 衤 衤 襁 襁 襁

◉ 专家解字

"襁"一般和"褓"连用,组成"襁褓"一词。以前人们都习惯把婴儿背负在后背上,不影响劳作,"襁"就是背负婴儿的宽带子,"褓"是包裹婴儿的小被子。这两种物件一般不分开使用,所以就成了一个词"襁褓"。因为与衣物有关,所以"襁"用"衣"为形旁;"强"是它的声旁。

有人宣传一种让新生儿停止哭闹的方法,就叫"襁褓法"。认为宝宝孕育在妈妈肚子里时,就已经习惯被包裹的感觉,所以一旦被包裹起来,就会有安全感,就会停止哭闹。但也有不少人反对这种方法,认为这样将孩子的手脚束缚起来,不利于孩子的健康成长。

襁褓是婴儿的用品,也就自然成了婴儿时期的象征。古代诗词中在写到幼年时,常常会使用"襁褓"一词。元代文学家、画家王冕,7岁时父亲就去世了,由母亲一人抚养。他自小就很懂得孝敬母亲,成名后更是以孝道著称。他在《自感》诗中写道:"父母生我时,爱如掌上珠。襁褓辟寒暑,乳哺随所须。……荒林落日阴,羞见反哺乌。乌鸟有如此,吾生当何如?"表达了报答母亲养育之恩的拳拳之心。

取得总决赛入场券

◉ 先生妙语

于　丹:黄首程,其实你遇上字典姐,在你们俩站在这儿的时候,结果几乎是没有悬念的。但是我们还是希望你在这个台子上多站一会儿,因为你是这么一个聪明的孩子,而且你不放弃,你愿意去努力尝试。就冲你这个尝试,我们也为你加油。

◉ 精彩瞬间

马　东:黄首程,你跟她差些年纪。陈怡羲,你不许提醒,可以吗?
(陈怡羲点头。)
黄首程:我最不想遇到的就是她。
马　东:对。谁也不想遇到她,连我都不想遇到她。

自测题

15

	请写出"yì麦"的 yì	
请写出"茅cí"的 cí	请写出"青青子jīn"的 jīn	请写出"君子好qiú"的 qiú

| 请写出"拾duō"的 duō | 请写出"zī衣"的 zī | 请写出"崔wéi"的 wéi | 请写出"鸡鸣jiējiē"的 jiē | 请写出"琼yáo"的 yáo |

| | 请写出"biào劲儿"的 biào | 请写出"贫jù"的 jù | 请写出"jué菜"的 jué | |

| | 请写出"jiū木"的 jiū | |

小贴士：您都写对了吗？您看《诗经》大概没问题了，它们都出自《诗经》。（答案见第237页）

第 16 集

绵绵瓜瓞怎能吃

考官出题

		请写出 "居心pǒ测" 的pǒ		
	请写出 "置若wǎng闻" 的wǎng	请写出 "悬梁刺gǔ" 的gǔ	请写出 "色厉内rěn" 的rěn	
请写出 "饮zhèn止渴" 的zhèn	请写出 "安之若sù" 的sù	请写出 "销声nì迹" 的nì	请写出 "海yàn河清" 的yàn	请写出 "绵绵瓜dié" 的dié
	请写出 "jí首蹙额" 的jí	请写出 "jiá然而止" 的jiá	请写出 "不láng不莠" 的láng	
		请写出 "鞭pì入里" 的pì		

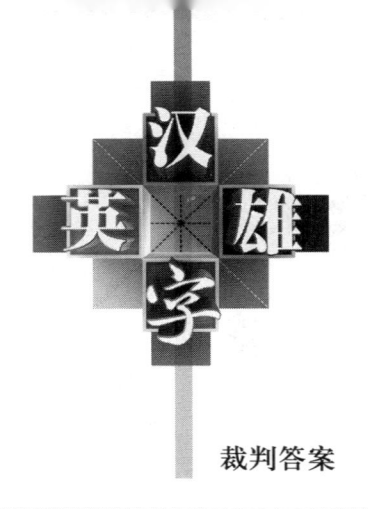

汉字英雄

裁判答案

```
            巨
      囵  股  茬
   鸠  素  匿  晏  胩
      疾  戛  稂
            辟
```

叵

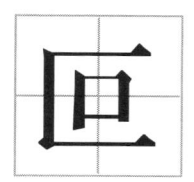

pǒ　5画　一丆丆叵叵

专家解字

"叵"是个很有意思的字，它的意义是"不可"，字形就是"可"的反写，而字音则是"不可"的合音，读 pǒ。

成语有"居心叵测""心怀叵测"，都是人心不可测的意思。罗贯中《三国演义》："曹操心怀叵测，叔父若往，恐遭其害。"是说三国时期，曹操准备率军攻打孙权与刘备，担心凉州马腾趁机作乱，就采用谋士荀攸的建议，准备以封马腾征南大将军为名，将他骗至许昌杀害。马腾的侄儿马岱知道曹操是个居心叵测的人，劝马腾不要前往。马腾不听劝告，结果被曹操杀害。

"叵"还可以直接用来表示否定。如南朝谢灵运《道路忆山中》："怀故叵新欢，含悲忘春暖。"说自己怀念的是故人，不是眼前的新欢，满怀的悲情让人忘记了春天的暖意。诗中的"叵"就是用作否定的。

先生妙语

马　东：这不仅仅是一个识字量的比赛，更重要的还是现场的精神状态。
高晓松：年轻是最好的。

网友热议

Snail：刚看完河南卫视的《汉字英雄》，我发现我有好多字不会写了噢，更别说汉字的由来了。
争上游：看书时总能碰上不认识的字，一般都是马马虎虎猜个意思就过去了，这就是不求甚解吧？想参加比赛当英雄恐怕不行，那恐怕得每天字典不离手。

总决赛中的胡翼飞

英雄心语

胡翼飞：对于我第一个下场，我还是比较意外的。有点紧张了当时，第一个写还是压力比较大一点，还有就是成语积累也不够。以后还是要加强阅读吧，好多成语都是在阅读时能见到的，很多成语出自古文，多读读这些东西，对积累非常有帮助。

罔

罔 罔 罔

wǎng 8画 丨冂冂㓁㓁罔罔罔

专家解字

"罔"中有个"亡"字,除了"亡"之外的部分是"网"的变形。这说明,"罔"与"网"之间是有关联的。其实,在古代,二字经常通用,后来才确定用"罔"表示无、没有的意思。如明魏学洢《核舟记》:"罔不因势象形。"

成语"置若罔闻"中的"罔",也是"没有"的意思。整个成语的意思是说,把某人的话搁置一边,就好像没有听见似的,不予理睬。如《红楼梦》中写道,当得知元春被晋封的消息,"宁荣两府上下内外人等,莫不欢天喜地,独有宝玉置若罔闻"。

《论语》中有一句名言:"学而不思则罔,思而不学则殆。"这是孔子在告诫学习者要学思结合:学习而不思考,就会迷茫无所知;思考而不学习,则会更加危险。其中的"罔"就相当于现在的"迷惘",只是现在"迷惘"已经不能再写作"罔"了。

总决赛中的朱远航

英雄心语

朱远航:我对自己的要求就是前三名,拿到了这个探花也算是挺满意的吧。我希望电视机前的更多的同龄人朋友,能够参加到这个节目中来,不管你最后收获了什么,但是我可以保证的就是,你一定能够得到非常非常多你意想不到的东西。

精彩瞬间

马　东:朱远航,请写出"置若罔闻"的"置""罔""闻"。
("罔"朱远航刚开始写对了,后又把外面的"冂"改为"门",因此只能获得第三名。)
朱远航:本来对了。真想再重来一次。
马　东:人生有好多事儿,只有一次。

先生妙语

张颐武:朱远航她有很强的取胜的愿望,一直能够不断地在困难中间克服各种困难问题。最后她能够走到第三名绝不是偶然的现象,还是说明她的基本功很扎实,表现力也相当充分。

股 股股股

gǔ　8画　丿 丨 月 月 月 肌 肌 股 股

◉ 专家解字

"股"是指大腿，所以用"肉"的变形"月"为形旁；"殳"是"股"的声旁。与"股"相关的有一个"肱"字，指人手臂上从肘到肩的部分。由于"股"和"肱"在腿和手臂上都是最有力量的部位，所以人们常用"股肱"来喻指得力的干将。

战国著名说客苏秦"锥刺股"的故事可谓家喻户晓。苏秦最初游说秦惠王，想劝他用连横之术统一天下，却未被采纳。他在秦多日，盘缠用尽，只好衣衫褴褛地返回家中。亲人见他如此落魄，都对他十分冷淡。苏秦下决心发奋苦读，读书犯困时，就用锥子刺自己的大腿，强迫自己保持清醒。他最后终于研磨成功，改用合纵抗秦策略，周游列国，一举说服齐、楚、燕、韩、赵、魏，手握六国相印，使秦王不敢窥函谷关达15年之久。

由于"股"的大腿义现在已经很少使用，所以人们看到"股"字，很容易联想到"屁股"。"屁股"是臀部的俗称，这一名称的来源就是因为臀部与大腿相连。

◉ 先生妙语

于　丹："月"字除了月亮，还有第二个讲究，那就是肉月旁。你看它的形状是什么呢？像大块没有切的生肉，所以很多跟肉相关的字，就是肉月旁。我们现在光看看一个人的身体，就知道有多少个跟肉相关的字了。所以呀，这个月字旁，是两个完全不同的月，一个在天上，一个就在我们的生活里。天空的一个月字旁，和人间的一个肉月旁，结合在一起两相呼应，也许当我们把这些字都理清楚的时候，我们就能够抓住一份很真实的生活。

······ 随读随写 ······

◉ 精彩瞬间

马　东：请写出"悬梁刺股"的"股"。

（选手先写"骨"，后改为"股"。）

马　东："头悬梁锥刺骨"，按您这个刺法儿，得刺到骨头上！

荏荏荏荏

rěn 9画 一十艹艹艽荏荏荏荏

总决赛中的尹皇皓

英雄心语

尹皇皓：我进了前六名，离前三甲距离已经非常近了，我自己觉得比预想中的要好，因为真正到决赛我才发现，上来的选手都是非常强的。这个比赛对我最大的影响，就是我平时对一些字不是特别愿意去写，现在我明白了，如果不写的话，对这些字就没有一个全面的了解。一定要多写，否则有的字即使很常用，但你仍会忘了怎么写。

专家解字

"荏"本是植物名，所以是草字头；"任"是其声旁。

"荏"作为植物名后来已很少用，而是发展出软弱、怯懦的意思。如《论语》："色厉而内荏，譬诸小人，其犹穿窬（yú）之盗也与？"是说有些人外表看起来道貌岸然，一副严厉的样子，其实他们的内心却十分懦弱，如果用小人来比喻这种人，他们就像是翻墙挖壁进入别人家里的盗贼，唯恐被人看穿。

"荏"还可以跟"苒"连用，构成"荏苒"一词，形容时光易逝，如"光阴荏苒"。而荏苒的光阴，常常成为诗人们感慨的对象。如汉丁廙（yì）妻《寡妇赋》："时荏苒而不留。"晋陶潜《杂诗》："荏苒岁月颓，此心稍已去。"潘岳《悼亡诗》："荏苒冬春谢，寒暑忽流易。"

"荏"与"荏"字形相近，注意不要写错。二字的区别在于声旁不同："荏"字的声旁是"任"，"荏"字的声旁是"在"。

先生妙语

马　东：有的时候不认识"荏"，看书看到"色厉内荏"的时候，一般都是"这个人色厉内……"，就过去了，就赶紧读下边了。

高晓松：这个词不能用来形容亲人，只能形容坏人，不能说"我的爸爸色厉内荏"，也不能说"我老师色厉内荏"。

马　东：往往形容对手，比如说"我的对手外强中干，色厉内荏"。

于　丹：叫"虚张声势，色厉内荏"。

鸩

鸩 鸩 鸩 鸩

zhèn　9画　`丶 一 ナ 尢 尢 夕 夕 鸩 鸩`

◎ 专家解字

"鸩"相传是一种有毒的鸟，用它的羽毛泡酒，喝了能毒死人，因而后来"鸩"就是毒酒的代名词。因为它是一种鸟，所以就以"鸟"为形旁；"尢"是它的声旁。

成语有"饮鸩止渴"，源自东汉时的一则故事。东汉时，有人在大将军梁商面前诬告霍谞（xū）的舅舅宋光，说他私自删改朝廷诏书。宋光因此被捕入狱，受到严刑拷打。霍谞当时年仅15岁，他上书给梁商，替宋光申冤说："宋光是官宦子孙，一直是遵纪守法的，从来不做出格的事情，也没有丝毫瑕疵污点，在州郡里的威望很高。他即使对朝廷的诏书有些疑虑，也不敢冒着杀头的罪名擅自删改啊。这就好像人在饥饿的时候用毒草来充饥，在口渴的时候喝毒酒来解渴一样，刚一沾到嘴唇，还没咽到肚子里，就已经丧命了。他怎么可能这样做呢？"梁商看到信后，觉得很有道理，就呈给皇帝。过了不久，宋光就无罪释放了。

◎ 精彩瞬间

马　　东：霁佑，请写出"饮鸩（zhèn）止渴"的"鸩"。
周霁佑：您能帮我解释一下这个成语吗？
马　　东：鸩是毒药。
于　　丹：用这个涮在酒里面，就可以致死。
马　　东：但是你渴得实在不行了，是毒药你也得拿起来喝。
于　　丹：是宁可喝毒药。
高晓松：你可能念的不是 zhèn。
于　　丹：你有可能读成"饮 jiū 止渴"什么的。

总决赛中的周霁佑

◎ 英雄心语

周霁佑：一路走进决赛，很多人不是很看好我。几乎所有的人都觉得我是实力最弱的那个，我应该会是第一个下去。我就觉得我能走到这一步，真的是挺不容易的。这次经历会让我今后更加认真地去学习汉字，因为毕竟它带给了我很多，让我学会了很多。

素

sù　10画　一　+　±　±　±　±　麦　麦　素　素

总决赛中的张斯语

英雄心语

张斯语：我相信我可以走到最后，因为我真的对自己的实力非常有把握，我会写很多很难的字，为什么会败在这儿？这字太常用了。太不服气了！

专家解字

"素"是指没有染色的丝织物。下部为"糸"，表示和丝织品有关；因为丝织物光滑容易下垂，所以上部是"垂"字的变形。

在古代，纺织是女子的基本功，如汉乐府诗《孔雀东南飞》里就说，刘兰芝"十三能织素，十四学裁衣"。"素"不仅可以用来制作服饰，而且还可以充当书写的材料。当时写信所用的白色丝绸一般长一尺，所以"尺素"就成了书信的代名词。如秦观《踏莎行》："驿寄梅花，鱼传尺素，砌成此恨无重数。"

由于"素"是没有染色的丝织品，后来便又发展出朴素、不加装饰的意思，如"素面朝天"。不加装饰就显得平平常常，所以"素"又有平常义，如成语"安之若素"，是指对反常现象或不顺利的情况视若平常，毫不在意。而现在电影界所流行的"素人路线"，则是指在拍电影时不用名演员，而是用并没有多少电影经历的普普通通的新手担任主角，以求给观众新鲜感。

精彩瞬间

段智程：走到最后已经比的不是字了，到最后大家都是朋友了，谁赢谁输就那样吧。
马　东：输赢真的不重要吗？
段智程：友谊第一比赛第二。
马　东：比赛第二，输赢也还是很重要。

先生妙语

马　东：败就败在那些你会的字了。

匿

匿匿匿

nì　10画　一ヿヹ゙ヹヹヹヹヹ若匿

◉ 专家解字

"匿"表示隐藏、不让人知道的意思。它的形旁为"匚"（xì），本身就有掩藏的意思。它的声旁为"若"，在古代两者读音相近。成语"销声匿迹"形容隐藏起来或不公开出现，没有了音讯。

在我们今天的观念当中，"藏匿""隐匿"多半是有什么见不得人的事情。但在古代，懂得藏匿自己却是为政的一大智慧。《韩非子》中就说："函其迹，匿其端，下不能原；去其智，绝其能，下不能意。"大意是说，作为君主，要掩盖自己的好恶和智慧，这样臣子就无法摸清君主的真实想法，也无法猜测君主的真实意图。这种原则在我们今天看来缺乏开诚布公的态度，但作为法家代表的韩非子则认为这样才有利于君主洞察朝政、驾驭群臣。

现在有人喜欢写匿名信，其实中国古代就有写匿名信的做法，对于那些以匿名的方式诬陷别人的人，古人还专门赋予他们一个"雅号"，叫"无名子"。

◉ 精彩瞬间

高晓松：在学校里肯定有男生给你写过匿名信。
马　东：那叫情书好吗？男生给写匿名信？男生写情书就是为了把名字写上，你还匿名？
……
张斯语：其实我经常写匿名信的。
马　东：你的匿名信写什么内容？
张斯语：关于学校制度方面的一些建议……
马　东：为什么要写匿名信？
张斯语：我觉得可能比较浪漫吧。
马　东：我特别喜欢你这答案。

> 随读随写

◉ 英雄心语

张斯语："匿"其实一直是我的死穴，今天正好碰到。我想对所有的汉字英雄们说，经过大概20天的相处吧，我真的对大家有非常深厚的感情，觉得有这样一群志同道合的朋友，非常的幸福。

晏

yàn 10画 丨 冂 冃 日 旦 旦 旦 旱 晏 晏

篆书：晏 晏 晏

总决赛中的段智程

英雄心语

段智程：比赛就是比赛嘛，写错了就认输呗。这次总决赛失败的原因，可能是我对基础知识的掌握还不太扎实。我对汉字的热情肯定不会因此而减少的，还是很希望再回来，参加咱们《汉字英雄》下一季的比赛的。

专家解字

"晏"字最初的意思是天气晴朗，所以它的形旁为"日"；"安"是其声旁。天气晴朗，自然就会风平浪静，成语"海晏河清"就是沧海平静、黄河清澄的意思。

"晏"还是个姓氏。如春秋时期齐国的相就叫晏婴，后人尊称为晏子。晏子是一个非常机智的人，除了"晏子使楚"的故事外，"晏子使吴"也是历史上的一段佳话。有一次晏子出使吴国，吴王对手下说："让接待人员以天子尊称寡人，看他如何应对。"待晏子来时，通报的人对他说："天子有令，命晏婴觐见。"如此反复多次，晏子都显出很惊惧的样子，最后说："我受齐王之命出使吴国，不知怎么搞的却来到周天子的宫廷。请问这个世上到底有没有吴王呢？"吴王无奈，只好以诸侯的身份接待了晏子。

"晏"与"宴饮"的"宴"形体相近，读音相同，要注意区分。宴饮一般在房子内进行，所以上面是"宀"，其下部实际上是"晏"的省写，表示"宴"的读音与"晏"相同。

先生妙语

张颐武：段智程是非常优秀非常强的一个选手，如果他能再走得远的话，我觉得到了第三四的位置的话，他还可能有更好的发挥和表现。

网友热议

送别诗：决赛真是精彩啊，我都替选手们紧张。真心喜欢段智程的心态。

第16集 绵绵瓜瓞怎能吃

瓞瓞瓞
dié　10画　一厂厂瓜瓜瓜瓞瓞瓞

专家解字

"瓞"意思是小个儿的瓜，所以用"瓜"为形旁。"失"是它的声旁，虽然今天已经看不出它们的声音关系了，但通过"跌""迭"等同声旁的字，还是可以把它们的读音联系起来。

《诗经·大雅·绵》有"绵绵瓜瓞"一句。"瓜"是大瓜，"瓞"是小瓜，在同一根瓜秧上，靠近根部的先是瓞，以后才慢慢长成瓜。"绵绵"就是瓜藤连绵不绝的样子。这首诗以"绵绵瓜瓞"起兴，讲述了周王朝的先人迁都定居的经过。通过瓜由小到大、延绵不断的形象，寄予了"子子孙孙无穷尽也"的寓意和愿望。后来，"瓜瓞"或"绵瓞"就成了表达家族繁盛、子孙众多的吉祥用语，经常用在祝颂的诗文里。而宋朝宰相丁谓《瓜》中的名句"绵瓞怜同带，锄耰（yōu）莫误芸"，则与曹植的"本是同根生，相煎何太急"有异曲同工之妙。

总决赛中的严宇桥

英雄心语

严宇桥：有时候可能生活就是这样吧，往往是在你没有预料的情况下，给你来这么一下。不过没关系，可能因为我自身的实力所限，辜负了大家的期望，以后我会更加努力的。

先生妙语

张颐武：第四名好像是没有名次的，但是他一个身体并不是特别方便的少年，能够走到这一步，我觉得已经是非常了不起的。他付出的努力、拼搏的精神，都可能比其他的孩子要多，所以我觉得我很愿意看到他未来有美好的前途。

网友热议

天将晚：原来他们赛前一直在背字典呀，想想看，如果那几天谁都不许准备，会怎么样？

追星族：严宇桥真可惜，不过没关系，你已经是很多人的榜样了。

疾

jí　10画　` 丶 亠 广 疒 疒 疒 疒 疒 疾`

总决赛中的刘冠文

英雄心语

刘冠文：这一次卡在这个词上，也算一个不大不小的坎儿了吧。我觉得是大意失荆州，因为最后那个字，如果我真的看对读音，是可以写上的。这就算一种成长吧，我觉得很高兴，而且特别是输给陈怡羲，我觉得我不是特别冤。

专家解字

"疾"是疾病、痛苦的意思。因为它与病痛有关，所以用病字头为形旁；"矢"则是它的声旁。

在现代汉语中，"疾病"可以组成一个词。但在古代，"疾"与"病"的意思却有明显的差别，一般的头疼感冒之类的小毛病叫"疾"，而只有非常严重的病才能叫"病"。

成语有"痛心疾首"，源自春秋时期的一个历史故事。春秋时，秦国和晋国有姻亲关系，秦穆公又曾三次替晋国安定君位，所以两国关系表面上很和睦。但由于两国国境相接，双方都要发展自己的势力，所以难免发生冲突。有一次，秦国打算和晋国一起进攻秦国边界的小国白狄，晋国答应后，秦国又派人偷偷告诉白狄说晋国要攻打他们。白狄看穿了秦国的用心，痛恨秦国背信弃义，于是将秦国的所作所为告诉了晋国。晋国大怒，就派吕相去和秦国绝交，大骂秦国唯利是图，不守信用，致使各国诸侯"痛心疾首"。

"疾"还有迅速、猛烈的意思。如唐太宗李世民的"疾风知劲草，板荡识诚臣"，是极富哲理的诗歌名句。

先生妙语

于　丹：咱们现在老说疾病疾病，古人是小病称疾，大病才是病。这个"疾"字你看下边为什么是个"矢"呢，就是一个人腋下中箭的样子。箭头射过来了，因为这个箭特别快，"嗖"的一下过来，你躲都躲不了就中箭了。"疾走如飞""疾驰""迅疾"其实就是这么来的，因为是射箭的速度。

戛

jiá gā　11画　一一丁丌丙百亘戛戛戛

专家解字

"戛"原指戟一类的武器，所以字形中有"戈"。上部是"首"的省写。"戈""首"组合起来，寓意戟类武器的头部与戈类武器的头部是相似的。

"戛"还可用作象声词。汉代刘邦封他的侄子为羹颉侯，就与"戛"字的象声词用法有关。刘邦当初贫贱时，常与自己的朋友一起到大嫂家去吃饭。大嫂很讨厌这个小叔子，有一次，刘邦与客人又来了，大嫂就假装羹汤已经吃完了，故意用饭勺刮碰锅边，发出"戛戛"的响声，客人以为锅中没饭了，就都离开了。刘邦过去看到锅里还有羹汤，知道嫂子讨厌他，由此对大嫂心生怨恨。等到刘邦做了皇帝，封赏亲眷，唯独不封大嫂的儿子。刘邦的父亲来说情，刘邦就勉强封大嫂的儿子为"羹颉侯"。其中的"颉"其实就是"戛"，"羹颉侯"就是"羹戛侯"，暗讽大嫂当初刮锅边假装没有羹汤的行为。从此后，嫂子也就有了"戛羹"的别称。

成语"戛然而止"形容声音突然终止，其中的"戛"也是象声词。

精彩瞬间

马　东：陈怡羲，请你写出"戛（jiá）然而止"的"戛然"。
（陈怡羲顺利写出。）
马　东：这个字经常被读错，读成各种各样的，什么"gā 然而止""gě 然而止"。
于　丹："xiá 然而止"，很多种。
马　东：其实是"jiá 然而止"。
高晓松：可是到戛纳电影节的时候，它就是"gā 纳"。

先生妙语

高晓松：前两名水平之高，我只能用一个叫"令人发指"的词来形容。她俩不是硬背字典，很多字，如果你不通读那些文章，你是记不住它那个抑扬顿挫的。我应该这么说，咱们大人上来，都到不了这个地步，所以这前两名是极为厉害的。

稂稂稂

láng 12画 一 二 干 开 禾 禾 禾 禾 稃 稃 稃 稂

总决赛中的陈怡羲

英雄心语

陈怡羲：刘冠文真的很棒很棒。把我的识字量乘三，未必有她多。我本来没有想到我能坐在这里，因为她真的很棒。

专家解字

"稂"经常与"莠"连用，组成"稂莠"一词。其中"稂"俗名狼尾草，"莠"俗名狗尾草，二者都是危害禾苗的恶草，所以可用来比喻害群之马。

成语有"不稂不莠"，出自《诗经》的《大田》篇："既坚既好，不稂不莠。"这是一首反映西周农事生活的诗，诗人抒发风调雨顺带来丰收的喜悦心情。后来人们用"不稂不莠"比喻某人不成才，没出息。

"稂"虽然意思不好，但却被用作姓氏，这是为什么呢？据说稂姓起源于朱元璋的后代。朱元璋得天下后，分封诸王，其中谷王朱橞野心膨胀，图谋造反，后来被废为庶人，被责令改姓为稂，寓意危害朱家的恶草，以警示其后代。也有人认为，"稂"姓起源于春秋末期齐国人司马穰苴，最初的写法是"穰"，后来将"襄"改写成"良"，变成现在的"稂"。

先生妙语

张颐武：她们既是通人，又是达人，通和达融在一起，这样的人，到了巅峰对决的时候，一定能够脱颖而出。她们达到了这种境界，激励了更多的人去学文化，了解中国古代文化的常识。多了解，你就会像她们一样变成达人。

网友热议

西北风：陈怡羲与刘冠文，似乎代表了两种学习路线。一个偏于翻字典，一个偏于大量阅读。其实这两种应该结合起来。让陈怡羲取胜的，恐怕是她的较真劲儿。

• 自测题16答案 •

陆 怛 殇 谇 鸶 骣
嵯 弼 僳 洇 寒 缫 蹞

辟

pì bì 13画

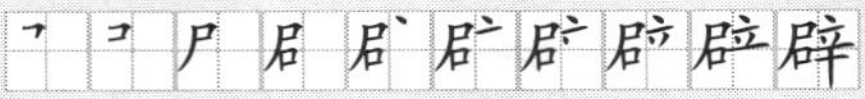

专家解字

"辟"有两个读音,读 pì 时表示开辟、精辟、透彻等多个意思,读 bì 时表示法度、君主的意思。"辟"字的字形包括"辛""卩""口"三部分,其中"辛"表示刑罚,"卩"像跪着被审讯的人,"口"则表示审讯。可见,"辟"字的较早的意义应该是法度。

成语"鞭辟入里"也写作"鞭辟近里"。宋代哲学家程颢在论及学习态度时说:"学要鞭辟近里。"学习就是一个不断鞭策自己的过程,而且这种鞭策不能是肤浅的,而要透到衣服的最里层,也就是深入到研究对象的内部。可见,其中的"辟"是深入、透彻的意思,那么这个"辟"也就应该读 pì 了。

中国古代很早就有所谓的"辟谷术",其中的"辟"相当于"避"。"辟谷"就是避开五谷。据说春秋时鲁国人单豹,避世居于深山,喝溪水,不衣丝麻,不食五谷,年近 70,犹有童子之颜色,从此辟谷术便流传开来。

三鼎甲

网友热议

夏么末:《汉字英雄》从开播一直看到决赛,真真是长了知识,绝对的正能量和教育意义,为策划此栏目的主创人员鼓掌。话说于丹的学识和口才很赞,高晓松"油菜"又幽默。为了看最后的直播我可是放弃了当晚同时开播的"好声音"和"快男",最后荣获冠亚军的两位实至名归,佩服不已!

先生妙语

于 丹:其实我们从初赛的时候一直有一种担心——万一有什么偏字难字,谁被卡了壳,产生不公平怎么办?走到这一步,我心里一块石头终于落下了。名至实归!这个节目热播以后,听到很多家长都说小孩儿在家里背字典。其实真正对汉字的认识和理解,还是在使用环境中。最后站在这里巅峰对决的这三个孩子,其实是给了他们这样一个启发。

自测题 16

	请写出"lù离"的 lù	
请写出"惨dá"的 dá	请写出"国shāng"的 shāng	请写出"suì骂"的 suì

| 请写出"zhì鸟"的 zhì | 请写出"左cān"的 cān | 请写出"cuó峨"的 cuó | 请写出"辅bì"的 bì | 请写出"侘chì"的 chì |

| | 请写出"hùn浊"的 hùn | 请写出"偃jiǎn"的 jiǎn | 请写出"佩xiāng"的 xiāng | |

| | | 请写出"liè级"的 liè | | |

小贴士：您都写对了吗？您看《楚辞》大概没问题了，它们都出自《楚辞》。（答案见第254页）

图书在版编目（CIP）数据

汉字英雄. 第1季 / 徐涛，龚宇主编. — 北京：商务印书馆，2014（2015.12 重印）

ISBN 978–7–100–10503–3

I.①汉⋯ II.①徐⋯ ②龚⋯ III.①汉字—通俗读物 IV.①H12–49

中国版本图书馆 CIP 数据核字（2013）第 289194 号

所有权利保留。
未经许可，不得以任何方式使用。

汉字英雄（第1季）
徐涛　龚宇　主编

商　务　印　书　馆　出　版
（北京王府井大街36号　邮政编码 100710）
商　务　印　书　馆　发　行
北　京　冠　中　印　刷　厂　印　刷
ISBN 978–7–100–10503–3

2014 年 1 月第 1 版　　开本 787×1092　1/16
2015 年 12 月北京第 9 次印刷　印张 16¾
定价：29.90 元